暨南哲學

高华平

1962 年生，文学硕士，哲学博士，1990 年至 2017 年在华中师范大学历史文献所和文学院工作，并曾进修中国历史文献学博士课程，历任讲师、副教授、教授、博士生导师。2017 年起调任暨南大学，现为暨南大学二级教授、中国语言文学博士生导师，兼任哲学研究所所长。先后主持国家社科基金重大、重点和一般项目共 4 项，教育部项目 2 项，曾在《中国社会科学》《哲学研究》《世界宗教研究》《中国哲学史》《文学评论》《文学遗产》《文献》等刊物上发表学术论文 140 多篇，出版学术著作 30 部（其中《老子评传简明读本》被翻译为英、日文在国内外出版发行，《先秦诸子与楚国诸子学》入选"国家哲学社会科学成果文库"和"中华学术外译项目"），有多项成果获省部级科研奖励，现为国家社科基金重大项目"先秦诸子综合研究"首席专家。

魏晋玄学人格理想论

高华平 著

人民出版社

广东省高水平大学建设经费资助

总　序

　　暨南大学是中国第一所由政府创办的华侨学府，是国务院侨办、教育部、广东省共建的"211 工程"重点综合性大学，直属国务院侨办领导。"暨南"二字出自《尚书·禹贡》："东渐于海，西被于流沙，朔南暨，声教讫于四海。"意即面向南洋，将中华文化远播到五洲四海。学校的前身是 1906 年清政府创立于南京的暨南学堂，后迁至上海，1927年更名为国立暨南大学。抗日战争期间，迁址福建建阳。1946 年迁回上海，1949 年 8 月合并于复旦大学、上海交通大学等高校。新中国成立后，暨南大学于 1958 年在广州重建，"文革"期间一度停办，1978年在广州复办。改革开放后，学校快速发展。1996 年 6 月，暨南大学成为全国面向 21 世纪重点建设的大学。2011 年 4 月，国务院侨办、教育部、广东省政府签署共建暨南大学协议。2015 年 6 月，学校入选广东省高水平大学重点建设高校。2017 年 9 月，学校入选国家"双一流"建设高校。

　　暨南大学哲学学科的发展，差不多与学校的创建同时起步。学校创立之初，各系初设，哲学即为暨南大学文学院历史社会学系的公共课程。从 1928 年初到 1929 年暑假这一年半时间，著名学者、中共早期领导人张申府一直在国立暨南大学文学院历史社会学系任教，担任伦理学、论理学及西洋哲学史讲师；在 1932 年，暨南大学于教育学系下设立有哲学心理组，著名哲学家、心理学家李石岑任暨南大学教育系主任，主讲哲学与心理学。此后，亦每聘名师于文、史各系讲授哲学课程。1958 年，暨南大学在广州重建及 1978 年复办以后，皆有马列主义哲学教研组（室）负责全校的马克思主义哲学的教研工作。2006 年，由中文系刘绍瑾教授领衔成功申报哲学一级学科下的美学硕士学位点，到 2017 年为止，美学专业共招收硕士生 104 人，有 80 多人被授予哲学硕士学位。2013 年，成立了专门的"哲学与社会学研究所"。沧海桑田，世事屡迁，但九十年间暨南人对哲学的热爱与渴望一直未变。2017 年，"暨南大学哲学与社会学研究所"正式更名为"暨南大学哲学研究所"，暨南大学哲学学科开始了其高水平、高起点建设的新征程。

哲学（Philosophy），在希腊文中意为"爱智慧"，即"爱智之学"。通俗地说，哲学就是一种使人聪明、启发智慧的学问。人生天地之间，面对宇宙人生，"念天地之悠悠"，世事之茫茫，不能不有所考究。特别是今天这样一个人类面临百年未有之大变局的时代，科技的发达使我们的目光能达到数亿万光年之外的宇宙空间，已实现了天地间几乎同步的量子通信，对生命的胚胎能够进行自由的基因编辑……但这些，却似乎只是在我们面前设置了更多的难题，并未让我们找到关于宇宙人生的满意答案，使人们烦燥不安的心神获得更多的安宁。要寻找宇宙人生从何而来、又向何处而去的奥秘，解决现实世界面临的严峻挑战和纷繁复杂的难题，除了科技的进步之外，我们必须要有哲学的智慧，要有世界观和方法论的指导，有伦理学价值体系的支撑，有宗教和审美的慰藉。

马克思说："任何真正的哲学都是自己时代精神的精华。"恩格斯说："一个民族要想站在科学的最高峰，就一刻也不能没有理论思维。"哲学是人类理论思维的精华，是一切思想的指针与方法。即使从最狭隘的学科建设的角度来讲，即使是以"实验"为特征的自然科学，同样也需要哲学的指导。哲学的智慧是人们对物质世界终极探索的不竭动力，缺乏对事物终极思考的任何自然科学门类都是难以想象的，更不用说那些与哲学关系更为密切的人文学科与社会科学了。离开哲学的思维，其他人文学科与社会科学的认识将难以达到其应有的理论深度和高度。为了现实的人文学科与社会科学各学科的更好和更健康的发展，我们也需要哲学学科。

暨南大学哲学学科的发展正处于一个重新起步的新的历史阶段。为了进一步推进我校哲学学科的建设，展现我们的科学探索精神，我们特组织了这套《暨南哲学文库》，将不定期推出暨南大学哲学学人在中国哲学、外国哲学、马克思主义哲学、美学、宗教学等各二级学科的研究成果，从而为暨南大学"双一流"学科建设添砖加瓦，贡献出我们的全部力量。

"路漫漫其修远兮，吾将上下而求索。"

愿以此与暨大哲学学科同仁共勉，并期待海内外同道给我们提出批评和建议，促进我们事业的发展。谢谢！

高华平

2018 年 6 月 20 日于暨南大学哲学研究所

目　录

序

郭齐勇

中国哲学的特点是什么？中国哲学"合法性"何在？这一直是现代中国哲学界所反复追问的问题。对于这个问题，老一辈学者的回答是十分明确的。先师萧萐父先生曾说：

> 在形象思维与逻辑思维的互斥中求互补，在诗与哲学的差异中求统一，乃是中华哲人和诗人们共同缔造的优秀传统。他们在这一心灵创造活动中实现着美与真的合一，使中国哲学走上一条独特的追求最高价值理想的形而上学思维的道路，既避免把哲学最后引向宗教迷狂，又超越了使哲学最后仅局限于科学实证，而是把哲学所追求的终极目标归结为一种诗化的人生境界，即审美与契真合而为一的境界。中国哲学的致思取向，从总体上乃是诗化的哲学。
> （《方任安著诗评中国哲学家序》）

中国传统哲学具有这种迥异于西方哲学的特征，故它一直以来都把成就完美的人生或完美人格（即"成人"）作为自己的追求目标，中国哲学也因此而被认为是一种"人生哲学"或"人格美学"，即"成人之学"。从先秦的儒道哲学，到两汉经学，再到宋明理学，都是如此。

魏晋玄学作为中国传统哲学在中古时期的一种特殊形态，也具有中国传统哲学之"人生哲学"或"人格美学"的特点。它既是魏晋时期中国哲学继承和融合先秦两汉儒道哲学而开拓出的新的哲学思想成果，也是魏晋时期这个中国历史上"政治最混乱、社会上最痛苦的时代"，人的异化最为严重，丑与美、真与伪、黑暗与光明对立最为尖锐的时代，一代士人反抗丑恶、堕落、异化，重建人格理想、追求精神超越的心灵之光，饱含着异常强烈的爱和恨、梦想和悲伤、痛苦和希望，是其追求实现人的内外、物我、形神、本末及名教与自然的和谐统一，并最终达到与天地万物同一的人格美境界的精神苦旅。

正是本着这一认识，高华平教授的这本《魏晋玄学人格理想论》一书，对中国哲学的特殊形态——魏晋玄学进行了全新的审视。在"绪论"部分，作者在考察了魏晋玄学的思想起源和重要意义之后，认为魏晋玄学虽发轫于东汉末年的政治清议和人物品鉴，但它最根本的主题既不是政治清议，也不是人物品鉴，而是如何培养理想的人格或美的人格。在第一章中，作者研究了魏晋玄学人格的本体论，通过对玄学诸范畴的分析，认为魏晋玄学培养内外浑然一体的人格理想的问题，其实就是一个"天人之际"或"性与天道"的哲学和美学本体论的问题；魏晋玄学由探求宇宙人生的形上根据而提出了有无、本末的哲学本体论和名教与自然统一的社会本体论，再由现实个体的形神关系而建构"形神相亲、表里俱济"的个体人格生命的本体论，这就构成了魏晋玄学人格美思想中独特的本体论系统。在第二章中，作者通过对玄学理想人格修养中"圣人可致"（或"凡人是否具有圣性"）、"得意忘言"、"应物而无累于物"、"无为而无不为"、"顿悟成圣（佛）"等命题的讨论，论述了魏晋玄学培养理想人格或美的人格的基本方式和方法。"圣人可致"（或"凡人是否具有圣性"），重在说明"理想的圣人人格如何可能"；"得意忘言"、"应物而无累于物"、"无为而无不为"、"顿悟成圣（佛）"等命题，则重在说明"理想的圣人人格如何实现"。作者通过对这些哲学命题的深入阐释，揭示了魏晋玄学人格美实践论作为中国传统德性修养理论的民族特征。在第三章中，作者选取了魏晋时期嵇康、支遁、谢安、陶渊明等玄学名士进行个案研究，展现了魏晋玄学理想人格境界之美的瑰奇世界，显示了魏晋玄学在"由外向内收"、将外在矛盾、目标收于内心以求"内在超越"的共同特征下，嵇康人格理想努力追求"和心足于内"的境界、支遁人格理想努力追求俊逸境界、谢安人格理想努力追求"风流"境界、陶渊明人格理想努力追求"真古"境界等各种具体形态的人格境界之美。在"余论"部分，则通过对历代玄学思想评论中的正反两种观点的比较，探讨了魏晋玄学人格美思想对当代社会人格完善和人的全面发展的意义。

高华平教授的《魏晋玄学人格理想论》一书，是1996—1999年间他随先师萧萐父先生攻博期间所完成的博士学位论文的修订再版。他的博士论文是先师一生，特别是其晚年反对伦理异化、追求"诗化哲学"的理想人格之美的精神体现，是对中国哲学追求内在超越精神的自觉继承。《魏晋玄学人格理想论》，从"人格美学"这一全新而独特的视角研究魏晋玄学，不仅是对魏晋玄学研究的重要创新与突破，而且对当下中国的人格理想教育和社会主义核心价值观教育，仍然具有十分重要的现实意义和理论价值。

高华平教授的求学经历，硕士学习期间师从南京大学周勋初等先生学习中国古代文学，博士学习期间师从武汉大学萧萐父先生学习中国哲学。其攻博的时间虽然较晚，但与我都是萧先生的学生，有同门之谊。他曾先后担任华中师范大学中文和历史两学科的教授，带头创建了华中师范大学中国古典文献学和中国古代文学两个二级学科博士点，学术成果丰硕。其治学以文献学为基础，微观与宏观相结合，文、史、哲兼综，堂庑颇大。两年前他来到广州的暨南大学文学院任教，并受命组建了哲学研究所，担任所长，有志于接续中国哲学的慧命，南传珞珈宗风。他在从事自己主持的国家社科基金重大项目研究的同时，广泛招延人才，成立"暨南大学哲学学术委员会"，开展学科建设，组织出版了一套《暨南哲学文库》。《魏晋玄学人格理想论》即是其中一书。我忝为暨南大学哲学研究所"暨南大学哲学学术委员会"主任，也是《暨南哲学文库》编辑委员会成员，高华平教授的《魏晋玄学人格理想论》作为《暨南哲学文库》丛书之一出版，让我为他作序，我感到责无旁贷。

祝愿高华平教授的中国哲学研究取得更加丰硕的成绩！祝愿暨南大学哲学研究所兴旺发达！

是为序。

2019 年 3 月于珞珈山

绪　论

　　自公元 2、3 世纪之交的东汉建安年间开始，到公元 5 世纪初的晋宋之际，中国思想文化史上的这个特殊时段，就是学术界通常所说的魏晋玄学时期。

　　魏晋短短的 200 年的历史之所以引人瞩目，从哲学和文化的视野来看，并不在于它的政权更迭的频繁，门阀制度的森严，以及民族和阶级矛盾的纵横交错，而在于它曾经形成过一种为后世所是是非非、欲罢不能、欲说还休的特殊的哲学思潮——玄学，以及由这种玄学思潮陶冶熔铸的玄学人格理想。

一

　　翻开东汉末年的历史，你也许会感到眼花缭乱：外戚擅权、宦官执政、党锢之祸、黄巾起义、军阀混战……但是，如果你不像恩格斯所批评的"经济决定论"者那样固执于某种机械的思维模式的话，可能就会发现，在汉末这些纷繁复杂的历史表象之后，实际上隐含着两个基本的历史事实：一个是由政治的混浊而引发的残酷的战祸；另一个则是当时道德价值的严重失范、伦理异化与士人人格的普遍分裂。

对于东汉末年的连绵战祸，当时的文学家和历史学家都曾以各自的"真实"观描写过这段残酷的历史场面。史家所谓平黄巾之乱"首获十余万人，筑京观于城南"，"杀略男女，所过无复遗类"，"强者四散，羸者相食"，"民人相食，州里萧条"①，等等，无疑都是十分可信而令人触目惊心的"实录"。而当时的文学家和诗人们更以他们"不隔"的诗笔，唱出那个时代摧心撕肺的悲歌。曹操诗："铠甲生虮虱，万姓以死亡。白骨露于野，千里无鸡鸣。"（《蒿里行》）蔡琰诗："汉季失权柄，董卓乱天常。……猎野围城邑，所向悉破亡。斩截无孑遗，尸骸相撑拒。"（《悲愤诗》）王粲诗："西京乱无象，豺虎方遘患。……出门无所见，白骨蔽平原。"（《七哀诗》）等等，都是那个时代惨祸的余响。

东汉中后期社会生活中存在的严重的道德虚伪、价值失范、人性扭曲及人格分裂的现象，同样是一页令人触目惊心的历史画卷。当东汉桓灵之时，几次三番地开西园、鸿都门："卖官爵，公卿州郡以下至黄绶备有差"，并于"拜官日，天子临轩，百僚毕会"的时候，② 它不仅仅是向士人发出了这样一个信息：此后的士子要想进入仕途，必须要"以货取位"；这不啻同时宣布，中国哲学"内圣外王"的"圣人"人格典范崩溃了，西汉中叶以来确立的儒家经学修、齐、治、平的人格理想和精神支柱坍塌了，两汉以考察人的道德品行为核心的察举制度失效了，以后的东汉社会不再有统一的价值标准了。于是，朝廷中"帝令……刺史、二千石及茂才、孝廉迁除，皆责助军修宫钱，大郡至二三千万，余各有差。当之官者，皆先至西园谐价，然后得去。有钱不毕

---

① 参见《后汉书》之《皇甫嵩朱列儁传》、《董卓列传》，《三国志·魏书·武帝纪》等。

② 《后汉书·孝灵帝纪》、《崔寔传》。

者，或至自杀。其守清者，乞不之官，皆迫遣之。"① 而士子则哀叹："河清不可俟，人命不可延。顺风激靡草，富贵者称贤。文籍虽满腹，不如一囊钱。"于是，有人为了表现孝道，父死居丧墓道，一住达十数年，却生出了一大群孩子，只得自认"诈善"；有人朝秦暮楚，以舐痔结驷为荣，轻义重利，有如鸥鹢，"不洁其翼"；"饕餮贪汙，臭腐是食。填肠满嗉，嗜欲无极"。② 坑、蒙、拐、骗，乃至告密输诚，卖主求荣，沽名钓誉，丑态百出，社会已无复价值规范可言。这些正是汉末社会在皇权专制和腐败、门阀特权和私欲、士人腐化和堕落等社会诸因素和诸弊端的交相侵蚀下，导致了当时政治的腐化与伦理的异化——一代人风堕落的最沉痛的例证。故当时社会流传着这样的民谣："直如弦，死道边；曲如钩，反封侯。""举秀才，不知书；举孝廉，父别居；寒素清白浊如泥，高第良将怯如鸡。"即使是当时名闻天下的名士硕儒如胡广、许相、樊陵乃至马融等人，③ 也无不处在现实的利害计较之中，或趋奉宦官、曲节求荣，或为虎作伥、不守德操，最终显露出了其人格卑污的一面。

面对着东汉自桓、灵以来整个社会政治与道德的双重崩溃，面对着满目的白骨、鲜血、创伤、悲凉，以及人妖不分、魔高于道的场面，它给当时的文化人和哲学思想家们带来的绝不仅仅是刀剑的创伤，而是灵与肉的双重折磨和痛苦。然而，正如事物的发展总处于"相反相成"的辩证运动中一样，汉末社会人命如草、朝不保夕的处境，丑类横行、拒斥崇高、是非混淆的现实，又正好促使人们对自身的命运、普遍的人性和道德人格问题进行冷静、深入的思考，力求保全个体生命、凸显个体存在的意义和价值，并在此基础上摆脱庸俗、肤浅、丑陋、有限、短暂、

---

① 《后汉书·宦者（张让、赵忠）列传》。
② 《后汉书·文苑（赵壹）列传》、《朱穆传》。
③ 参见《后汉书》之《胡广传》、《许劭传》、《马融传》、《赵岐传》等。

卑琐。这既是一种寻求克服灵与肉的双重痛苦和折磨的努力，更是一种对这一折磨和痛苦的超越与升华。于是，面对外在权威的崩溃，开始独立的自我思考，走向"人的觉醒"或"人的自觉"；面对丑恶的泛滥，呼唤美好和崇高；面对虚伪和私欲的恶性膨胀，讴歌真诚与公正；面对人生的短促与生死的惶惑，追求生命的无限和永恒……便成为那个时代哲学最深刻而普遍的主题。"生年不满百，常怀千岁忧"。一种深沉的忧患意识或历史悲情浸透了那个时代哲学的灵魂。李泽厚曾在《美的历程》一书中指出，汉魏哲学人生论的"一个核心部分"，"便是在怀疑论哲学思潮下对人生的执着……也就是说，以前所宣传和相信的那套伦理道德、鬼神迷信、谶纬宿命、烦琐经术等规范、标准、价值，都是虚伪的或值得怀疑的，它们并不可信或并无价值。只有人必然要死才是真的，只有短促的人生中总充满那么多的生离死别哀伤不幸才是真的。既然如此，那为什么不抓紧生活，尽情享受呢？为什么不珍重自己珍重生命呢？"因而，从《古诗十九首》以下许多著名的诗篇歌唱的都是这样一个面对死亡无法逃遁而又无可奈何的时代主题，歌唱的都是这样一种对个体生命存在意义和价值的前所未有的关切。请听《古诗十九首》的哀歌：

> 青青陵上柏，磊磊涧中石。人生天地间，忽如远行客。斗酒相娱乐，聊厚不为薄。驱车策驽马，游戏宛与洛。洛中何郁郁，冠带自相索。长衢罗夹巷，王侯多第宅。两宫遥相望，双阙百余尺。极宴娱心意，戚戚何所迫？

——《青青陵上柏》

> 回车驾言迈，悠悠涉长道。四顾何茫茫，东风摇百草。所遇无故物，焉得不速老？盛衰各有时，立身苦不早。人生非金石，岂能长寿考？奄忽随物化，荣名以为宝。

——《回车驾言迈》

驱车上东门，遥望郭北墓。……浩浩阴阳移，年命如朝露。人生忽如寄，寿无金石固。万岁更相送，贤圣莫能度。……不如饮美酒，被服纨与素。

——《驱车上东门》

李泽厚的这一论断诚然不错。不过，从根本上讲，这种怀疑论思潮还只具有破坏传统的价值和意义，这虽是汉魏之际社会上"人的自觉"或"觉醒"的标志，但尚不足以反映出那个时代哲学的价值与美学的真正深度，汉魏之际中国哲学和美学的真正深刻与价值不仅仅在于当时的诗人们以他们艺术的直觉和真切感受唱出的生命无常、人生易老这个"古往今来"的"普遍命题"，以及他们特有的"对人生的执着"，而更在于他们之中的那些深沉的哲学思想家们在饱含着普遍的历史悲情之下，对当时整个人类本性、命运和重建人格理想问题的探索和思考：为何具有普遍善端的人类突然变得如此凶狠残忍、互相残杀、丧失理智？那种鲜血淋漓的战祸与社会的丑恶泛滥、道德崩溃、价值失范，这二者之间是否存在着内在的因果联系？如此等等。而正因为汉魏之际的哲学思想在对个体生命极其关注的同时，还对整个人类社会的命运，对人如何超越有限、庸俗、堕落、短暂、卑劣、丑陋而重建崇高人格理想的问题作了广泛的探索和思考，在当时社会到处都充满血腥残杀、丧失理性、道德虚伪、人格分裂的情况下，哲学自身才没有完全丧失掉它应有的理想、光明和超越残酷而阴暗现实的一线希望。而这，才恰恰是汉末整个哲学思想的真正价值之所在。所以从王符的《潜夫论》、仲长统的《昌言》到徐干的《中论》，许多哲学思想家对当时的道德价值的严重失范和人格的沉沦，提出了痛心疾首的批判。王符说："末世……徒信贵人骄妒之议，独用苟媚蛊惑之言，行丰礼者蒙怨咎，论德义者见尤恶。""呜呼哀哉！凡今之人，言方行圆，口正心邪，行与言谬，心与口违；论古则称夷、齐、原、颜，言今则必官爵职位；虚谈则知以德义为贤，贡荐则必阀阅为前。""多思远而忘近，背故而向新，或历载而益疏，或中路而相捐。"（《潜夫论·潜叹》、《交际》）徐干的《中论·谴交》云："世之衰也，上无明天子，下无贤诸侯，君不识是非，臣不辨黑白，取士不由于乡党，考行不本于阀阅，多助者为贤才，寡助者为不肖……详察其为也，非欲忧国恤民，谋道讲德也，徒营己治私，求势逐利而已……至乎怀丈夫之容，而袭婢妇之态，或奉货而行贿，以自固结，求志属托，规图仕进……若此之类，言之者犹可羞，而行之者不知耻。嗟乎！王教之败，乃至于斯乎！"也正因为如此，王符、荀悦、仲长统、徐干等在对当时社会士风的堕落、道德的失范、人性的扭曲的沉痛反思之后，才并没有就此止步，而是在批判现实的基础上，忠诚地守护着他们心中的灯塔，力挽颓风，进一步提出了道德人格超越与重建的理想。王符在《潜夫论》中树立起作为理想人格标本的"君子"、"恕者"、"平者"、"恭者"、"守者"，以与"小人"、"世俗之人"、"凡品"相对抗。他认为："人君之治，莫大于道，莫盛于德，莫美于教，莫神于化。……是以上君抚世，先其本而后其末，顺其心而履其行，心情苟正，则奸慝无所生，邪意无所载矣。"（《德化》）而他极力赞颂的超越于"凡品"之上"君子"、"有度之士"的基本特征，乃是"和以养性，美在其中，而畅于四肢，实于血脉，是以心、性、志、耳、意、且、精，无不贞廉絜怀履行者也"。而毫无疑问，这正是一种人格精神的魅力，是人的独立个性生命的美：

> 有度之士，情意精专，心思独睹，不驱于险墟之俗，不惑于众多之口；聪明悬绝，秉心塞渊，独立不惧，遁世无闷，心坚金石，志轻四海，故守其心而成其信。（《明忠》）

很显然，这里"有度之士"的人格形象，既有对自己个体生命价值和意义的珍重，更可贵的是他的独立不移的"恕"、"平"、"恭"、"守"的道德意志和品格，是一种对理想人格、美的人格的追求。而这种道德、意志、品格或理想人格，并不是简单地对儒家信仰的反叛或简单地对道家理想的皈依，而主要是对世俗、"凡品"的道德人格之虚伪失真的反抗和超越，是荀悦在《申鉴》中所说的"君子之所以动天地、应神明、正万物，而成王治者，必本乎真实而已"的"真实"，是"以天道作中，以地道作和，以仁德作正，以事物作公，以身极作诚，以变数作通，是谓道实"的"道实"。(《政体》) 故王充称《论衡》之作，一言以蔽之曰"疾虚妄"："俗传蔽惑，伪书放流……是反为非，虚转为实，安能不言？……浮妄虚伪，没夺正是，心溃涌，笔手扰，安能不论？"(《对作》) 徐干在《中论》中指出："君子之理也，先务其本。""君子能诚其心，心诚则内定，内定则物不能乱；物不能乱，则独乐其道；独乐其道，则不闻为闻，不显为显。"(《修本》、《考伪》) 可以在注重个体生命价值的基础上高扬独立不阿的内在人格精神。

正是从这个意义上讲，汉魏自东汉桓、灵政治上的察举征辟失效之后的哲学思想，一变而为清议与人物品鉴，再变而为《人物志》与"才性四本论"，三变而为玄学清谈和老庄佛禅。这些都不仅仅是一种纯粹的学术演进的轨迹或士人的任情放达的荒诞行径，而是带有具体历史内容和哲学深度的审美追求，是一种对理想人格、美的人格的执着与呼唤。故仲长统在"叛散五经，灭弃风雅。百家杂碎，请用从火"之后，接着便是"抗志山栖，游心海左。元气为舟，微风为柂。敖翔太清，纵意容冶"；"安神闺房，思老氏之玄虚；呼吸精和，求至人之仿佛"。(《后汉书·仲长统传》) ——一种对超俗审美境界的追求。故汉魏士人在"原斯瘼之攸兴，实执政之匪贤"的政治清议失败之后，"郭林宗至汝南……诣黄叔度（宪）……曰：'叔度汪汪如万顷之陂。澄之不清，扰之不浊，其器深广，难测量也。'"世人目李元礼（膺）："谡谡如松下风。""华夏称曰：颍川李府君（膺）颙颙如玉山；汝南陈仲举（蕃），轩轩若千里马；南阳朱公叔（穆），如行松柏之下。""裴令公目夏侯太初（玄）：肃肃如入廊庙中，不修敬而入自敬……见钟士季（会），如观武库，但睹矛戟。见傅兰硕（嘏），江廧靡所不有。见山巨源（涛），如登山临下，幽然深远。"（《世说新语·德行》、《赏誉》）……已形成对人的内在神韵、人格风姿之美的普遍鉴赏和追求。《后汉书·党锢列传序》说："桓、灵之间，主荒政缪，国命委于阉寺，士子羞与为伍，故匹夫抗愤，处士横议，遂乃激扬名声，互相题拂，品核公卿，裁量执政，婞直之风，于是行矣。"就说明汉末的人物品鉴，乃出于对丑恶现实的对抗；而名士标榜的流风，其实质即追求理想的人格、树立美的人格的范本：

> 自是正直废放，邪枉炽结，海内希风之流，遂共相标榜，指天下名士，为之称号。上曰"三君"，次曰"八俊"，次曰"八顾"，次曰"八及"，次曰"八厨"，犹古之"八元"、"八凯"也。……君者，言一世之所宗也……俊者，言人之英也……顾者，言能以德行引人者也……及者，言其能导人追宗者也……厨者，言能以财救人者也。

终于，在血与火的呼唤下，追求人格之美成为汉魏之际一个时代的哲学主题，一个以重建理想人格、美的人格为目标的新的时代哲学——魏晋玄学应运而生了。

二

魏晋玄学思想发展的起点，应该追溯到东汉中后期的政治清议和人物品鉴，从汉魏之际开始，魏晋玄学便正式步入由正始玄学、竹林玄学到中朝玄学，再到东晋玄学的发展轨迹。①

魏晋玄学思潮的发展大致可以分为正始、竹林、中朝、东晋四个发展时期，这在学界基本取得共识。但是，魏晋玄学究竟应该从何时开始，学术界却众说纷纭：一种观点认为魏晋玄学始于汉末"焦和好立虚誉，能清谈"（《后汉书·臧洪传》）；"孔公绪能清谈高论，嘘枯吹生"的清谈（《三国志·魏书·武帝纪》注引张璠《汉纪》）。一种观点认为魏晋玄学始于"（荀）粲（魏）太和初到京邑，与傅嘏谈，嘏善名理，而粲尚玄远。……裴徽通彼我之怀，为二家释"（《世说新语·文学》刘注引《粲别传》）。还有一种观点认为玄学发展的第一个时期既名"正始玄学"，即说明玄学始于正始时期何晏、王弼的玄论："魏之初霸，术兼名法，傅嘏、王粲，校练名理。迄至正始，务欲守文，何晏之徒，始盛玄论。于是聃周当路，与尼父争途矣。"（《文心雕龙·论说》）

魏晋玄学到底以什么为起点，作为一个学术问题当然可以争鸣，但是，如果从哲学文化的视野来考察，我们就会发现，历代学术界关于魏晋玄学起点问题的争论，值得我们特别关注的恐怕并不是这些分歧与结论本身，而是历代学术界何以会产生这些分歧的原因，或者说这些分歧所反映的深层哲学思想根源和历史文化背景。这个问题的实质在持论者心中到底什么是魏晋玄学的根本问题，什么是魏晋玄学的时代主题。以汉末的政治清议、清谈为魏晋玄学的起点，说明持论者的着眼点和关注焦点，乃是玄学作为东汉以来形成的门阀士族的知识分子的一种清谈形式，玄学的时代主题就是由人物品鉴、清议时政，到清谈玄虚而已；以

---

① 对魏晋玄学作历史分期，最早似始于东晋袁宏著《名士传》。《世说新语·文学》刘注云："宏以夏侯太初、何平叔、王辅嗣为正始名士，阮嗣宗、嵇叔夜、向子期……为竹林名士，裴叔则、乐彦辅、王夷甫……为中朝名士。"近人汤用彤又以袁宏所在之东晋为玄学发展最后一期。由此以魏晋玄学发展分为四期之说，几为定论。

玄学始于曹魏太和年间荀粲、傅嘏、裴徽等人的校练名理、辨析才性之名辩①，说明在持论者眼中，魏晋玄学乃先秦名法家之继续，玄学的时代主题就是对以名实关系校论人才之基本原则、方法的理论概括；以正始年间何晏、王弼之论"天地万物皆以无为本"作为魏晋玄学的起点，又说明在持论者看来，魏晋玄学乃讨论天地万物本源、本根、终究的本体论探索……

进入 20 世纪，随着中国学术界输入包括马克思主义在内的许多西方现代学术观点和方法，中国的学者对魏晋玄学思潮的研究也增加了许多新的因素、新的观点和新的历史深度。先有章太炎、梁启超等人侧重于对玄学进行重新评估的辩证性研究②，接着有刘大杰、贺昌群等人侧重于学术思想演变的学派性研究，冯友兰、汤用彤等人侧重于逻辑理性分析的哲学思辨性研究；鲁迅、王瑶等人侧重于士人生活作风的文学性研究，陈寅恪、唐长孺等人侧重于士人家族文化传统的历史性研究，以及后来从宗白华到李泽厚等人侧重于士人精神自由解放和生活风度的审美性研究。此外，还有援引马克思主义方法对玄学思想所作的阶级分析性研究、政治社会性研究以及经济分析性研究等等。而就在这些从不同侧面、以不同方法和视角对玄学的研究背后，也无不隐含着各家对玄学的根本问题或玄学时代主题的认识与看法。侧重于阶级分析者以为玄学的根本问题就是为门阀士族阶级的特权和腐化享乐进行辩护或寻找理论支持；侧重于逻辑分析者，以为玄学的时代主题就是哲学自身由宇宙论到本体论（主要表现为"气"本论—"无"本论—"有"本论）的螺旋式递进；侧重于社会政治分析的，却说玄学的根本问题乃是"名教

---

① 《世说新语·文学》刘注引《魏志》。

② 章太炎《五朝学》云，玄学"其言循虚，其艺控实，故可贵也"。梁启超《中国古代学术思想变迁史》云，应从政治史和学术史分别分析玄学得失。可知二氏殆已接受西方近代哲学辩证分析观点的影响，故能率先对玄学重予评估。

与自然"的关系之辩；而侧重于审美思辨者则从中看到了魏晋士人注重培养精神境界、自我觉醒、思想解放的玄学主题……历代学术界从不同角度、方法对魏晋玄学的研究以及由此而形成的对魏晋玄学的时代主题的认识与概括，应该说都抓住了玄学思想的某些本质特征，有其深刻或独到的一面。魏晋玄学思潮确曾围绕有无本末、名教自然、言意之辩等问题展开过热烈的讨论，这些问题曾先后成为魏晋玄学关注的时代焦点之一。但客观地讲，历代学术界对魏晋玄学思想所做的如上研究及其由此而形成的对玄学根本问题或时代主题的认识与概括，似又尚未达到对魏晋玄学的根本问题或时代主题准确而全面的把握，至少从历史与逻辑相统一的要求来看，未能达到当代哲学理论研究所应有的高度。侧重于思辨性研究者认识到了中国哲学思想发展中同样存在着由宇宙论到本体论、由具体到抽象、由"气本"论到"无本"论再到"有本"论的逻辑发展的规律，却似乎对中国哲学特别是魏晋玄学作为中国中古特有的哲学文化现象的历史特殊性把握不够；侧重于士族家族文化、生活风度研究者，已较为准确地把握到魏晋玄学作为中国哲学文化发展之一环的历史特点，却似乎对人类哲学思维的一般规律视而不见。此外，侧重于社会政治分析者注意到了中国传统哲学关切现实政治人生的特点，但却沉溺于"形而下学"溺而忘返；侧重于社会阶级分析者注意到引进、吸收人类先进的思维方法以为我用，但却近似于食"新"不化；侧重于儒家"道统"的维护者，或以为魏晋玄学乃儒学之"大的歧出"，或以为玄学属"新道家"之一种，[①] 实则不得不同样流于偏狭……显然，由以上各种角度与方法对魏晋玄学思潮的分析、研究，既未达到历史与

----

① 案：以玄学为儒学之"大的歧出"，可以牟宗三等为代表，牟说见《才性与玄理》（台湾学生书局 1984 年版）一书，以玄学为道家学说之复兴，在学术界广为流行，可以冯友兰《新原道》一书为例。本书认为此两说均大可商榷。玄学殆为对儒、道哲学的统一与超越。

逻辑相统一的时代要求，又难以实现对魏晋玄学根本问题或时代主题的全面而准确的把握。

迄今"文化中国"学界之所以对魏晋玄学及其根本问题或时代主题的认识和概括有失全面、准确，主要的原因似可归为两个方面。其一，历代学者在他们的玄学研究中并没能贯彻历史与逻辑相统一的原则和方法，并以这一方法来把握玄学哲学本体论、社会政治学说、人生哲学学说以及艺术审美观念的相互联系或结合点，因而他们所看到的玄学及其玄学的时代主题，或仅是哲学范畴间的纯粹思辨逻辑，或仅是以名教与自然之辩为内涵的社会政治学说，或仅是以言象、形神之争为内涵的概念与对象的关系问题……以致使魏晋玄学这种既具有独特而丰富的历史内涵，又具有一般哲学发展的逻辑规律的思潮，在他们那里变成了庄子所谓"道术将为天下裂"、"百家往而不反"的偏狭一隅之学。其二，即使有部分学者曾试图从历史与逻辑统一的高度来考察魏晋玄学，把玄学名士对生活风度和精神境界的追求作为玄学的时代主题，但由于这些研究者如恩格斯在批评黑格尔哲学时所说，不是"从最顽强的事实出发"，而是"从纯粹思维出发"；①即从某种头脑中固有的观念出发，把历史事实当成了证成其观念并加以"任意打扮的婢女"，因而他们所证成的玄学只是某种提纯后的知、情、意的抽象物、标签与"木乃伊"，而并非历史上活生生的既有社会政治生活，又有个人丰富情感和高度哲学思辨能力的"活人"。

如果坚持以历史与逻辑相统一的方法和原则来深入研究魏晋玄学这一哲学社会思潮，就会发现，魏晋玄学这一中国哲学思想史上流行达数百年之久，影响遍及当时人们的思想和社会生活各个方面的哲学思潮的产生既非偶然，魏晋玄学的根本问题或玄学的时代主题，也并非仅仅是

---

① 《马克思恩格斯选集》第 2 卷，人民出版社 1972 年版，第 120 页。

某种单纯的哲学逻辑思想、某种单纯的社会政治命题或某种悬浮空中的精神审美境界，而是上述诸方面相互联结、相互涵摄、相互递进的结合物。——从根本上说，就是要解决当时人（主要是玄学名士、士人知识分子）所面临的理论与实践、内在与外在两方面同时并存的，诸如性与情、有与无、本与末、形与神、名教与自然等天人之际的各种矛盾、冲突、分裂、扭曲、异化，从而建立起完美的自我形象——即理想人格、完美人格。如果说上文所言汉末士人对"人生的执着"、"自我意识的觉醒"，反映了当时士人面对人的异化，力挽颓波，拨乱反正以重建人风的愿望的话，那么魏晋玄学从刘劭《人物志》的"中睿外明，圣人淳曜，能兼二美（指内外、阴阳二美。——引者注）"到正始玄学王、何的"老（庄）子未免于有"，故不及"以无为本"之"圣人"，并"以神人况诸己"（《世说新语·文学》)，再到竹林玄学嵇、阮的"至人特钟纯美，兼周内外，无不毕备"（嵇康：《明胆论》)，"大人先生""天地制域于内，而浮明开达于外"（阮籍：《大人先生传》)，再到元康玄学向、郭《庄子注》中的"至至者之不亏哉"，东晋佛学化的玄学中的"圣人去人，其间亦迩"（《世说新语·言语》)；是"渐修"抑或"顿悟"成圣（佛）问题的论争，这些反映的则正是魏晋玄学思潮发展中追求理想人格、完美人格之贯穿始终的根本问题或时代主题。这里的确有有无本末的本体论讨论、有名教与自然统一的社会政治理想的探索、有言象能否尽意之形式逻辑的辩论、有家族等级与清谈利弊的激烈争议……但这些最终都一一汇入了什么是理想的完美人格、如何才能实现理想的完美人格，这一魏晋玄学的时代主题和主旋律之中。由对人之所以为人的性情本体的思考，故而上溯于整个哲学本体和终究的探讨；而由对于整个世界本体和终究的思考，又必然联系起人生活其间的社会政治及伦理本体的讨论，并最终落实于人的个体存在的形神和谐问题，这难道不正是魏晋玄学思潮发展的历史轨迹，并显示着某种哲学思想发展的内在逻辑吗？因为，正如马克思、恩格斯在揭示整个人类社会发展的普遍规律时所描述的那样：人类社会发展的起点既是开始于人脱离自然界、动物界而具有的最初的自我意识，它的最终目标也只能是彻底"脱离了动物界"、"全面而自由发展"的"自由的人"。而由刚刚脱离自然界、动物界到最终完全脱离动物界、自然界而成为全面而自由发展的"自由的人"，其思想和历史的逻辑进程乃是先萌发初步的自我意识，再变为改造自然、改造社会的过程，即"成为自己的社会结合的主人，从而也就成为自然界的主人"，并最终"成为自己本身的主人——自由的人"。① 魏晋玄学上承汉末的人物品鉴和政治清议而来，尽管汉末士人为反抗黑暗的现实和人的异化，力挽颓风，重建价值理想而付出了血的代价，但那种完美的人格的理想却远未建立起来。魏晋时代同样是一个中国历史上"政治最混乱、社会上最痛苦的时代"（宗白华语），史称当时"天下多故，名士少有全者"（《晋书·阮籍传》）——广大的士人或遭杀戮，或被侮辱，或变节易操，或自秽其形，或逃世岩栖……很少有能保全自己本真而完整的人格的。在这样一种特殊的时代背景之下，关于人的哲学本质的问题、关于什么是以及如何才能实现理想的人格、完美的人格的问题，又怎能不顺乎自然地成为魏晋玄学的根本问题或时代主题呢？更何况我们中国悠久的传统文化本身，向来都是一种极具人文情怀的文化呢？

三

魏晋玄学是发生于汉魏之际士人在灵与肉的痛苦和折磨中从心底升起的希望，它的根本主题就是要继承、吸取、熔铸中国传统哲学文化中

---

① 《马克思恩格斯选集》第 3 卷，人民出版社 1972 年版，第 443 页。

的精华，重新塑造那个时代的理想人格或美的人格。那么，什么是魏晋玄学的人格理想？怎样的人格才是玄学名士追求的美的人格或人格的美呢？

　　说到人格和人格美，人们首先就会联系起西方哲学。的确，人格、人格美这类概念首先出现于西方。"人格"源自拉丁文 persona（面具）一词。现代西方语言中的"人格"，一般写作 personality（英文）和 persönlichkeit（德文）。它本指在古希腊戏剧中体现人物身份特征的脸谱。在古罗马法典中，"人格"最早演变成为表示奴隶主和自由民作为承担法律权利和义务的主体的概念。文艺复兴以后，随着人类认识范围的扩大和认识能力的增强，"人格"在西方哲学中已成为涉及政治、法律、文化、哲学、心理学、伦理学、社会学等广泛领域的一个范畴；但就其在哲学、文化领域的主要含义而言，则是指洛克、康德、黑格尔等人所探讨的独立个体所具有的作为人的本质特征的"思维的同一性"、"统觉"或"自我意识"。西方哲学对"美的本质"的探讨，同样可上溯到古希腊毕达可拉斯学派和苏格拉底、柏拉图等人，苏格拉底、柏拉图将道德的"至善"和绝对的"理念"视为美的本源，而中世纪神学则把美的本质归结为"神"（上帝）的光辉；一直到近代，西方"美的哲学"仍然"试图把我们的审美经验归结为一个相异的原则"，"一直都在理论知识或道德生活的范围之内寻找一种艺术的原则"或美的本质。① 只有马克思主义诞生之后，才以它"实践的唯物主义"对"人格"和"美的本质"做了更深层的辩证解释。马克思曾经指出："'特殊的人格'的本质不是人的胡子、血液、抽象的肉体的本性，而是人的社会特质"；在"其现实性上"，它是人在社会实践——劳

---

　　① ［德］恩斯特·卡西尔：《人论》，甘阳译，上海译文出版社 1985 年版，第 175 页。

动中结成的"一切社会关系的总和"。而美的本质，则是"人的本质力量的对象化"。①

和西方传统哲学相比，中国传统哲学具有自己独特的品格。章太炎曾在《论中古哲学》中说："大氐此土哲学，多论人生观，少论宇宙观。"即指出了中西文化一个方面的差异。就人格概念与美的本质问题而言，中国传统哲学中并无"人格"和"人格美"这一概念。"人格"这一概念在中国传统哲学中，通常是以"仁者爱人"、"仁也者，人也"之"人"和品格、风格、格式、格调之"格"分别来表示的；而"美"的本质，则"意味着从地上、世俗的东西和一切束缚、烦累中，从变化不定的、有限的生的不安和动摇中脱却，生活于超现世的无限平安和静寂中的自我觉悟"②。意味着人超越于有限的具体的形体之上的"具有无限可能潜在性的精神、格调、风貌"③，意味着人的道德人格的完善和人与天地宇宙同一的最高人格境界。可以说，在中国传统哲学中，"人格"问题虽与其在西方哲学中一样，都是一个关于人的本质的问题，但它又与西方哲学相去甚远，因为它是和"美"紧密相连、不可分割的。人只有具备了独特、充实的人格精神才是美的，而美的本质也就是人所追求的崇高的人格境界。因此，在中国传统哲学中，"人格"不仅是人作为一个认知主体区别于动物界"有气、有生、有知，亦且有义"的范畴，而且是一个标志人如何通过自身的修养，最终达到"上下与天地同流"、"天地万物本吾一体"这样一种与天地同一的人格境界的范畴；达到了这样一种人生境界的人，他就是一个知、情、

---

① 《马克思恩格斯全集》第 1 卷，人民出版社 1956 年版，第 270 页；《马克思恩格斯选集》第 1 卷，第 18 页。

② ［日］笠原仲二：《古代中国人的美意识》，杨若薇译，生活·读书·新知三联书店 1988 年版，第 12、33 页。

③ 李泽厚：《美的历程》，安徽文艺出版社 1994 年版，第 95 页。

意真正和谐统一的主体，他就获得了人生最大的快乐，他就具有了气度、风格和神韵——因而也就具有了美的人格或人格的美。

在中国哲学史上和传统文化中，人格美主要表现为三种基本的形态，即儒家偏重社会人伦价值或道德政治的伦文之美，道家偏重个体自由理想或精神超越的自由之美，以及中国化佛教如禅宗偏重于高峰体验、万古长空、一朗风月、瞬间永恒的空灵之美。孔子说"里仁为美"、"君子成人之美"，赞美"尽善尽美"的韶乐和文质彬彬的君子。孟子说："可欲之谓善，有诸己之谓信，充实之谓美"；追求"万物皆备于我矣"，"知性"、"知天"。（《孟子·尽心上》）荀子说："耳目聪明，血气和平，移风易俗，天下皆宁，美善相乐"；"君子知夫不全不粹之不足以为美也。"（《荀子·乐论》、《劝学》）《大学》讲"三纲""八目"，《中庸》讲"赞天地之化育"、"与天地参矣"。《易传》讲"与天地合其德"，"与日月合其序"，"君子黄中通理，正位居体；美在其中，而畅于四支，发于事业，美之至也。"（《系辞传上》）一直到汉儒倡导"天人合一"，玄学重新发明"内圣外王之道"，宋明理学家吟咏自己的人生理想："闲来无事不从容，睡觉东窗日已红。万物静观皆自得，四时佳兴与人同。道通天地有形外，思入风云变态中。富贵不淫贫贱乐，男儿到此是豪雄。"（程颢《秋日偶成》）等等。这些都是儒家理想人格伦文之美的典型。老子说："美言不信，信言不美"；夫道"其中有信，其信甚真。"故圣人无为而事"道"："从事于道者，同于道……同于道者，道亦乐得之。"庄子说："天地有大美而不言……圣人者，原天地之美而达万物之理。"（《知北游》）"夫得是，至美至乐也。得至美而游乎至乐，谓之至人"。（《田子方》）因此，道家最高的人格理想就是实现"圣人"、"神人"、"至人"型的人格，而这种人格的实质，乃是"乘天地之正，御六气之变，以游无穷者"。即一种精神最大的自由与超越，最终达到"天地与我并生，而万物与我为一"的同道同天境界。佛教以涅槃"成佛"为最高人格理想,但中国化的佛教如禅宗,则讲"一阐提人皆有佛性",皆可即心即佛,见性成佛。一旦在"径山棒、临济喝"之下顿悟,自证佛道本心,则"青青翠竹,尽是真如;郁郁黄花,无非般若",进入到一种默然无对,心境两忘、自在无碍的空灵境界。《坛经》中惠能作偈云:"菩提本无树,明镜亦非台。本来无一物,何处惹尘埃。"唐代参禅诗人王维(摩诘)诗云:"独坐幽篁里,弹琴复长啸。深林人不知,明月来相照。"正是对中国佛教人格这种"云散水流去,寂然天地空"之空灵境界的写照。而中国传统文化中儒、释、道哲学所追求的上述诸种人生境界,实际上都是一种美的人格或人格美境界,它说明在中国传统哲学中,美和人格是不可分割的,最高的人格美就是一种"天人合一"的人格境界之美。所以宗白华先生指出:"中国美学是出发于人物品藻之美学。美的概念、范畴、形容词,发源于人格美的评赏。'君子比德于玉',中国人对人格美的爱赏渊源极早。"[①] 李泽厚、刘纲纪也多次指出:"中国古代美学历来是从人的本质出发去认识美的本质的。"[②]

中国传统的美学是根源于人格美的美学,而发轫于汉末清议和人物品鉴的魏晋玄学,则更是一种执着追求人格美、爱赏人格美的哲学。因此,与中国传统哲学相一致,魏晋玄学也具有中国传统哲学"天地万物本吾一体"的境界趋向。而且,由于魏晋玄学产生于一个中国历史上"政治最混乱、社会上最痛苦的时代",一个人的"异化"最为严重,丑与美、真挚与虚伪、黑暗与光明对立最为尖锐的时代,其中体现着一代士人反抗丑恶、堕落、异化,重建人格理想、追求精神超越的心

---

① 宗白华:《论〈世说新语〉和晋人的美》,见《美学散步》,上海人民出版社1981年版,第210页。

② 李泽厚、刘纲纪主编:《中国美学史》第2卷,中国社会科学出版社1987年版,第98页。

灵之光，饱含着异常强烈的爱和恨、梦想和悲伤、痛苦和希望，所以魏晋玄学的人格美，魏晋玄学名士们所理解、追求和实现的人格美的境界，又具有自己的鲜明的时代色彩和独特品格。它更具有"自然主义"和"个性主义"即精神的自由、飘逸和超越的特点，更具有重视人的性情的真诚和纯净透明的心灵的特点，更具有渴求达到人的内外、物我、形神、本末及名教与自然的和谐统一，并最终达到与天地万物同一的人格美境界的特点。

（1）魏晋玄学的人格美，就其对象而言，是一种独特的个性之美，是一种精神的自由、飘逸和超越之美。人物独特的个性既可表征于形貌，更显现于人的风度神韵、精神气质。因此独特的个性之美，也就是人的精神的自由、飘逸和超越之美。这不是规行矩步、云冠方巾，更不是人云亦云、俯仰由人，而是自作主张、独立担当、气韵生动、形超神越。孔子赞赏曾点"暮春者，春服既成，冠者五六人，童子六七人，浴乎沂，风乎舞雩，咏而归"的潇洒，庄子称叹宋元君是"儃儃然不趋，受揖不立"，"解衣般礴"的"真画者"，就是中国哲学注重独特个性之美的体现。而魏晋玄学的人格美思想，则把这种优良的传统和倾向推向了极致。

魏晋玄学的人格美所追求的独特个性之美，不仅包含人们通常所说的"人的觉醒"、人对自己生命的珍重以及在这种珍重个体生命的背景下的"对人生的执着"，而且还表现为对自我作为"独立精神之个体"、"一己之独特之所在"，以及人的自由个性、飘逸神韵和精神超越的追求。所谓李元礼"岩峙渊清，峻貌贵重"；"嵇叔夜之为人也，岩岩如孤松之独立"；"嵇延祖卓卓如野鹤之在鸡群"；山涛"少有器量，介然不群"；阮咸"贞素寡欲，深识清浊，万物不能移"。庾敳曰："卿自君我，我自卿卿。我自用我法，卿自用卿法"；殷浩答桓温云："我与我周旋久，宁作我！"这些都是魏晋玄学追求独立个体精神、"一己之独特之所在"的个性自由、独特个性之美。但魏晋玄学人格的个性美又不止于此，它更要在这独特的个性里由形貌飘逸出神韵，由有限、具象而提升至超越。如嵇康"目送归鸿，手挥五弦，俯仰自得，游心太玄"，使擅长"以形写神"的顾恺之也不由得长叹："画手挥五弦易，目送归鸿难"。因为其中透射着飘逸的神韵，超越的精神风度，个体心胸与茫茫大化浑然一体的同天境界。故阮孚读郭璞"林无静树，川无停流"诗云："泓峥萧瑟，实不可言。每读此文，辄觉神超形越"（以上见《世说新语》中《德行》、《言语》、《文学》、《识鉴》、《品鉴》、《巧艺》诸篇及刘注）。萧衍、李嗣真、张怀瓘等评魏晋人之书法云："元常每点多异，羲之万字不同"；郗愔书："得意甚熟，而取妙特难，疏散风气，一无雅素；"二王行书："非草非真，离方遁圆……开张于行，草又处其中间，无藉因循，宁拘制则？挺然秀出，务于简易，情驰神纵，临事制宜，从意适便，有若风行雨散，润色开花，笔法体势之中最为风流者也。"① 而中国美学史上的"气韵"、"神韵"、"风骨"、"意境"等概念、范畴，亦正由此而形成。

（2）魏晋玄学的人格美，就其标准而言，是一种性情的至诚至真至纯之美，是一种由性情的纯净而达到的心灵通明之美。中国哲学的人格理想、人格修养中向来重"真"、"诚"二字。"真诚"主要不是一个认知范畴，而是一个价值范畴。孔子已把"忠"、"信"作为其仁德的基本内涵，子思、孟子则提出了"诚"范畴，强调"正心"、"诚意"。《大学》、《中庸》、《孟子》都说："是故诚者，天之道也；思诚者，人之道也"、"故至诚如神"、"诚者物之终始，不诚无物"。（《中庸》）"诚"，成为儒学上到本体论下到人生论的核心范畴。道家的老庄又先后提出了"真"范畴。《老子》说："道之为物"，"其中有精，其

_____

① 分别见萧衍《书评》、李嗣真《后书品》、张怀瓘《书议》。

精甚真，其中有信。"又说："修之于身，其德乃真"。《庄子》一书更大讲"真"和"真人"。《庄子·渔父篇》说："真者，精诚之至也。不精不诚，不能动人……真在内者，神动于外，是所以贵真也。"这个"真"，不仅有"真实、素朴"的意思，而且还是与"诚"相联系的，达到了内在与外在的统一。

中国传统哲学向来重人格的"真"、"诚"，但魏晋以前的哲学主要侧重于以"真"、"诚"论人的道德伦理。在魏晋玄学人格美思想中，"真"、"诚"则有了更广泛更深刻的意义，通贯整个人生领域。因为魏晋时代是中国历史上的一个最为黑暗混乱的时代，丑恶与虚伪相伴相成。曹操提倡用人论才不论德，但却以"败伦乱俗，讪谤惑众，大逆不道"的罪名杀了富有才名的孔融；司马昭倡导以德行孝道治天下，但却欺人妇幼、夺人天下。更有司马氏的帮凶钟会、何曾之流，因一己私憾而欲潜阮籍、嵇康之罪而杀之。故刘劭《人物志·八观》说："人情皆欲掩其所短，见其所长。"又说："是以良材识真，万不一遇。"可见当时是一个真伪价值严重背离的社会。故宗白华说："魏晋人以狂狷来反抗这乡愿的社会，反抗这桎梏性灵的礼教和士大夫阶层的庸俗，向自己的真性情、真血性里发掘人生的真意义、真道德。"[①] 阮籍《咏怀》诗云："保身念道真，宠耀焉足崇?"他率性而行，丧母当葬，饮酒临诀，"举声一号，吐血数升，废顿久之"。嵇康《幽愤》诗说："志在守朴，养素全真"，最后竟以身殉"真"。王戎"遭大丧"，"鸡骨支床"，"哀毁骨立"。殷仲堪任荆州刺史，吃饭时"饭粒脱落盘席间，辄拾以啖之。虽欲率物，亦缘其性真素"。谢安称赞王述："掇皮皆真。"陶渊明《连雨独饮》诗曰："天岂去此哉，任真无所先。"凡此种种，皆是魏晋玄学人格中性情的至真至诚之美。但是，魏晋玄学人格性情至

---

① 宗白华：《论〈世说新语〉和晋人的美》，见《美学散步》，第223页。

真至诚之美还并不止于此，他们还要对这种至真至诚的性情进一步加以提纯，使之真到极致、诚到极致，既真且纯，至真至纯，素朴澄澈，没有一丝做作，没有一毫杂质，如空潭映月，古镜照春，晶莹剔透，显示一片自然天真。阮籍"邻家妇有美色，当垆酤酒……阮醉，便眠其妇侧。夫始殊疑之，伺察，终无他意"。邻家处子有才色，未嫁而卒，阮籍与无亲，往哭尽哀。嵇康与向秀、吕安"率尔相携，观原野，极游浪之势。亦不计远近，或经日乃归，修复常业"。桓子野每闻清歌，辄唤："奈何！"司马道子赏天月明净，都无纤翳，叹以为佳。王羲之说："从山阴道上行，如在镜中游！"（以上见《世说新语·言语》及刘注）很显然，魏晋玄学人格美中的这种性情心胸已不只是真诚，而是达到了一种最高的"真"，一种"极真"、"纯真"。达到了古人创作山水画时所说的"洗尽尘滓，独存孤迥"的心境，即一种完全超越世俗功利计较的"以玄对山水"、对生活、对人生的纯艺术、纯审美态度，它表里澄澈，一片空明。

（3）魏晋玄学人格美，就其内涵和最高形态而言，是一种玄学名士内在人格精神与宇宙本体同一的境界美，是玄学人格理想中内外、性情、形神、本末、圣凡、自然与名教相统一的人生境界之美。

前面我们说过，中国哲学的人格概念、美的概念，实质都是一种对人与天地同一的理想人格境界的追求。孔子的"吾与点也"，孟子的"知性、知天"、"万物皆备于我"、"上下与天地同流"，庄子的"天地与我并生，而万物与我为一"，等等，都是这种人格美境界的写照。但魏晋玄学的人格美思想，则对中国哲学这种固有的传统又有进一步的扩充、丰富和发展。魏晋玄学的人格美思想更自觉地追求个体人格作为知、情、意三主体的和谐统一，更自觉地追求人的内外、性情、形神、凡圣、自然与名教的和谐统一，并在此基础上最终达到整个人格精神与宇宙大全同体融合的人格境界。王弼《老子注》第二十九章说："圣人达自然之性，畅万物之情，故因而不为，顺而不施……心不乱而物性自得之也。"这是要以"自然之性"统驭"万物之情"，以达到性情在"真"基础上的统一。嵇康《养生论》说："是以君子知形恃神以立，神须形而存。……故修性以保神，安心以全身……使形神相亲，表里俱济也。"这是要以贵神养生实现形神的和谐。乐广说："名教之中自有乐地。"阮瞻答王戎问"圣人贵名教，老庄明自然，其旨同异"时说："将无同。"这是要以自然、名教为一体，达到名教与自然的统一。《列子·黄帝注》引向秀之言曰，有、无"同是形色之物耳，未足以相先也。以相先者，唯自然也"。这又是要用自然来统合玄学哲学本体论的矛盾，即性与天道的矛盾，使天与人、本与末在自然的玄同冥合中达到最终的和谐统一。

魏晋玄学人格美思想中的如上人格理想和人格美境界，归结起来实可划分为两种基本的境界形态和三个基本的境界层次。第一种基本的境界形态是名言领域（包括认知领域和道德领域）的人格美境界形态，它又包含着两个不同的境界层次：一个层次以实现个体人格生命的性情在"真"基础上的和谐统一为目标，这虽是一种"功利境界"（冯友兰《新原道》语），但却体现了个体人格生命的一种"真美"，已具有人生的正价值，因而已是一种很高的人格美境界；另一个层次以实现名教与自然在"大公无私"基础上的和谐统一为理想，体现了人类社会的一种伦理道德的和谐之美，因而是一种更高的"道德境界"（同上）。第二种基本的境界形态和第三个基本的境界层次，是一种由名言领域进到超名言的审美领域的人格美境界形态与层次。它已完全超越了名言和善恶，泯灭了是非、彼此、物我、能所等一切差异，达到了完全与道同一的最高人格美境界——达到了前面提到的嵇康"目送归鸿，手挥五弦。俯仰自得，游心太玄"的与无限宇宙同一的人格美境界，达到阮籍的《大人先生传》中"乃与造物同体，天地并生，逍遥浮世，与道俱成。

变化散聚，不常其形。天地制域于内，而浮明开达于外"的人格美境界，达到孙绰《游天台山赋》中"泯色空以合迹，忽即有而得玄；释二名之同出，消一无于三幡。……浑万象以冥观，兀同体于自然"的人格美境界，达到向、郭《庄子注》所谓"超然若已出尘埃而窥绝冥"和所谓"遂绵邈清遐，去离尘埃而返冥极者也"的人格美境界，达到陶渊明《与子俨等疏》所说"五六月中，北窗下卧，遇凉风暂至，自谓是羲皇上人"的人格美境界。而毫无疑问，魏晋玄学所追求的这种与天、天道合一的最高人格美境界，是在更高层次上对儒家思孟学派的"养气"、"集义"的正方法所达到"知性、知天"、"上下与天地同流"的人格美境界，和道家老庄以"损之又损"、"唯道集虚"的负方法所达到的"天地与我并生，而万物与我为一"的人格美境界的统一和超越，是真正的"玄"的境界和"道"的境界或者说"天地境界"。它无是无非、无善无恶，但却又至真至善、至纯至美，它的本质乃是以性情的自足、自得和超越为内涵的和谐——自由的理想人格。

魏晋玄学最根本主题就是如何培养理想的人格或美的人格。而魏晋玄学的人格美，就其本质而言，就是一种独特的人格精神的自由、飘逸与超越，是一种人格心灵、性情的至纯至真至诚之美，是一种在个体人格中的内与外、性与情、形与神、本与末、圣与凡、名教与自然诸矛盾和谐统一之后的与道同一的最高人格境界之美。只是由于思想方法和视角的种种隔阂，以往的魏晋玄学研究在对玄学的根本问题的研究上，大多未达一间；因此，魏晋玄学的人格美问题就成了我们今天的魏晋玄学研究必须正视的一个极其重要而紧迫的课题。为了全面深入地研究魏晋玄学思想发展演变的轨迹及其在中国哲学史、美学史上的重要位置，本书拟分五部分展开对魏晋玄学人格美思想的研究。第一部分：绪论，研究魏晋玄学人格美思想的起源、重要意义及其基本特点；第二部分即第一章：魏晋玄学人格美本体论，通过对玄学人格美诸范畴的研究，说明玄学人格美的本体论成就；第三部分即第二章：魏晋玄学人格美实践论，通过对玄学人格美学修养命题的考察，揭示玄学人格美培养的基本方式、方法；第四部分即第三章：魏晋玄学人格美境界论，通过对魏晋玄学名士人格美的个案研究，展现玄学人格美最高境界的瑰奇世界；第五部分余论，通过对历代玄学思想评论中的正反两种观点的比较，探讨魏晋玄学人格美思想对当代社会人格完善和人的全面发展的意义。

第一章

性情为本　魏晋玄学人格美本体论

魏晋玄学的最根本和核心的问题之一，是一个培养理想人格，达到天人、内外浑然一体的人格美境界的问题。但是，如何才能培养成这种理想的人格，并最终实现人的内与外、性与情、形与神、本与末、自然与名教和谐统一的人格美境界呢？魏晋玄学的人格美思想认为，这乃是一个"天人之际"或"性与天道"的哲学和美学的根本问题，即是一个哲学和美学本体论的问题。《世说新语·文学》载："何平叔注《老子》，始成，诣王辅嗣。见王注精奇，乃神伏曰：'若斯人，可与论天人之际矣！'"何晏、王弼正是从哲学和人格美学本体论的高度来讨论玄学的人格理想及人格美问题的。

按照现代学术界的一般理解，哲学或美学本体论（ontology）作为人类哲学思维对世界的无限性、普遍性和终极性的形上探索的最典型和最集中的表现，它的核心问题是："什么是世界的终极存在（有）"以及"为什么有

'有'而不是什么也没有"?①　诸如此类的问题。这说明，在众多的哲学本体论观点中，通常流行的乃是以西方哲学为背景的探讨世界第一因的本体论，与中国传统哲学重在探讨"天人之际"或"性与天道"关系的本体论既相距有间，和魏晋玄学及其人格美思想这一发源于汉末人物品鉴与现实的政治人事之清议——即"出发于人物品藻之美学"（宗白华语）的、探求理想人格的形上根据的玄学本体论更不完全相同。因此，我们在阐释魏晋玄学及其人格美思想中的本体论体系时，未采用一般哲学史家论魏晋玄学本体论诸范畴时，由有无本末、名教与自然再到形神、性情范畴的逻辑推演次序，而主要依据中国传统哲学"天人合一"、由"人"及"天"的思维模式，特别是魏晋玄学发展过程中先有人物品藻及人物性情之论，然后渐次出现"有无本末"、名教与自然之辩的历史演进次序加以阐述的；而之所以最后列出形神范畴，殆因形神之争的产生虽亦本诸对人的本质的思考，但其始源实出自原始宗教解决人之生死困惑的要求，在魏晋时期更是玄学与道、释宗教（特别是佛学）合流的例证，而对这一范畴的讨论最终亦是在玄学引进宗教哲学的过程中才得以深化的。由考察人之所以为人的本质而确立人的人格生命的本体、由探求个人人格生命的形上根据而提出有无本末的哲学本体论和名教与自然统一的社会本体论，再由现实个体的形神关系而建构"形神相亲、表里俱济"的现实生活中个体人格生命的本体，这就构成了魏晋玄学人格美思想中独特的本体论系统。

---

① 参见欧阳康：《本体论的兴衰与哲学的变革》；邓晓芒：《西方本体论的提问方式和形态演化》。见吴根友、邓晓芒、郭齐勇主编：《场与有——中外哲学的比较与融通》（四），武汉大学出版社 1997 年版。

一、人物之本，出乎性情

——兼论刘劭的《人物志》

哲学上的"本体论（ontology）"一词，源于希腊文 OV 和 λyos，意即关于"存在"、"有"或"是"的学说（"存在论"、"有论"或"是论"）。因而，本体又被称为第一"实体"。正如亚里士多德在分析"实体"的四个方面的原因（"四因"）时所云："本体亦即怎是［'为什么'（案：即"怎是"之"怎"，下同。——引者注）既旨在求得界说最后或最初的一个'为什么'，这就指明了一个原因与原理］〈本因〉……相反于动变者，为目的与本善，因为这是一切创生与动变的终极〈极因〉"①。亚里士多德和柏拉图一样，认为世界的本体最终只能归结为自己既是最高个别性（唯一性），又是最高统一性、最高共相或普遍性的"神"。② 受亚里士多德哲学的影响，现代中国学术界对"本体"范畴亦大致沿着质料因与形式因、物质实体和精神实体两个方面来加以界定的：一种观点认为本体即物质实体，是"宇宙中之至极究竟者"、"一切之本原"、"本根"；③ 另一种观点认为本体乃精神实体，是一种道德精神、"至善"或"道德性当身"。④ 而由于中国传统哲学的本体论乃是重在讨论"天人之际"或"性与天道"关系的，故其所论之哲学本体既非纯粹的物质实体，也非纯粹的精神实体，而是一

---

① ［古希腊］亚里士多德：《形而上学》，吴寿彭译，商务印书馆 1959 年版，第6—7 页。

② 邓晓芒：《西方传统本体论的提问方式和形态演化》，见《场与有——中外哲学的比较与融通》（四）。

③ 张岱年：《中国哲学大纲》，江苏教育出版社 2005 年版，第 6—16 页。

④ 这种观点以现代新儒家为代表，如梁漱溟以生命为体，熊十力以性智为体，冯友兰以（道）理为体，牟宗三以心性为体，等等。

种"境界本体"、"关系实在论"或"场有哲学"。①

所谓"境界本体",是指中国传统哲学所讲的本体,既非仅注重从宇宙构成论(cosmology)讲本体或以某种物质实体为本体(如先秦庄子后学讲"道"、秦汉新道家王充等人讲"气");亦非仅从纯粹精神领域寻求某种超验的"理念"或精神实体以为本体(如先秦墨学中的"鬼神"论),而是一种着眼于"天人合一"、"性与天道"之际的联系,同时具有"有、无双重性"的类似于艺术意境形态的本体。这种本体是无善无恶、超名言、超道德的,而同时也可以说是一种绝对的真、绝对的善;儒家道德的"仁义"、"至善"等"实有意义"和道家及后来佛学的"精神上下四达并流"的空无性,它都可以涵盖于其中——它已至真至善至美,故我们认为应该更确切地称之为"审美境界的本体"。魏晋玄学人格美思想家们把人之所以为人的本质和形上的根据归结为个体人格生命诸要素的和谐统一的整体,因此他们所建构的也就是一个个体的人格生命的审美境界本体。

自先秦诸子以来,中国的哲学即已开始了"性与天道"的本体论探讨,即已认为人之本源在"天",人的人格生命、人之所以为人的人性禀赋皆受于天。儒家认为:"天生烝民,有物有则。民之秉彝,好是懿德。"(《诗经·大雅·烝民》)"天无私覆也,地无私载也,日月无私烛也,四时无私行也,行其德而万物得遂长焉。"(《吕氏春秋·去

---

① 谓中国哲学的本体论乃"境界形态的形而上学",这个观点最先由牟宗三提出(见牟著《中国哲学十九讲》、《才性与玄理》等)。不过,牟氏虽认为中国哲学本体论为"境界形态的形而上学",但他并不使用"境界本体概念";他说:"形而上学从主观上讲,不存在讲"就叫"境界形态的形而上学";"客观地从存在讲就叫'实有形态的形而上学'"(《中国哲学十九讲》)。可见,牟氏之讲"境界本体"仍是想以"善"或"道德性当身"这种精神实体为本体,与其讲"具有有无双重性"的"道"为境界本体,实存在自相矛盾的地方。又:近年美籍华裔唐力权教授讲"场有"本体,国内响应者甚众,遂有所谓"关系实在论"之说。(参见《场与有——中外哲学的比较与融通》一、二、三、四)

私》）天既是一个自然存在，也是一个"至善"的价值存在，因此，人道、人之所为人者均源自"天"；人、人道与"天道"、"天命"之间连接的中介是人的内在的"人性"。《中庸》说："天命之谓性，率性之谓道，修道之谓教。""性自命出，命自天降。"①《孟子·尽心上》说："尽其心者，知其性也；知其性则知天矣"；"君子所性，仁义礼智根于心。"这就是说，天、天命、天道乃是一个道德境界本体，它既有自然性，更具有道德"至善"性，它为人道、人之本源、人之所以为人的根本；或者说"天地之性"、"至善的德性（Virtue）就是人的本体、标本。"汉代的董仲舒也说："天地之精，所以生物者，莫贵于人；人受命乎天也，故超然有以倚。""为人者天也……人之副在乎天，人之情性，有由天者矣。"（《春秋繁露·人副天数》、《为人者天》）

道家有见于儒家"天道"观侧重"天"的道德根源性而构成了对浑然、整全世界的割裂，即儒家以"人道"代替总括"天道"、"地道"和"人道"之"道"的位置，以"德性"取代包含"天性、德性"之"性"的位置，这样一种道德境界的形而上学，故提出了以"道"为天地万物本根、终究的"道"本体论。《老子》说："有物混成，先天地生，寂兮寥兮，独立而不改，周行而不殆，可以为天下母，吾不知其名，字之曰道，强为之名之曰大。""道者，万物之奥。"（第二十五章）《庄子》说："夫道有情有信，无为无形，可传而不可受，可得而不可见，自本自根，未有天地，自古以固存，神鬼神帝，先天先地。"（《大宗师》）"夫道，于大不终，于小不道，故万物备，广广乎其无不容也，渊渊乎其不可测也"（《天道》）。又说："是故天地者，形之大者；阴阳者，气之大者也；道者为之公。"（《则阳》）可见，道家这个有时又称为"自然"、"天"、"泰初"或"无"、"无名"的

———————————

① 《郭店楚墓竹简》。

"道"，与儒家的"天"、"天道"、"天命"是不完全相同的：它不是那么"极端地清晰"的，而是"极端地浑沌"的；它既是事物"道德"的形上"依照"，也是事物情状、形貌的形下"依据"，虽然有些儒家学者认为它只是"真元之气"，将它排斥于宇宙形上本体之外。但道既为"万物之母"、"象帝之先"、"自本自根"、"先天先地"，就已是超越于天、地、人、物之上的总枢纽、总根源和最高本体；它既生天地、包阴阳，同时其中又应有尽有，包含着人类认知的对象、情感的对象和道德意志的对象，因此，它实是一个天、地、人、物、我诸根源和谐统一的审美境界本体。所以，"道家"又认为，"道"为宇宙的本体，人物得"道"而生者为"德"，生而德之表现为形体者是"性"。人的本性就是"任其性命之情"。换言之，在道家看来，依照禀受宇宙本体而来的人物"性命"本体，也必然是一个性、情等多种"天性"和谐共存的人格生命的审美境界本体。这个人格生命的审美境界本体中一切都"安时而处顺"，"任其性命之情"，它"不以物易其性"，（《庄子·骈拇》）乃是一片"天和"，而"得天和者，谓之天乐"，则"至美至乐"也。故现代学术界多称中国哲学本体论为"境界形态的形而上学"或"关系实在论"、"场有哲学"，而我们则认为确切的讲法应该称之为"审美境界本体"。

中国哲学很早已注重"天人之际"、"性与天道"的本体论探讨，"性与天道"的本体论问题之所以备受重视，是因为人的本体问题既是士子个人安身立命的根据，也是与封建国家考察用人的标准与方向密切相关的问题。特别是东汉中叶以后，随着汉代社会政治的日趋腐败和谶纬神学化经学的日趋没落，此时中国哲学传统的"性命"本体论哲学受到了来自哲学思想界和现实生活的双重挑战。汉代的哲学以经学为主导，经学虽然经过董仲舒与道、法、阴阳、五行家思想的杂糅，但如前所言，它在"性与天道"的人格生命本体论方面，则基本上是沿儒家思孟学派的做法，将天道、"天"人格意志化，作为人的先验心性本源、根据。董仲舒说："天之为人性命，使行仁义，而羞可耻，非若鸟兽然。……今善善恶恶，好荣憎恶，非人能自生，此天施之在人者。"①董仲舒虽不排斥天的阴阳之气与人的阴阳之性的形下"依据"关系，他更主要是以"天道"的"至善"性为属于"上品"之"圣人"的纯正德性寻找形上根据的。然而，汉末现实生活中历朝君主的昏庸、腐朽、顽劣，却无疑给予汉代官方哲学这种形上学的人格本体论以沉重的打击，并最终导致了王充的《论衡》一书以"疾虚妄"的批判精神，对这种本体论进行了无情而彻底的解构。王充认为："天地，含气之自然也。""人，物也……禀气于元，与物无异"；"夫人，物也，虽贵为王侯，性不异物"。"倮虫三百，人为之长。由此言之，人亦虫也。"（《论衡·谈天》、《辨祟》、《道虚》、《商虫》）天、天道、天命的道德至善既属虚妄，包括"圣人"在内所有人的内在德性的先天根据便同样成为泡影。与此同时，汉代自公元前196年刘邦下"求贤诏"以来，一直实行"察举"、"征辟"制度，这种制度虽然名义上有贤良方正、文学孝廉等四科，但其核心却可以概括为德行与经学，即所谓"经明行修"。②而汉代封建国家之所以把德性的考察作为用人的根本标准，其理论的前提正是基于儒家"天道"的"至善"和人性"受命于天"、"天人合一"的心性本体论。然而，东汉社会特别是桓、灵以来政治黑暗、人性扭曲、丑恶横行的政治现实，却无疑再次给这种官方哲学以沉重的打击，粉碎了人们心中那个至善"天性"和具有纯正德性的"圣人"存在的梦幻。所以，王充的《论衡》一书在解构汉代正统儒学的"性与天道"的本体论之后，只能将人之为人的根据交给人禀受元气时

---

① 《春秋繁露·竹林》。
② 刘秀：《四科取士诏》，载严可均辑：《全后汉文》卷二。

纯偶然性的"遭逢之命"、"触值之命"；东汉后期赵壹著名的《刺世疾邪赋》在揭露"于兹迄今，情伪万方。佞谄日炽，刚克消亡……邪夫显进，直士幽藏"之后，也只得借鲁生之口，唱出了"贤者虽独悟，所困在群愚。且各守尔分，勿复空驰驱。哀哉复哀哉，此是命矣夫"这种无可奈何的认命的哀叹。这些都说明，东汉中叶以后，由于当时社会政治黑暗和经学的衰落，已导致了旧有的关于"性与天道"、"天人之际"的哲学本体论的解体，而当时哲学从宇宙本体到人格生命本体的解构，已使东汉中叶后期的士人沦落到了某种"无家可归"的精神状态。

汉末哲学思想界这种本体论崩溃，士人精神家园失落、无所归依的状态，同时也使封建国家政治上在用人的标准和考察人的方法上产生了混乱。徐干《中论·智行》篇提出人"或明哲穷理，或志行纯笃，二者不可得兼"时，"圣人"将先重才智"明哲"的主张；曹操多次发布《求贤令》，宣布不问德行，"唯才是举"；而荀彧、郭嘉积极推行曹操的用人标准和政策；但曹丕、卢毓、李丰等人则主张"先举性行而后言才"。[①]《世说新语·文学》钟会撰"四本论"条刘孝标注引《魏志》曰："会论才性同异，传于世。四本者：言才性同，才性异，才性合，才性离也。尚书傅嘏论同，中书令李丰论异，侍郎钟会论合，屯骑校尉王广论离。"整个曹魏时期形成了广泛而热烈的关于"才性四本"的争论。

东汉中叶以后哲学宇宙本体和人格生命本体的解体、衰落，已必然导致人们精神家园的失落和封建国家取人用人标准的紊乱，这说明要使整个社会的士人重新找到自己的心灵归依、使封建国家的人才选用有章

---

① 参见唐长孺：《魏晋才性论的政治意义》，见《魏晋南北朝史论丛》，商务印书馆 2010 年版。

可循，当时哲学上的当务之急和根本任务，就是要尽快填补此时哲学本体论上业已出现的空当，从重建人格生命本体开始，重建宇宙本体，重建中国哲学中的"性与天道"、"天人之际"的"天人"学说系统，重建中国哲学的人格理想和人格美学。而出现于曹魏正始之前刘劭的《人物志》一书，正是在这样的思想背景之下产生的。

刘劭的《人物志》一书，分上、中、下三卷共十二篇，刘劭在该书"自序"中说："夫圣贤之所美，莫美乎聪明；聪明之所贵，莫贵乎知人。知人诚智，则众才得序，而庶绩之业兴矣。"可见，这是一部今天人们常说的"知人"、"序材"的"人才学"著作。① 然而，正如汤用彤所说：《人物志》的"知人"、"序材"已非通常的"人物品鉴"，它"已是取代汉代识鉴之事而总论其理则也"，即已不再"仅就具体人的才性高下来进行评品，而发展到对评品人物的标准和评品人物的原则的探讨"。我们认为，和两汉的董仲舒、王充等人的哲学思想相比，刘劭的《人物志》内容已反映了当时学术思想的"转变"及新的时代特点：其一，《人物志》论人是和道家之"道"本体论联系起来的，因而已开始从王充解构天道本体论而使人性下落的尴尬中寻求超越；其二，《人物志》提出以"情性"为人之根本，而这个"情性"实际是刘劭重新建构的才智与德性和谐统一的人格生命的审美境界本体，是人的"此在"。《人物志·九征第一》曰：

> 盖人物之本，出乎情性。情性之理，甚微而玄，非圣人之察，其孰能究之哉？凡有血气者，莫不含元一以为质，禀阴阳以立性，体五行而著形。苟有形质，犹可即而求之。凡人之质量，中和最贵

---

① 此说汤用彤、汤一介均有涉及，见《汤用彤学术论文集》，中华书局 1983 年版，第 205—206 页；汤一介：《儒道释与内在超越问题》，江西人民出版社 1991 年版，第 105 页。王晓毅：《中国古代人才鉴识术——〈人物志〉译注与研究》，吉林文史出版社 1994 年版，该书遂径称为"人才学著作"。

矣。中和之质，必平淡无味，故能调成五材，变化应节。是故观人察质，必先察其平淡，而后求其聪明。聪明者，阴阳之精；阴阳清和，则内睿外明，圣人淳曜，能兼二美。

《人物志》在此说："人物之本，出乎情性"，而"情性"又与"凡有血气者，莫不含元一以为质，禀阴阳以立性"相连，似乎已将他讲的"元一"、"阴阳"定义为某种"气质"、"元气"；已将"情性"定义为"气质之性"或王充的"用气为性"，如刘昞注所说："人物情性，志气不同"；"性质禀之自然，情变由于染习"。但这只是问题的一方面。问题的另一方面是，不论是从刘劭的《人物志》全书看，还是从此前中国哲学的发展史看，"元一"即是"道"，是一个具有"有"、"无"双重性的相当于道家之"道"哲学境界本体的范畴。《易·象上传》曰："大哉乾元，万物资始，乃统天"；"至哉坤元，万物资始，乃顺承天"。这两个"元"字，实际合指"一阴一阳之谓道"、"立天之道曰阴与阳"的"道"或"天之道"。故《易·文言传》说："元者善之长也。"董仲舒的《春秋繁露·玉英》篇说："惟圣人能属万物于一而系之元也。……元犹原也。""故元者为万物之本，而人之元在焉。"董仲舒在此也是"以'元'为宇宙中最究竟者，由'元'乃有天地阴阳，而生成一切物"的[①]。而"一"的概念，《老子》第二十五章说："道生一，一生二，二生三，三生万物"。这里"一"之于"道"，正如东汉许慎所说："惟初太始，道立于一，造分天地，化成万物。"（《说文解字》卷一）"一"只是"道"的建立、显现，本然，[②] 实为"道"之别名。《庄子·天下篇》说："至大无外，谓之大一。"《吕氏

---

① 张岱年：《中国哲学大纲》，第30页。
② 参见张立文：《中国哲学范畴发展史（天道篇）》，中国人民大学出版社1988年版，第41页。

春秋·大乐篇》说："道也者，至精也，不可为形，不可为名，强为之（名），谓之太一。"《淮南子·天文训》曰："道始于一，一而不生，故分为阴阳。"《原道训》又说："所谓一者，无匹合于天下也。"《黄老帛书》曰："恒无之初，迥同大虚，虚同为一，恒一而止。"又说："一者，道其本也。"（《黄老帛书·十大经·成法》）董仲舒的《春秋繁露·五行相生》曰："天地之气，合而为一，分为阴阳，判为四时，列为五行"；《春秋繁露·天道无二》又说："天之常道，相反之物，不得两起，故谓之一。……阴与阳，相反之物也，或出或入，或右或左。"可见，"元"、"一"都是在于"元气"之上的相当于"道"的一个概念，而"阴阳"则为"元一"、"道"的二重属性。

刘劭的《人物志》承先秦两汉哲学"元"、"一"论而来。欲填补汉末"天道"本体论崩溃后哲学本体论上的空白，寻求走出王充以后人性下落而无法超越的困境，故《人物志》论人说："人物之本，出乎性情"；"凡有血气者，莫不含元一以为质，禀阴阳以立性，体五行而著形。"此论虽包含有由人的骨、筋、气、肌、血等"五物"与阴阳、五行演变之形下"依据"关系的意思，但这里的"五质"，乃指与木、金、火、土、水五行相应的仁、礼、信、义、智五种不同的品质，而并非指"元一"、"阴阳"而言。在《人物志》中，"元一"乃"中和之质，必平淡无味"；"阴阳"为"清和"之性，"其质无名"。实同于《老子》第三十五章所谓："道之出口，淡乎其无味，视之不足见，听之不足闻，用之不足既。"《中庸》第三十三章所谓："君子之道，淡而不厌，简而文，温而理，知远之近，知风之自，知微之显，可以人德矣。"《易·系辞下》所谓："一阴一阳之谓道，继之者善，成之者性也。"[1] 实同于"道"、"天道"。故《人物志》接着说："是故观人察

---

[1] 参见孔繁：《魏晋玄谈》，辽宁教育出版社1991年版，第18页。

质，必先察其平淡，然后求其聪明。聪明者，阴阳之精也……若量其材质，稽诸五物，五物之征，亦各著于厥体矣。"又说："五质恒性，故谓之五常矣；五常之别，别为五德。"刘昞注曰："五物，天地之常气；五德，人物之常行。"可见《人物志》的"含元一以为质，禀阴阳以立性，体五行而著形"中，"元一"、"阴阳"并非纯是"元气"；"为质"、"立性"、"著形"也并非一一落实于人之"情"、"性"与"阴阳"、"元一"的形下"依据"关系。在《人物志》中，人建立其"性"、"质"与"元一"、"阴阳"的关系，主要是"依照"而非"依据"，是形上而非形下。人之"情性"是构成人的本质的德性与聪明才智，它的建立及其与"元一"、"阴阳"的具体关系为："元一"是天地万物之始、之根本和本体，"阴阳"为其属性，故曰："凡人之质量，中和最贵矣；中和之质，必平淡无味。""若夫天地气化，盈虚损益，道之理也。……其天才也，须明而章，明待质而行。"（《材理》）"中和之质"，亦即"阴阳清和"，它是"元一"的属性，它确切的名称应是"德"；德者，得也，是人物之得于"道"、得于"元一"者；在《人物志》中则"称之为性"。① 最高的"德"为"中和之德"、"兼德"成"纯粹之德"，它是"元一"、"道"的全体表现；全体表现这一"纯粹之德"、"中庸之德"或"兼德"的人，则为"圣人"，"圣人"是最完美、最理想的人格典型；"凡人"仅得"道"之一"偏"，则为"偏至之材，以材自名"。《人物志·九征第一》又说：

　　……质素平澹，中睿外朗，筋劲植固，声清色怿，仪正容直，则九征皆至，则纯粹之德也。九征有违，则偏杂之材也。三度不同，其德异称。故偏至之材，以材自名；兼材之人，以德为目；兼德之人，更为美号。中庸也者，圣人之目也，具体而微，谓之德

---

① 徐复观：《中国艺术精神》，春风文艺出版社1981年版，第132页。

行，德行也者，大雅之称；一至谓之偏材，偏材小雅之质也。……末流之质，不可胜论，是以略而不概也。

刘劭的《人物志》由人物的"情貌"形而上学到人的"精神"、由人之"精神"抽象出人之所以为人者、"人物之本"——"情性"，而又将人的"情性"上溯与"为质"、"立性"的宇宙根本、基始——"道"、"元一"贯通，揭示出二者间的"依照"和"依据"关系，以此构成了它的由人格生命到宇宙万物的本体论系统。《人物志》重新建构的这个哲学本体论的系统，具有两个基本的特点。

其一，它虽然是上接宇宙的本根、究竟之"道"和"元一"的，但它所真正关注的并非宇宙论，它所建构的这个哲学本体，乃是一个人格生命的本体，或者更确切地说，是一个人格审美境界的本体。刘劭虽然也提出了"元一"、"道"、"阴阳"、"德"这些中国传统哲学中的最高范畴，并在个别地方对它们作了存在论的探讨，但他更主要是以道家特有的审美态度来描述这一本体的。《人物志》说："《易》以感为德，以谦为道；老子以无为德，以虚为道。"（《八观》）"道也者，回覆变通，是故，别而论之。""中和之质，必平淡无味"；"阴阳清和"。"若道不平淡，与一材同用好。""主德者聪明平淡，总达众材。""夫中庸之德，其质无名，故咸而不𪉸，淡而不醷，质而不缦，文而不缋。"等等，可见这个宇宙本体既非物质实体，也非精神实体，而是一个至美的和谐的审美境界，是一种审美境界的形上学。但《人物志》又认为，这种审美境界形态的天地本体，最终是要内在于、内化为人的"情性"的，是要化为人的人格生命的本体的。人之所以为人者，正在于禀受这个宇宙审美境界本体而生，并以之为人的内在的"性"、"质"、本质，这才构成了人的这个将内在的性与情、德性与聪明、才智与胆力和谐统一的本体。这个人格生命的本体乃是一个人格美的本体，当时哲学王国的"圣人"就是在理想层次达到了这种人格美的标本;"英雄"则为现实生活中"明"、"胆"兼备之人。故《人物志·九征》说:"夫观人察质,必先察其平淡……中睿外明,圣人淳耀,能兼二美。"《八观》篇也说:"其为人也,质素平淡,中睿外朗,纯粹之德也……是故兼德而至,谓之中庸,中庸也者,圣人之目也。"《人物志·英雄》说:"是故聪明秀出谓之英,胆力过人谓之雄,此其大体之别名也。若校其分数,则牙则须,各以二分,取彼一分,然后乃成……若一人之身兼英雄,则能长世。"

其二,《人物志》重新建起这个哲学本体论系统的根本目的、最终旨归,既不是为了探究宇宙的本源、根本,也不是为了"知人"、"序材"或探讨"评品人物的标准与原则",而是如徐复观所说:"其关键之点,则在于通过可见之形,可见之才,以发现内在而不可见之性,即是要发现人之所以为人的本质。要从一个人的根源——本质之地,判断出一个人的善恶。"① 并通过实现人的内在的和谐,达到内在的超越,最后"穷理尽性"、"思及于道"或"思心元微,能通自然",实现与天地万物本体"道"、"元一"同一的人格美境界。故《人物志·材理第四》分人之情性、材理为"理有四部,明有四家":最高之理乃"天地气化,盈虚损益,道之理也";最理想的人格乃"质性平淡,思心元微,能通自然,道理之家也"。即达到了与天地贯通的人格。刘昞注曰:"以道化人,与时消息",说的也正是这一境界。《人物志》说:"物生有形,形有神精,能知精神,则穷理尽性。"(《九征》)又说:"故守业勤学,未必及材;材艺精巧,未必及理;理义辩给,未必及智;智能经事,未必及道。是谓学不及材,材不及理,理不及智,智不及道。道也者,回覆变通,是故别而论之。"(《材理》)刘劭不仅一步

---

① 徐复观:《中国艺术精神》,第130页。

步揭示了一个天人贯通、"性与天道"相接的宇宙人生的形上境界本体，而且还深入展现出"一种达到了无所不及的境界的最高的智"，[1]展现出人如何才能一步步达到、实现这一至纯至美的人格美境界的步骤、方法和途径。这种步骤、途径就是"征神见貌"、"穷理尽性"，最终"思心元微，能通自然"——"思及于道"；这种方式、方法就是道家的"无为"，是老子的"夫惟不争，故天下莫能与之争"。是故《人物志》最后特以《释争》一篇作结，其言云：

> 君子诚能睹争途之名险，独乘高于元路，则光辉焕而日新，德声伦于古人矣。

显然，《人物志》此处所谓"元路"，即通向玄学最高本体"道"或"元一"之路；所谓"光辉焕而日新，德声伦于古人矣"，即要以道家老子的"清静无为"之"玄鉴"方法，真正达到庄子所谓"古之真人""性修返德，德至同于初"的自由人格的理想境界，真正实现与"元一"、"道"冥然同体的最高人格美境界。

刘劭《人物志》的这个哲学本体论系统的建立，在魏晋玄学的发展史上具有十分重要的意义，它不仅填补了当时哲学在王充解构了传统的"天道"本体之后所留下的本体论的空白，使当时普遍下落的人性又获得了某种超越的希望，为当时封建国家建立新的用人标准和制度提供了哲学的理论指导；而且它开创了魏晋玄学建构新的哲学本体论乃至整个玄学发展的方向。在魏晋玄学的发展中，钟会作《才性四本论》，傅嘏、李丰、王广论才性合、同、离、异，嵇康与吕安论明胆；一直到东晋时期，支道林、殷浩仍谈才性，王脩、僧意仍论圣人是否有情。魏晋之际袁准的《才性论》说："凡万物生于天地之间，有美有恶。物何

---

① 李泽厚、刘纲纪主编：《中国美学史》第2卷，第73页。

故美？清气之所生也；物何故恶？浊气之所施也。……贤不肖者，人之性也。……然则性言其质，才名其用明矣。"袁准以质用论才性，即是《人物志》以禀质立性、中睿外明论才性关系之继续。魏晋玄学的各个发展时期，玄学家们都努力建构自己的玄学本体论，但从何晏、王弼，到阮籍、嵇康，再到裴頠、郭象、孙绰、张湛等等，这些玄学家建构的从人格生命到天地万物的本体，虽然或称为"无"、"有"、"玄"、"道"、"元"等等，而究其实，乃与刘劭的《人物志》一脉相承，建构的实是一个审美境界形态的玄学本体，他们的根本目标，都是追求与"道"、"玄"、"元一"同体的人格美境界的实现。

二、性情的真伪

从刘劭的《人物志》开始，魏晋玄学思想家们已着手重新建构他们贯通个体人格生命和宇宙终极的哲学本体论体系，他们建立的宇宙最高本体是一种审美境界形态的"道"、"玄"、"无"、"一"，而个体生命的本体则是根源、"依照"和"依据"于宇宙终极之道并内化为人的本质的性情。这个人格生命的本体是一个内在的性与情、德性与才智、聪明与胆识的和谐统一体。性情范畴在魏晋玄学人格美思想中是一对标志人的内在人格生命的核心范畴。

在中国哲学史上，"性"概念出现较早，甲骨文和金文中都出现了"性"的本字——"生"字（甲骨文多作"𤯬"）。"性"概念最初实同于"生"概念，东汉许慎的《说文解字》所谓："生，进也，象草木生出土上。"即指出"性"概念最初泛指包括草木等一切有生物在内的某种生命特性。从现有中国哲学史料来看，先秦到魏晋之前的哲学思想中，"性"概念的演变大致经历了夏、商及西周早期，西周中叶及春秋前期、春秋中叶及秦汉这样三个大的发展阶段。

在"性"概念发展的最初阶段，虽然我们先民的意识形态中占统治地位的是"具有浓厚的宗教性质的巫史文化"①，但不论是金文《齐子中姜镈》上的铭文"弥生"，《尚书》之《西伯戡黎》、《召诰》两篇中"不虞天性，不迪率典"；"节性，惟日其迈"。还是《诗经·大雅·卷阿》："岂弟君子，俾尔弥尔性。""性（生）"，都如旧注所云，主要是"性命"、生命的意思，反映了上古先民对性命、生命特征的某种体认，尽管在他们的眼中，这种性命、生命首先是天神的特征，人的生命、性命乃是先祖神灵或天帝的赐予。

西周中后期和春秋时代，随着人类自我意识的初步觉醒，人进一步脱离了自然状态，此时的"性"概念略有二义：一是天地之性，二是人性。但其实质则是一致的，主要反映了人对事物及自身的恒常性、本质特性的考察。而在当时的认识水平之下，人类只能认识到"人作为生于天地之间的血气之物，有其生存发展的欲求"，这就是指人和动物界固有的高于水火草木的某种特性，如食色利欲等。② 《左传》说："天生民而立之君，使司牧之，勿使失性"；"夫小人之性，衅乎勇，啬于祸，以足其生而求名焉者。"（襄公二十六年、十四年）《国语》说："夫人性，陵上者也，不可盖也"；"夫膏粱之性难正也，故使惇惠者教之，使文敏者导之，使果敢者谂之，使镇静者修之。"③ 一直到战国、秦汉时期，告子及其学说的继承者们仍说："生之谓性"，"食色，性也"。这些都是对"性"概念这一含义的继承。

春秋战国之际，随着诸子蜂起、百家争鸣时代的到来，中国哲学史进入了它的第一个发展的繁荣期，"性"已演变成了中国人性论的一个重要范畴。儒家孔子的"性相近，习相远"说、思孟学派的"人之性

---

① 李泽厚：《美的历程》，第38—39页。
② 张立文主编：《性》，中国人民大学出版社1996年版，第21—24页。
③ 《国语·周语》（中）、《晋语》（七）。

善"说、荀子及其后学的"性恶"说、《易传》的"继善成性"说、道家的"人性自然"说以及告子的"性无善无恶"说、世硕的"性有善有恶"或"善恶混"说等，一直到两汉，董仲舒主"性三品"、刘向主"性无善无恶"、王充主"性有善有恶"，基本上仍是对诸子人性论观点的继承和发展。在自春秋到秦汉时期的"性"概念的演变中，尽管各家各派思想家对何者为"性"、"性"到底有无善恶的看法歧异很大，但论"性"必聚集在人性上面，重在探讨区别人禽、构成人之所为人的道德生命特性，则是这一时期哲学"思维的焦点"。①

从汉语语源学的角度来看，中国哲学"情"概念的出现明显晚于"性"概念。"情"字于甲骨文、金文中均未见。《论语·子张》曰："如得其情，则哀矜而勿喜。"这个"情"指事物的实情。相传内容为曾子问孔子"礼之运转之事"的《礼记·礼运》篇曰："故圣人耐以天下为一家，以中国为一人，非意之也，必知其情"，又说："何谓人情？喜、怒、哀、惧、爱、恶、欲七者，弗学而能。"这两个"情"字，乃指人的七种生理本能，指人的本性。孔颖达的《礼记正义》即认为此处两个"情"字，都是指"民之情也"，实则源自《左传》昭公二十五年"民有好、恶、喜、怒、哀、乐，生之于气"之说，"情"乃指与"天地之性"相应的"民之性"。《孟子》一书也有两处论及"情"：《孟子·滕文公上》曰："夫物之不齐，物之情也。"这个"情"字指事物的存在情形、实情。《孟子·告子上》云："乃若其情，则可以为善矣，乃所谓善也。"这个"情"字，则是指人的本性、素质。另外，屈原的《楚辞·天问》说："何繁鸟萃棘，负子肆情"，指人的情欲；新近出土的湖北荆门郭店楚墓竹简，其中《性自命出》一篇说："道生于情，情生于性"，也涉及"情"概念，系指人之"性情"。一般而言，

---

① 张文立主编：《性》，第54页。

中国哲学早期的"情"概念多指人或事物的本性或本来情状，和"性"概念含义相近，但使用相对较少，直到《荀子》、《庄子》、《易传》中，"情"概念才逐渐成为广泛使用的一个哲学范畴。

在中国哲学史上，"性"、"情"真正作为一对反映"人之所以为人者"的本质特性或人与生俱来的作为"人生之究竟根据"的哲学范畴而提出的，应首推先秦儒家孔门后学及老庄道家。先秦儒家公孙尼子的《乐记》肇其端①，《易传》、《中庸》、《大学》及孟子、荀子继其后，道家的庄子及法家的商、韩均泛论性情，遂蔚为大观。先秦诸子之后，两汉儒学及魏晋玄学、隋唐佛学及宋明理学，"性情"一直被视为天命、天道或自然本体在人的人格生命中的内蕴，"性情"范畴一直被视为人与天道、天命相接的人格生命本体范畴。追求人的内在性情生命的和谐，并使之与最高的宇宙本体天道、天命、"天地之和"相契合、冥符，一直是中国哲学最高的人生目标和人格美境界。魏晋之际刘劭的《人物志》提出"人物之本，出乎性情"的命题，以性情、才性的和谐统一体为玄学人格美的本体，也正是对这一哲学传统的继承和发展。在魏晋玄学产生之前，中国哲学的理想和传统，是由先秦儒家和道家加以确立的。先秦儒家论"性情"关系具有以下两个基本的特点。

（1）在先秦儒家哲学中，"性、情"不论其道德性如何，实都是人天生的禀赋、素质与本性，是人之所以为人的本质属性和人格生命的本体，是人超越有限、具体、浅俗而达到无限和人格自由的内在根据。孔子说："天生德于予"。《礼记·乐记》说，宇宙最高本体是"天地之性"、"天地之情"或"天地之和"；"天尊地卑，君臣定矣……物以群分，则性命不同矣。"音乐以"人心"为本，人心以"性情"为本，而

---

① 案：本书以《乐记》为公孙尼子作，乃用郭沫若《青铜时代·公孙尼子与其音乐理论》（中国人民大学出版社 2005 年版）的看法。

"性情"最终则是系于"天"、"天道"和"天地之和"的。"性""情"是人与生俱来、受之于"天"的"不变"之质，二者是相同的："德者，性之端也"，"乐者，情之不可变者也"；"是故先王本之情性，稽之度数，制之礼仪，合生气之和"。《中庸》说："天命之谓性。"郭店楚简的《性自命出》说："性自命出，命自天降。"《孟子》说："仁义礼智，非由外铄我也，我固有之"；（《告子上》）"乃若其情，则可以为善矣，乃所谓善也。"（《万章上》）儒家都把"性情"视为"天"赋予人的人之所以为人的本质，即使是"明于天人之分"、强调外在教化规范的荀子，也不否认"性、情"为人受之于天的本性，为人区别于禽兽而达到"与天地参"的依据。《荀子》说："凡性者，天之就也，不可学，不可事。……而在人者，谓之性。""性之好恶喜怒哀乐，谓之情。""感而自然，不待事而后生之者。"（《正名》、《解蔽》）又说："人之所以为人者，非特以其二足而无毛也，以其有辨也"。（《非相》）"人有气、有生、有知，亦且有义，故最为天下贵也。"（《王制》）人虽"从效果论的立场反观"其"性情"为"恶"，[1] 但"凡以知，人之性也"，人天生具有理性思维能力，如果能"伏术为学，专心一志，思索熟察，加日县久，积善而不息，则通于神明，参于天地矣（《性恶》）"，即亦可以达到内在的超越。

（2）先秦儒家在确认性、情皆为人禀受于"天"、与生俱来的固有本性的同时，又对性、情作了动静、内外及"未发"与"已发"的二元区别，并企求通过修心寡欲、引导外发、调和节制等手段，以实现人的内心的和谐，最终达到与天地、自然、"太和"同一的人格审美境界。《礼记·乐记》说："人生而静，天之性也，感于物而动，性之欲也。"是故其哀、乐、喜、怒、敬、爱之心，"六者非性也，感于物而

---

① 参见郭齐勇：《传统道德与当代人生》，武汉大学出版社1998年版，第119页。

后动"者。这是以动与静区分人之性、情：不动为"性"，受外物"感动"而见诸形容、表现出来的，则称为"（情）欲"。但是，人的受外物感动而表现出来的内在本性，既表现出来便成为不受"本性"支配的异己力量，甚至会危害并戕杀"至善"的本性与"天理"的生机，所以要加以调和与节制，以达到更高层次上的统一。故《礼记·乐记》又说："夫物之感人无穷，而人之好恶无节，则是物至而人化物也。人化物也者，灭天理而穷人欲者也。……是故先王之制礼乐，人之为节……所以和安乐也。"《易》《庸》将天命、天道作为人性至善的形上根据，认为人之本性系于普遍必然而至诚至善的"天命"、"天道"，因而人性至正至善；但在实际人生中却有一个实然的"情"与之相应。这个"情"乃是"性"失其至正之状，是"未发"之性"已发"而"不中节"之状，因此应该加以修正、调和，使复归于至正、至善或"中和"境界。故《大学》主张"正其心"，节制所忿、恐惧、好乐、忧虑等情欲；《中庸》说："喜怒哀乐之未发谓之中，发而皆中节，谓之和。中也者，天下之大本也；和也者，天下之达道也，致中和，天地位焉，万物育焉。"《易传》也说："君子以惩忿窒欲"（《大象传》下），"君子以遏恶扬善，顺天休命"（《大象传》上）。"乾道变化，各正性命，保合太和，乃利贞。"（《彖传》）孟子在"人性"论上继承了《大学》《中庸》的"性善"传统，但他也认为性、情关系上存在内外之别。孟子说："人之所以异于禽兽者几希，庶民去之，君子存之。"（《告子上》）人在耳目之欲等方面具有相同的性、情，但是人与禽兽毕竟有别，因此人之性、情也有区别。人性"既可以表示人之所以为人之特性，其实现又可以由人自身作主，所以孟子只以此为性"①。"性"

---

① 徐复观：《中国人性论史·先秦篇》，见黄克剑、林少敏编：《徐复观集》，群言出版社1993年版，第293页。

是在我者，是内在的；反之，虽同是与生俱来、天之所赐，却是在外者，则是"情"或"命"，"性"与"命"或"情"是相互矛盾的。（《尽心下》）而孟子之所以要区分这"在内"、"在我"与"在外"、"不在我"之"性"与"命"或"情"，其目的则如他自己所说：要"知性""知天"，达到性情统一，并最终实现人与宇宙的大全同一的最高道德人格境界。荀子是人"性恶"论者，在追求人格生命的内在和谐的方法上更强调外在的规范，但在性、情关系上，荀子又与先秦儒家乃至思孟学派有许多共同点。故荀子说："性者，天之就也；情者，性之质也；欲者，情之应也。"（《性恶》）"性"是人天生的质性，"情、欲"则是其生理欲望的外在表现。显然，荀子同样是以内外来对性、情加以区别的。不同之处只是，荀子所设计的达到性情和谐统一的方法，乃是一条借礼法等外在手段对人之性情由外到内加以矫正的途径。荀子认为如果以外在的礼法和心性的修养相结合，同样可以达到性、情的统一。因此他同样强调"诚心"、"慎独"。《荀子·不苟》说："君子养心莫善于诚，致诚则无它事矣……诚心守仁则形……诚心行义则理，理则明，明则能变矣。……夫此顺命，以慎其独者也。"即若通过"天君"在"性"尚称为"天情"时施行其"天职"并加以内在的调节，这样，在对性、情进行内外双向调节之下，使之偏向于"求知"、"求学"这一方面。人的内在的人格生命也可以达到内在和谐，甚至可以达到与"天地参"的最高人格美境界。

先秦儒家有见于现实的人之性情的复杂性和道德理想之不彰，提出了他们以动静、内外、名实、善恶区分人之性情的人性论，儒家的目的是要追溯到人之内在的与"天"、"天道"、"天命"相联贯的先天道德根源性，借以调和、节制或克服、消除人的内在本体中的矛盾，使之成为一个性情纯正和谐的人格生命本体，并由此达到人格的内在超越，使人的道德人格进入到与天地宇宙同一的最高人格美境界。先秦儒家的如上思路正是后来宋明理学区分"义理之性"、"天地之性"与"气质之性"，或"理""欲"之辨的源头。但是客观地讲，它诚如道家所批评的那样，又导致了对人的整全人性的割裂，因而遭到了以老庄为代表的先秦道家人性论的严厉批判。

先秦道家认为，"性"、"情"既不是指儒家所是之"仁义"，也不是儒家所非之"情欲"，而是指人物的本性、真性或自然本真状态。《老子》第十六章："大道废，有仁义，智慧出，有大伪；六亲不和，有孝慈；国家昏乱，有忠臣。"《庄子》说："性者，生之质也"；"水之性，不杂则清，莫动则平，郁闭而不流，亦不能清，天德之象也"，"龁草饮水，翘足而陆，此马之真性也"，"夫欲恶避就，固不待师，此人之性也"。即是道家对"性情"的基本定义。张岱年说："道家所认为'性'者，是自然的朴素的，乃所谓'德'之显见。宇宙本根是道，人物所得于道以生者是德。既生而德之表见于形体者为性。人之本性，道家亦名之曰'性命之情'。情者真实之义，性命之情即性命之真。其中不含仁义，亦不含情欲。"① 亦指明了道家人性论的这一特点。

先秦道家对性、情既作如上界定，所以对道家而言，作为"人之所以为人者"、作为人的内在人格生命本体的"性"、"情"，本身已经是一种至纯至真至美的统一体，是一个最和谐的与天地万物同一的审美境界本体，它根本不存在加以区分并据以调和节制、引导损益的问题。而只有整体地护持、保养的问题。因此，道家认为，对于现实的完美的人格来说，最重要的就是要"见素抱朴，少私寡欲"，要"无情"，即"不失其性命之情"、"不以好恶内伤其身，常因自然而不益生也"。② 而对于那些"丧己于物，失性于俗者"，最重要的则是要"安其性命"、

---

① 张岱年：《中国哲学大纲》，第 194 页。
② 《老子》第十六章；《庄子》的《德充符》、《骈拇》、《刻意》、《马蹄》、《盗跖》、《大宗师》等篇。

任其性命之情，使"性情不离"，并最终达到"性修反德，德至同于初"的最和谐的人格美境界，达到"天地与我并生，而万物与我为一"的同"道"之审美本体境界。

先秦道家有鉴于当时人性的异化和失落，同时也有感于儒家人性论对整全人性的割裂，对人之所以为人的人格生命本体——性情及其相互关系作出了新的阐释，将它归结为素朴纯真的自然之道、"天象之德"，他们的目的并不在于现实的政治或道德伦理问题，而是要通过展示当时社会种种黑暗、苦难、不平和卑劣，唤醒那些"皆囿于物"、"驰其形性，潜之万物终身不反"的可悲人类，引导他们挣脱"物欲"、"情欲"乃至异化的伦理的枷锁，从现实的物质世界中实现内在精神的超越，返回到自己的真性、真我和真生命去，建立起人本有而后失去的人格生命的和谐美的本体，并由此达到与天地万物同一的最高人格审美境界。

到了汉代，随着董仲舒糅合道、法、阴阳、五行家思想而建立阴阳五行系统论的汉代儒家官方哲学①，"阴阳"观念被从《易传》中现实地应用于哲学人性论。徐复观曾经指出："由阴阳变化以言天，言天命……所以《易传》将此观点引入以后，便发生很大的影响；尤其是对两汉的思想，与五行相结合，而居于主导的地位。"② 两汉的哲学人性论从董仲舒、扬雄、《白虎通义》、王充以至汉末的荀悦，均在先秦儒家由动静、内外、善恶以论性情和道家以道德而言性情的基础上，以性阳情阴而论性情。董仲舒代表了汉代的正统儒学，他一方面沿袭先秦儒家的传统，将人性形上学化，与"天"、"天命"相接，说："人受命于天"、"人之为人本于天"、"天之为人性命"，使之成为"圣人之性，不以名性"的最纯粹的道德性；另一方面又将"天"、"天命"人格化、

---

① 参见李泽厚：《中国古代思想史论》，人民出版社 1986 年版。
② 《徐复观集》，第 293 页。

"形而下化"，使之具有了"阴阳"两气之性，形成"中民"的"善善恶恶之性"。所以他说："天地之所生，谓之性情。性情相与为一瞑，情亦性也，谓性已善，奈其情何？""天两有阴阳之施，身亦两有贪仁之性。"①《白虎通德论·情性》也说："情性者何谓也？性者阳之施，情者阴之化也。义禀阴阳气而生，故内怀五性六情。情者，静也；性者，生也。此人所以禀气以生者也。故《钩命诀》曰：'情生于阴，欲以时念也；性生于阳，以理也。'阳气者仁，阴气者贪，故情有利欲，性有仁也。"

董仲舒、《白虎通义》等两汉正统儒学以阴阳两气论性情，虽然承认性情同受诸"天"、"性情相与为一瞑"，二者都是人的本性，为人的道德理想的归宿留有余地，但以阴阳二气的不同作为划分性情的根据，却既给作为"人之为人"的性情本身达到自身内在的和谐统一带来困难，也必然使"天"、"天道"重新凝聚成为一种人格神。所以，尽管表面上它好像对于天人的关系阐释更为具体，使人易于把握，但"实际则只是一种隔限"。因为它使"由孔子发展到子思、孟子的出内通向外的道德精神，反而多一曲折"②——东汉后期王充更主张"用气为性"、"性成命定"（《论衡·无形》），将"天"完全解释成古代自然科学的物质之"天"，终于彻底斩断了人性的形上根据，使作为人之本体的和谐统一体——性情，变成了"其生于阴阳"，犹如"玉生于石，有纯有驳"的冰冷的物质二重性，二者既互不相干、互无统一之理，人也就彻底地沦落于尘埃，没有了一线超越的希望。

以上就是魏晋玄学产生以前，中国哲学人格本体——性情范畴的发展概况，是魏晋玄学创建其人格本体论的理论起点。魏晋玄学人格美思

---

① 《春秋繁露·深察名号》等。
② 徐复观：《中国人性论史·先秦篇》，见《徐复观集》，第 293 页。

想要建构其性情和谐统一的人格美本体，并最终达到性与情、本与末、形与神、圣与凡、名教与自然和谐统一，亦即人与天地万物同一的人格美境界，就必须首先在理论上吸取此前中国哲学的人性论成果和追求内在和谐、人格精神的优良传统，克服以往理论和现实生活中人格分裂的片面性，在更高层次上统合以往人格本体论的矛盾和现实中的人格分裂。正是在这样的理论前提下，玄学人格美思想提出了其独有的性情真伪论。

真、伪范畴是中国哲学中一对比较特殊的范畴，它不同于西方哲学中表示客观外在认识标准的真（true、truth）、假（artificial、artificiality），因为西方文化是一种侧重于追求客观外在真理的文化，而中国文化则主要是一种由外向内收、追求内在和谐的文化。所以，中国哲学中的"真"，虽也指客观外物的真实，但更主要指内心道德、情感的真诚、纯真；"伪"既指客观事物的不合原貌、人为，更主要指人的品行情意的虚伪、欺诈、不诚恳。现代汉语仍然流行的"真心诚意"、"虚情假意"这类用语，仍能窥见中国哲学独特个性之一斑。

在先秦哲学中，真、伪概念早已出现，《真敖篇》已出现"真"字，《尚书·周官》云："恭俭惟德，无载尔伪"。已有"伪"概念。与整个中国传统哲学相一致，在先秦哲学中，"真"也主要不是认识论中的真实，而是价值领域的真诚、诚信、纯真、朴素；"伪"则指人之奸诈与虚伪的品行。

先秦儒家的"真"概念，《论语》中称为"忠"、"信"，《大学》、《中庸》、《孟子》、《易传》、《荀子》中称为"诚"。《论语》云："言忠信，行笃敬"；"君子义以为质，礼以行之，逊以出之，信以成之"；"曾子曰：'吾日三省吾身：为人谋而不忠乎？与朋友交而不信乎？传不习乎'"《大学》"八条目"有"正心"、"诚意"之说："欲正其心者，先诚其意。"《中庸》、《孟子》说："诚者，天之道也，思诚者人之道也。至诚而不动者，未之有也。"又说："至诚如神"。《易传》既言"忠信"，又言"诚"。《易·文言传》曰："君子进德修业。忠信，所以进德也；修辞立其诚，所以居业也。"又说："闲邪存其诚"。《荀子·不苟》说："君子养心莫善于诚，致诚则无它事矣。……天地为大矣，不诚则不能化万物……夫诚者，君子之所守也，而政事之本也。"这些是先秦儒家的"真诚"观。先秦道家的《老子》、《庄子》直接采用了"真"概念。《老子》第二十一章说："道之为物，惟恍惟惚……其精甚真，其中有信"；第四十一章说："建德若偷，质真若渝"。其第五十四章说："修之于身，其德乃真。"这个"真"主要指事物的本然、原始、素朴的状态。《庄子·秋水》说："谨守而勿失，是谓返其真。"《达生》说："不厌其天，不忽于人，民几乎以其真。"《渔父》曰："真者所以受于天也，自然不可易也。故圣人法天贵真。"又说："真者，精诚之至也。不精不诚，不能动人。"《庄子》的"真"，主要指人或事物的"真性"、天然情状。

"伪"概念，在古代汉语中有两个基本的含义：一个是与"真"、"真诚"相对的虚假、诈伪之义；另一个则是与天然、本然之"性情"（instinctive）相对的"人为"、非天然（artificial）之义。但这两个义项又是相通的，特别是在中国美学思想中，人工的、后天的、非天然的产品从来都是次等、第二流或落入第二义的，唯有自然天成、天衣无缝、"清水出芙蓉，天然去雕饰"的美，才是最高境界的美；而从"伪"之人的刻意造作、违反自然真性这个意义上讲，非天然的（artificial）东西，也就是虚伪的、不真实的，就是欺诈。自先秦以来，儒道两家哲学也主要是在这个意义上使用"伪"概念的。《礼记·曾子问》说："昔者齐桓公亟举兵作伪主以行。"《孟子·滕文公上》说："从许子之道，相率而为伪者也，恶能治国家？"《万章上》云："然则舜伪而喜者与？""彼以爱兄之道来，故诚信而喜之，奚伪焉？"《易·系辞下》曰："情伪相感而利害生";"圣人设卦以尽情伪"。上述这些地方,"伪"概念都是虚假、不真实之义。《荀子》一书专以"人为"言"伪",然其"伪"也正与天生的"性情"相对。《荀子·性恶》篇说:"不可学、不可事、而在人者,谓之性;可学而能、可事而成之在人者,谓之伪;是性伪之分也。"《正名》篇说:"性之好恶喜怒哀乐之谓情,情然而心为之择谓之虑;心虑而能为之动谓之伪。"进一步指出了"人为"中所含人的心理、理性思维的特点。道家亦言"伪",反对"人为",主张回归自然本性,但其"伪"仍主要指虚伪、不纯真、包含智巧之义。《老子》第十八章说:"大道废,有仁义;智慧出,有大伪。"《庄子·齐物论》曰:"道恶乎隐而有真伪,言恶乎隐而有是非。"《庄子·人间世》云:"为人使易以伪,为天使难以伪。"《知北游》说:"仁可为也,义可亏也,礼相伪也。"《庚桑楚》说:"性者生之质也,性动之谓之为,为之伪谓之失。"《盗跖》篇说:"缝衣浅带,矫言伪行,以迷惑天下之主。"两汉哲学中,"伪"也是一个与"真"相对应的范畴,《淮南子》说:"德荡者其行伪"(《俶真训》),"立仁义,修礼乐,则德迁而为伪矣。"(《本经训》)仍以"伪"表示巧诈、虚伪之义;和《老子》其书相近。而王充的《论衡》以"虚妄"无验为"伪",以核实信验为"真",是对中国哲学"真"、"伪"范畴的义涵向古代科学哲学方向的发展。《论衡·对作篇》说:"是故《论衡》之造也,起众书并失实,虚妄之言胜真美也。……所以铨轻重之言,立真伪之平,非苟调文饰,空为奇伟之观也。"将"真"、"伪"之辨和"疾虚妄",作为自己的立言造论的宗旨。

中国哲学史上很早即有"真"、"伪"范畴,但是以"真"、"伪"范畴论人格生命本体"性"、"情",乃是魏晋玄学思想兴起之后的产物。因为魏晋时代是中国历史上一个"最为混乱"、"最为黑暗"的时代,是一个战祸惨烈、伦理异化、人格扭曲、价值失范的时代,是一个

"秽群伪之射真"（阮籍《首阳山赋》），"真风告逝，大伪斯兴"的时代，人们对真伪问题有更为深刻的感受。从《古诗十九首》的"今日良宴会，欢乐难具陈。……令德唱高言，识曲听其真"、刘劭的《人物志·效难》的"是以良材识真，万不一遇也"到阮籍的《咏怀》诗："对酒不能言，凄怆怀酸辛。愿耕东皋阳，谁与守其真?"、嵇康的《幽愤诗》："托好老庄，贱物贵身。志在守朴，养素全真"，再到左思的《招隐》诗："经始东山庐，果下自成榛。前有寒泉井，聊可莹心神。峭蒨青葱间，竹柏得其真"，陶渊明的《饮酒诗》："此中有真意，欲辨已忘言"、"羲农去我久，举世少复真"，等等，都是魏晋时人面对那个"人伪俗季，真风既散"的现实（《感世不遇赋序》）所发出的去伪存真、返璞归真的殷切呼唤。而当魏晋的玄学家们建构他们人格美的本体，寻求人格性情本体的和谐统一与超越时，"真"、"伪"范畴自然就成为他们讨论性情、达到性情统一的最高标准，成为他们去"伪"存"真"、返璞归真、实现人格生命的内在和谐统一或内在超越的最高目标。在魏晋玄学人格美思想中，达到了在"真"基础上"性情"和谐统一的人格本体，就是魏晋玄学人格美的本体。

魏晋玄学人格美追求个体内在本质在去"伪"存"真"、返璞归"真"基础上的和谐统一，建构了一个以"真"为准的性情和谐统一的玄学人格美本体，这里虽有先秦儒道"性"、"情"、"真"、"伪"观念的启发，但更多包含着玄学人格美思想家们的艰辛探索和体认的历程。当魏晋玄学的人格美思想家面对汉末人格本体尖锐的性情对立、严重的人格扭曲时，他们也曾尝试以此前哲学传统中有过的阴阳清浊、有情无情、性静情动、圣人忘情等各种方法和途径来消除性情的矛盾与对立，谋求人之所以为人的内在本体的和谐统一。以刘劭、刘桢、曹丕、袁准、嵇康、阮籍以至张华、皇甫谧、庾敳等人为代表，曾继承汉人阴阳学说以论人之性情。《人物志》说："凡有血气者，莫不含元一以为质，禀阴阳以立性。"嵇康的《太师箴》曰:"浩浩太素,阳曜阴凝。二仪陶化,人伦肇兴。"《明胆论》曰:"明以阳曜,胆以阴凝。"袁准的《才性论》云:"凡万物生于天地之间,有美有恶。物何故美?清气之所生;物何故恶?浊气之所施也。"这些都是汉代传统的以人所禀的阴阳、清浊以论性情的继续:阳气、清气为性,美且善;阴气、浊气为情,丑且恶。此说可以解释人的才情、智能、个性的独特性,但如果将"元一"、"太素"界定为"元气",则会重蹈王充的覆辙,不仅无法解决人的普遍道德共性的问题,而且会使人性下落而永无超越的希望。因此,以何晏、王弼、桓范、钟会、荀融、王戎、王衍、向秀等人为代表,一直到郭象、王修、张湛等,便在魏晋玄学人格美思想中探索以动静、有无、忘情来寻求性情的内在统一问题。何晏、桓范、钟会、荀融、郭象等人认为:"性者,人之所受以生也。"① 人生而有性、情,但"圣人有性而无喜怒哀乐之情",人只要能修养到圣人"无喜怒哀乐之情"的境界,自然只剩下纯正的德性了,"性"、"情"也就统一了,实现了最完美的人格。郭象的《庄子注·德充符》说:"无情,故浩然无不任,无不任者,有情之所未能也,故无情而独成天也。"但王弼、桓范、蒋济、王戎、王衍、向秀等更多的玄学思想家,则认为圣人和"凡人"一样"有性"、"有情"。王弼说:"圣人茂于人者神明也,同于人者五情也。神明茂,故能体冲和以通无;五情同,故不能无哀乐以应物。然则圣人之情,应物而不累于物者也。"② 桓范、向秀等人说:"人生而有情,情发而为欲。"③ 那么,如何才能达到人的内在"性"、"情"的和谐统一呢?王弼的回答是:"以情从理",或如其注《周易·文言传》"利贞者,性情也"所说:"性其情"。王弼注《道德经》第

---

① 《论语集释》卷五,《十三经注疏》。
② 《三国志·魏书·钟会传注》,引何邵:《王弼传》。
③ 桓范:《世要论·节欲》,载《全三国文》卷三十七。

二十九章说："圣人达自然之至，畅万物之情。故因而不为，顺而不施，除其所以迷，去其所以惑，故心不乱而物性自得之矣。"可见，王弼的方法既不同于桓范、嵇康的节制情欲，也不同于向秀的肆情、张湛的"纵情"。而是由道家的"无为"、"守静"而来的另一种思路，即王戎或王衍所说的"圣人忘情"。而所谓圣人"忘情"，则如冯友兰所说，实是自王弼、何晏到郭象、张湛等玄学家广泛使用的负的方法、"忘了忘"的方法，是承认人既有"性"，也有"情"，如果要达到人的内在的"性情"的和谐统一，只要心怀不动、不乱，忘记了这一切，就会归于本性，显示出单一纯正的德性，这乃是圣人的人格境界。王弼等人设计的这种"忘情"思路，从源头上看，实际是《礼记·乐记》以来先秦儒家以内外、动静论"性"、"情"，和老子"致虚极，守静笃"的"无为"方法的兼综，它把人的未发的静态本性作为"性"，把"已发"的、动态的人性当作"情"，不动、守静，即可达到"心不动而物性自得之"——"忘情"。

魏晋玄学的人格美思想试图统合儒道哲学人性论，以内外、动静、已发、未发区分人之性情，最终达到节制情欲、豁情、"忘情"，实现人之内在人格本体的和谐统一。但是，它的客观效果如何呢？《世说新语·雅量》载："豫章太守顾邵，是雍之子。邵在郡卒，雍盛集僚属，自围棋。外启信至，而无儿书，虽神气不变，而心了其故。以爪掐掌，血流沾褥。宾客既散，方叹曰：'已无延陵之高，岂可有丧明之责？'于是豁情散哀，颜色自若。"同书《伤逝》载："王戎丧儿万子，山简往省之，王悲不自胜。简曰：'孩抱中物，何至于此？'王曰：'圣人忘情，最下不及情；情之所钟，正在我辈。'简服其言，更为之恸。"又载："庾文康（亮）亡，何扬州（充）临葬云：'埋玉树箸土中，使人情何能已已'！"这说明，"情欲"和"人性"一样，本是人与生俱有的本性，虽不可纵，但"颜子之量，孔父之所豫在，然遇之不能无乐，丧之不能无哀"。真正所谓的"豁情"、"忘情"实不可至。魏晋玄学名士亦作如是观，故当时蒋济作《万机论》，竟以庄子"不以好恶内伤其身"的"无情"，为"庄周妇死而歌……周何忍哉！"魏晋玄学思想家们经过切身的体验、探索，终于发现，要达到人的内在人格生命的真正和谐，建构性情和谐统一的人格美本体，仅靠外在的节制或"弃置勿复道"的"豁情"、"忘情"，是解决不了问题的，最根本也是最切实有效的方法只能是顺其"自然"，以"自然"的真性情驱尽非"自然"的虚假的伪性情；只有把人的性、情统一于一个不含矫饰、智巧、诈伪等杂质的纯朴、纯真、真诚、真实的"真"字上，才能真正达到人的内在人格生命的和谐统一与超越。

因此，魏晋玄学人格美思想就开始重新建构一个以"真"为核心的或者说性情统一于"真"基础上的人格美本体。为了建构这个新的人格美本体，它所迈出的最重要的一步，首先是消除了此前哲学对人之性情以内外、阴阳、动静、善恶划分而形成的性、情二元对立的壁垒，承认情（欲）同样属于人的"自然之性"或出于"自然之道"，有其合理性，应给予它在人格中应有的地位。

魏晋以前的哲学人性论，道家本视"性"、"情"为一体，只讲物之"真性"、人之"真性"、"安其性命之情"；儒家虽以内外、动静、阴阳、善恶分"性"、"情"，但根本目的乃是将整个人格生命内收、追求内在和谐与超越。但性、情既分，对立斯成；析之者愈细，为之者弥巧。道德人格的分裂、虚伪由此产生。魏晋玄学人格美认为，和天地万物一样，人的人格生命也是整全的，并不存在"内"、"静"、"阳"、"善"的"性"与"外"、"动"、"阴"、"恶"的"情"的区别，人的那种原始朴素的状态就叫作"真"，反之，"多见巧诈，蔽其朴也"，谓之"伪"。王弼的《老子注》第五章注曰："天地任自然，无为无造。……造立施化，则物失其真。"嵇康的《太师箴》曰："厥初冥昧：

不虑不营；欲以物开，患以事成。"因此，人之性、情本来是自然天成、浑然一体的，都是人之所以为人的、人从自然天道禀受到的人的本质、本体；即使是那个被人为地强行地从这个整全中划分出去，并作为"性"的外在对立物的"情"或"欲"，也是人之自然本性，也是合理的，完全应该给其应有的地位。王弼的《老子注》说："不禁其性"（第十章）；"夫耳目口心，皆顺其性也。"（第十二章）向秀的《难养生论》说："有生则有情，称情则自然，若绝而外，则与无生同，何贵于有生哉？""夫人含五情而生，口思五味，目思五色，感而思室，饥而求食，自然之理也。"嵇康虽然反对向秀的肆情纵欲理论，但也同样认为情性均为"自然之理"，应该有其合理的地位。其《答向子期难养生论》说："'感而思室，饥而求食，自然之理也。'诚哉是言！""夫不虑而欲，性之动也；识而后感，智之用也。性动者，遇物而当，足则无余。"阮籍也说："阴阳性生性，故有刚柔；刚柔情生情，故有爱恶。"（《通易论》）郭象主张"圣人忘情"（《庄子·德充符注》），但又认为，如果"情"属于人的"性分"之所固有，则"任其性命之情"同样是合理的。郭象说："夫天地之理，万物之情，以得我为是，失我为非，适性为治，失和为乱。……故以道观之，于是非无当也，付之天均，恣之两行，则殊方异类，同焉皆得也。"（《庄子·秋水注》）张湛的《列子注·杨朱》更明确地说："夫生者，一气之暂聚，一物之暂灵……而好逸恶劳，物之常性。故当生之所乐者，厚味美服好色而已耳，而不能肆性情之所安，耳目之所娱……是不达乎生生之极也。"魏晋时期的玄学名士自荀粲、刘伶、阮咸、阮孚到谢鲲、周颢、王敦等荒于酒色：肆情纵欲，亦与此种理论的导向有关。

魏晋玄学人格美思想重新建构以"真"为核心的或者说人的内在性情在"真"基础上的和谐统一的人格美本体，另一个重要的方面和步骤，就是在肯定性情同为人之自然本性，情欲有其存在的合理性的同时，进一步确立一个以"真"为人之内在本质精髓的最高原则和价值标准，即只有"真"性情才是人之所以为人者、才能构成一个内在和谐统一的人格美的本体；因此，建构玄学人格美本体的实质，就是要去伪存"真"，"返璞归真"，最终实现与宇宙大全的本真同一的人格美境界。

魏晋以前的哲学人性论虽然也力图追求人格生命的内在和谐与超越，但是将人的浑然一体的性情进行内外、动静、阴阳、清浊的划分，实际已包含有寻找某种区别性情的客观外在标准的企图，而如果要以某种外在的标准、原则去获得人格生命的内在和谐统一，其矛盾与扞格之处则是在所难免的。因此，魏晋玄学人格美思想认为，要真正达到人的内在人格生命的和谐统一、建构性情和谐统一的人格美本体，那么，据以建立这个和谐统一的人格本体的根本原则、标准和基点，就不应该是外在的或部分内在的、部分外在的，而只能是完全内在的、植根于人的人格生命深处的"真"。凡是一个人出自内心深处或生命的本性、根源之处的"真"性情、"真"情感、"真"情欲，都是人之所以为人者，都是人的人格生命的本根、本源、本体，它是超善恶的，又是本来圆满、至善至美的，是人格美的本体；反之，凡是一个人并非出自灵魂深处、生命根源与本性的"伪"性情、"伪"情感、"伪"情欲，都是不属于人的本质、本源与本体的东西，因而是与人的人格生命的美无关的，也就是丑恶的。王弼在《论语释疑》中说："不性其情，焉能久行其正？此是情之正也。若心好流荡失真，此是情之邪也。……情近性者，何妨是有欲。"即是以是否"失真"评判性情的正邪。王弼的《老子注》又说："信，信验也，物反窈冥，则真精之极得，万物之性定，故曰'其精甚真，其中有信'也。"这是说，"真"来自人物的极根源处，它实际是道、道性或自然之性，它本身乃是"至极之真，不可得名"的"窈冥"，"窈冥，深远之叹。深远不可得而见，然而万物由之……以定其真"（第二十一章）。"真"本身已是"极至之真"，无他物"以定其真"，所以它才能作为万物是否"失真"、"失性"的最高标准。

阮籍、嵇康一生以生命求性情之"真"。阮籍"性至孝，居丧虽不率常礼，而毁几灭性"。[1] 他不仅以"真"为最高准则以建立自己的人格生命，而且还把"真"、"伪"作为人禽之分、人之所以为人和兽之所以为兽的分际。阮籍的《猕猴赋》赋猕猴云："体多似而匪类，形乖殊而不纯；外察惠而内无度兮，故人面兽身；性褊浅以干进兮，似韩非之囚秦；扬眉额而骤呻兮，似巧言而伪真。"猕猴声貌似人，但内在的性情"不纯"、"伪真"，不具备人之为人的本质，故终是兽面非人。末世之人，"其物不真"，亦昧于人之所以为人者，"猜耳其道，虚伪之名，莫识其真"（《大人先生传》）。因此，先王制作礼乐，"必通天地之气，静万物之性也，固上下之位，定性命之真"[2]。嵇康以身殉"真"，他更明确地把体现"自然之和"的"性命之真"作为人的人格生命的支撑点。他曾告诫自己的家人说：与他人相处，"若其言邪险，则当正色以道义正之。何者？君子不容伪薄之言故也"（《家诫》）。他认为，判断人之所以为人者的唯一标准和最高原则，也只能是这个体现"自然之和"或"自然之理"的"性命之真"，而所谓"真"就是合自然的行为，足可以公诸于众、问心无愧的；而"以不言为名"、见不得人的行为，则为伪。（《释私论》，此点详见后论）人所具有的一切，不论是嗜欲、富贵还是礼义、名利、禽性兽情，都必须接受这个标准的检验。凡是违反了这个"性命之真"的东西，都是非自然的、"用智"而"伪"的产物，都是丑恶的，不属于人的人格生命中的本质内容；反

---

① 《世说新语·任诞》刘注引《魏氏春秋》。
② 阮籍：《乐论》。

之，则可以作为人安身立命之根本。嵇康在《难张辽叔自然好学论》中说："故仁义务于理伪，非养真之要术……则人之真性无为，正当自然。"所以最可取的人生态度，既不是纵欲，也不是求礼智仁义，而是要去伪存"真"、返璞归"真"，即"但欲令室食得理耳"。而人一旦确立了自己的志向、发现了真的自我，"则口与心誓，守死无二，耻躬不逮，期于必济"（《家诫》）。为真理而誓死奋斗。

魏晋玄学人格美思想从王弼、何晏、阮籍、嵇康以往，将"自然之道（理、和）"在人格生命深处内化为"真"，作为建构人之所以为人的本质、本体的最高原则与价值标准，这不仅继承和强化了中国哲学固有的"由上向下落、由外向内收"的人性论的传统，[①] 而且也极大地凸显了魏晋玄学所特有的追求去伪存真、返璞归真和个体内在的人格生命在"真"基础上的和谐统一的基本文化性格，并且这种文化性格还影响了后来中国的道、佛宗教哲学和宋明理学的发展。因此，可以说，魏晋玄学人格美思想所建构的人格生命的审美境界本体——性情，实质就是一个由"自然之道（理、和）"下落到人格生命深处所内化而成的人性的自然"本真"、"真性"。而正因为玄学人格美本体论这一"贵真"、"求真"的思想渗透到了当时人们生活的各个方面，故魏晋的书法称楷书为"真书"，论书画之高则称"真品"、"神品"，品人之高下则有"性足体备"与"怀情丧真"之别。庾翼评王衍说："王夷甫先朝风流士也，然吾薄其立名非真，而始终莫取。"（《晋书·殷浩传》引）《世说新语·雅量》载："庾太尉（亮）风仪伟长，不轻举止，时人皆以为假。亮有大儿数岁，雅重之质，便自如此，人知是天性。……苏峻时遇害。或云：'见阿恭，知元规（亮）非假。'"所以，即使是当时主张"忘情"、"纵情"的郭象《庄子注》也说："真在性分之内"，"乃

① 《徐复观集》，第270页。

在根本中来者也。"（《秋水注》、《大宗师注》）又说："任之自然，则非伪也"；"凡得真性，用其自身者……皆自若也。若乃开希幸之色，以下冒上，物丧其真，人忘其本，则毁誉之间，俯仰失措也"。（《人世间注》）支道林著《逍遥论》说："夫逍遥者，明至人之心也"；而"至人之心"，在于内心之"天真"①。张湛说："禀生之质谓之性，得性之极谓之和。"又说："至纯至真，即我之性分，非求之于外。"（《列子·天瑞注》）可以说，中国哲学经过先秦以来儒道种种区分性情而求内在人格和谐统一的努力，终于在魏晋玄学人格美去伪存真、返璞归真、以"真"为最高原则和标准的人格生命本体上得到了实现。玄学人格美建构的人格生命的本体"至纯至真"，是人之所以为人的极纯朴、极和谐的自然"真性"、"天性"，因而它实际上是和自然天道、自然之性贯通的，是一种与自然天道同一的最高的人格美境界，是一种人格美的境界本体。近代学术大师王国维在其《人间词话》中说："境非独谓景物也，喜怒哀乐，亦人心中之一境界。故能写真景物、真感情者，谓之有境界。否则谓之无境界。"② 王国维是否曾研究过魏晋玄学的人格美的"性情"、"真伪"范畴我们不得而知，但王国维以是否"能写真景物、真感情者"为文学是否有境界之分野，这正从一个侧面反映了魏晋玄学人格美思想性情真伪论对后来中国哲学的深远影响。

三、有无的本末

魏晋玄学人格美思想建构了一个以"真"为最高原则和价值标准的达到了人的内在"性"、"情"——人格生命和谐统一的审美境界本

---

① 《世说新语·文学》刘注引。
② 王国维：《人间词话》，四川人民出版社 1981 年版，第 7 页。

体，因此从根本上讲，魏晋玄学人格美乃是一种"性"与"天道"的"天人之学"。玄学人格美境界的最高层次，乃是人的内心深处的至真至纯的自然本性、真性与自然之道（理、和）的同一，即是人性与宇宙的大全、本体的贯通一气；只有这样，魏晋玄学人格美才是既内在又超越的，由内在而超越的。在魏晋玄学思想的发展中玄学思想家们形成了追求人与自然天道同一的不同观点和看法，这些观点和看法虽然有以"无"为本，以"有"为本，以"自然"为本，以"独化"、"自足"的"玄冥之境"为本，以"心无"、"性空"之般若佛性为本等各种本体论的不同差异，但对于魏晋玄学的人格美而言，这些关于"自然"、"天道"是"有"是"无"，或"有"、"无"谁先谁后、谁本谁末的观点和看法，它们的实质乃是完全一致的，即都是一个关于宇宙和人生的有限性和无限性的问题，都是一个关于人的人格如何内在地超越有限而达到无限的问题。魏晋玄学人格美的最高理想是实现人与天地万物、宇宙大全冥然同体的人格美境界，即要内在地超越有限而达到无限自由的人格、美的人格，因此，它就必须要首先深入探讨关于自然天道的有无、本末问题。

"本"、"末"二字，在古汉语中属造字"六法"中的"指事"字，"本"的本义指树木靠近根部的主干部分，"末"则指树本的末梢部分。东汉许慎的《说文解字》云："本，木下曰本，从木，一在其下"；"末"，"木上曰末，一在其上"。徐锴的《系传》说："（本）'一'记其处也，与'末'同义，指事也。"即就此而言。后来的汉语进一步发展，"本"，由指树木的靠近根基的主干部分，逐渐引申为指事物的根本、始基、本质；"末"，由指树木的末梢部分，逐渐引申为指事物的次要、细小、非本质的一面。《论语·学而》："君子务本，本立而道生"，何晏注："本，基也。"《吕氏春秋·无义》："故义者百事之始也，万利之本也。"高诱注："本，原也。"《论语·子张》也说："子夏之门人小子，当洒扫应对进退，则可矣，抑末也。"这些都是用其引申义。而由于"本"、"末"有本质、根本与非本质、次要二义之引申，故在中国漫长的封建农业社会中，它们又变成了代表农业与工商业的一对特殊的范畴，成了中国古代社会学中对农业和工商业关系的一种说明。

在中国传统的哲学中，"本"、"末"范畴的意义由汉字的本、末语义而来，从表层的意义来看，它与西方哲学中的本质（essense）和现象（phenomena）范畴有近似之处。但由于中国哲学中的"本"、"末"乃是与"有"、"无"，"性"与"天道"相关的一对范畴，即是标志天与人、本体与现象关系和分际的一对范畴，它实际上是和人生论相关的问题，是关于人和宇宙的有限性和无限性的问题，所以它又并非西方哲学中的本质和现象范畴所能完全涵盖，在西方哲学中，并没有完全或直接与之相对应的名称。

在中国哲学史上，先秦道家首先开始自然天道之"有"、"无"的探讨。儒家对"有"、"无"问题不甚感兴趣，也不存在这个问题。因为先秦儒家认为"天"、"天道"是一个无可怀疑的"至善"、"至诚"的存在，人只要按照"天"、"天道"这个"绝对律令"行事就可以了，就达到了与"天"合一，也就超脱了有限而达到了无限，实现了自由的人格。所以先秦儒家不存在有无、本末问题；两汉以董仲舒为代表的正统儒家更把"天"、"天道"人格意志化，使之具有了某种人格的直观性，因而，"天"、"天道"更不存在任何"有"、"无"问题。但道家却不然。道家认为儒家的这个"至善"、"至诚"的"天"、"天道"，实际上只是人类社会仁义道德的反映，并非真正的自然之"天"或"天道"，这叫"蔽于人而不知天"（《庄子·天下》）。实则与我们的感知世界、现象世界相对的，还有一个非感官所能及的更本质的世界；在具体的和有限的世界背后，还有一个超越的、无限的世界。这个本质、无限、超越的世界无形无名，非我们所能感知、把握，所以叫

"无"。《老子》说："天下万物，皆以有为生。有之所始，以无为本。将欲全有，必反于无。""无"，无形无名，没有具体存在的局限性，显然是高于"有"的一个范畴，所以说"以无为本"。但问题是，"无"虽似高于"有"，却又是和"有"相待的范畴，并没有完全超脱于"有"。没有完全超脱于"有"的"无"是否适宜作为"有"的本体呢？道家对此可能也存在疑虑，所以又提出一个"道"来作为宇宙万物的总根源和最高本体。道家给"道"的规定是："道"像玄，"玄黑幽深，不可窥其涯际"；又像"无"，无形无名，恍恍惚惚；实际还有些跟"有"相似；《老子》说："道之为物，惟恍惟惚；惚兮恍兮，其中有象；恍兮惚兮，其中有物；窈兮冥兮，其中有精；其精甚真，其中有信。"《庄子·大宗师》说："夫道有情有信，无为无形；可传而不可受，可得而不可见；自本自根，未有天地，自古以固存；神鬼神帝，生天生地。"说的都是"道"的这种特点。而正因为"道"具有这种既高居"有"、"无"之上，实际又同时具有包含"有"、"无"的二重性，所以我们认为先秦道家的"道"本体，是一个审美境界的本体，是境界形态的形上学。

先秦道家建构了一个境界形态的"道"本体，可以说在理论上基本解决了因"有"、"无"相生相待，而不能"以无为本"的有无、本末问题。但是，这种解决还只能说是相对的，不是根本的解决。因为这个本体，一旦落实到具体的人或事物上，又会产生新的矛盾和疑问：既然"道"是凌驾于"有"、"无"之上的另一物，那么它就应该是外在的"神"、"上帝"或"绝对的律令"，不是人或事物本身通过内在的修养、"穷理尽性"所能达到或把握的。先秦后期的庄子学派已感到这个问题，所以《庄子·知北游》载有一段东郭子"所谓道，恶乎在"的问话，而庄子则回答说："道无所不在"，"在蝼蚁"、"在瓦甓"、"在屎溺"，"每下愈况，汝唯莫必，无乎逃物"。晚周道家是想以

"道"泛在一切来解决"道"的内在性和宇宙万物，特别是人的内在超越的根据问题。到两汉时期，道家又以"气化"论来解决这个问题，他们把"道"解释成生成"元气"的"太始"、"太易"、"太素"等等，"道"生成"元气"，"元气"阴阳聚合而成天地万物。他们认为，人物的血脉生命都是由"元气"变化而成，那么人之"性命"、人之超越有限的根据岂不就在自身之内？当然，秦汉新道家的这一思路并不是他们的新发明，也是从《庄子》中受到启发的。《庄子·天地》说："泰初有无，无有无名，一之所起，有一而未形。物得以生，谓之德；未形者有分，且然无间，谓之命；留动而生物，物成生理，谓之形；形体保神，各有仪则，谓之性。"① 《庄子·至乐》说："察其始而本无生，非徒无生也而本无形，非徒无形也而本无气。杂乎芒芴之间，变而有气，气变而有形，形变而有生。"秦汉早期的新道家都沿用这一思路来解决"道"既超越有、无之上，又同时是天地万物内在超越的根据问题。但这种解决也是有前提条件的，其中最根本的一条，就是应给"道"一定的朦胧性和神秘性，不能将"道"直接解释成"元气"，因为一旦将"道"直接说成是"元气"，那就根本无法解决天地万物的"德性"问题了，人的道德精神或者说人格精神的根据就又成了外在的物质性的东西了，这样人物也就无法实现内在的超越甚至根本谈不上超越了。东汉后期王充的《论衡》正是这样完全由"元气"来解说"道"，把世界的存在归结为一元的"气"——也就是一种"有"的，结果便导致了"天"、"天道"的解体，人物都成了纯物质的聚合物，不仅没有了一线内在超越的根据和希望，甚至连超越的问题也取消了。

魏晋玄学承袭两汉哲学而来，它既是一种讨论"性与天道"的"天人"之学，而且又面对重建汉末被彻底解构的宇宙和人格生命本体

---

① "泰初有无无"一句断句，依张岱年的《中国哲学大纲》。

的历史任务，所以，玄学要讨论作为宇宙大全、本体的"天"、"天道"的有无、本末问题，就是势所必然。我们前文已经指出刘劭的《人物志》一书的写作目的，虽然主要是从人格本体论的角度讨论人的才性问题，但他仍然没有忽视宇宙本体"道"、"元一"的有无、本末问题。《人物志·八观》说："《易》以感为德，以谦为道；《老子》以无为德，以虚为道。"刘劭明确地将老子说的作为"道"的"有"、"无"双重性的"无"，提高到本体"道"的位置，这样就使王充的《论衡》中沦落为"元气"的"道"重新被提升起来，提升到了《易传》"一阴一阳之谓道，继之者善也，成之者性也"命题中"道"的位置，赋予了"道"以应有的超越性和无限性，使"道"重新变成了一个天地万物的境界本体。

刘劭的《人物志》将汉末下落为"元气"的"道"、"元一"重新提升并赋予其超越性和无限性，因而有无、本末问题，又由于要回答人的人格生命如何由外在而内在、由内在而超越有限达到无限的问题，而重新成为魏晋一代哲学讨论的焦点，魏晋玄学之所以会成为中国哲学本体论最发达的阶段，其原因也正在此。但是，刘劭的《人物志》又讲"凡有血气者，莫不含元一以为质，禀阴阳以立性"；"若夫天地气化，盈虚损益，道之理也"。似乎"元一"、"道"还并未完全与"元气"脱离关系，这种"道"论实际仍是秦汉新道家的"道"本体论的观点。所以，从汤用彤到汤一介，学术界一直有许多人认为汉代的哲学是讲宇宙生成论的，刘劭的《人物志》虽已用道家的"道"解释儒家的"中庸之质"，是通向玄学本体论的桥梁，但却存在矛盾之处，拖着宇宙生成论的尾巴。① 实际上刘劭的《人物志》中的矛盾和宇宙生成论的尾

① 参见《汤用彤学术论文集·读〈人物志〉》，汤一介：《儒道释与内在超越问题·刘劭与魏晋玄学》。

巴，正是汉代人对于"天道"、"自然"之有无、本末问题的矛盾困惑及其在解决这一矛盾困惑的方法上存在漏洞的反映。因为以"天"、"天道"解释道德的"至善"和自然的无限性，固然可以保证人的内在德性具有先验的根据，但世界上的人和物都是具体的人和物，都是灵与肉、形与神的具体统一，具体人物的具体统一必然要求作为其先验根据的"天"、"天道"同时具有"有"、"无"二重性，既外在又内在，既有限又无限。因此汉代人便以带有神秘性的"元气"来解释"道"，以此来解决天地万物的二重"根据"问题。刘劭的《人物志》主要是讨论人物的才性、明胆问题，而不是人物的形质构造问题，这些实属于内在超越的问题，所以刘劭说"《老子》以无为德，以虚为道"。以"虚无"解释道德，只要求"天"、"天道"作为人物道德理性的根据，保证人物的内在超越性就行了，而回避了"道"或"天道"的"有无"二重性问题。但不管怎样，刘劭的这一思路开了魏晋玄学本体论的先河。①

刘劭的《人物志》实际已提出了"道"本体的有无的问题，但却没有给予正面的解答。魏晋时期哲学上"天"、"天道"的有无、本末问题，是在正始玄学出现之后，由何晏、王弼等人率先给予正面解释的。何晏、王弼也将"无"提高到"道"的地位，认为老子所说的"道"实际就是"无"；因而，"天地万物皆以无为本。无也者，开物成务，无往而不存者也。阴阳恃以化生，万物恃以成形，贤者恃以成德，不肖者恃以免身。故'无'之为用，无爵而贵矣。"（《晋书·王衍传》）我们刚刚说过，刘劭的《人物志》提出"《老子》以无为德，以虚为道"，其中是包含着要解决汉末"道—气"说缺乏哲学本体论的超

① 余敦康：《中国哲学对理解的探索与王弼的解释学》，见《中国哲学论集》，辽宁大学出版社1998年版，第203—204页。

越性和人的道德人格的内在根据这一层问题的。何晏、王弼的"无"本体论更明显地是如此。因为，如果按照此前的说法，以"道"为天地万物之本，而将"有"、"无"理解为"道"所具有的二重性的话，那么，"道"就还不是一种完全脱离与具体事物联系的"无形无名"的存在，或者说还不是一种超越和无限，而是一种具体和有限。很显然，这样一种存在，是不能成为天地万物内在德性的共同先验根据的。但是，如果以"无"取代"道"的位置，以"无"作为天地万物之"本"，则可以完全避免上述理论上的难题。因为这个"无"已不是原先那个与"有"相对待的、和"有"同处于"道"之下的"无"，而是处于"有"之上、处于原先那个"有"、"无"之上的"道"的位置的"无"；而这个"无"虽处于原先那个"道"的地位，却又并不像那个"道"那样包含着"有"、"无"二重性，而是纯粹而彻底的"无"，即是"纯无"。它独立无对，高居万有之上，真正地无形无名、无声无息，无任何具体的规定性和有限性，具有真正的无限性；而正因为它无形无名、具有真正的无限性，故又可以遍举天下之名以名之，可以为天下万事万物之宗主而内在于万事万物之中，可以作为天地万物内在"德性"的共同根据。夏侯玄说："道本无名，故老氏曰强为之名，仲尼称尧荡荡无能名焉。……夫唯无名，故可得遍以天下之名名之。"何晏说："有之为有，恃无以生；事而为事，由无以成。夫道之而无语，名之而无名，视之而无形，听之而无声，则道之全焉。……玄以之黑，素以之白，矩以之方，规以之圆。圆方得形而此无形，白黑得名而此无名也。"（《列子·天瑞》注引）王弼说："道者，无之称也，无不通也，无不由也。"又说："夫物之所以生，功之所以成，必生乎无形，由乎无名。无形无名者……故能为品物之宗主，苞通天地，靡使不经也。"（《论语释疑》、《老子指略》）这样，正始玄学家从夏侯玄、何晏到王弼，通过一步步抽象，终于完全抽空了"道"的全部"有"性，使"道"变成了"纯无"——也就使"无"变成了占据原先"道"的位置的独立无对、高居万物之上的无限性，变成了可以内在于万物、为万物普遍"德性"根据的最高本体，并由此构成了正始玄学"无"本"有"末的贵"无"本体论。王弼的《老子注》第四十一章"道隐无名，夫唯道，善贷且成"说："凡此诸善，皆是道之所成也。在象则为大象，而大象无形；在音则为大音，而大音希声。物以之成，而不见其形，故隐而无名也。贷之非唯供其乏而已，一贷之则足以永终其德，故曰'善贷'也。成之不如机匠之裁，无物而不济其形，故曰'善成'。"即指出"无"本体的这种内在又无限的品性。

以王弼为代表的正始玄学家通过"无"本"有"末的本体论建构，相当成功地解决了万事万物的内在超越的根据问题，使万物普遍地获得了内在的超越具体、有限而达到无限的可能。但是，这仍然只是问题的一个方面。从另一方面看，王弼的"无"本"有"末的贵"无"本体论仍存在理论的难题，他主要是"着眼于整体本身所内在具有的自我调节、自我完善的能力"，"王弼的'以无为本的理论只允许他去研究整体，而限制他去研究个体"。① 换言之，王弼以一个抽象掉一切具体有限性的绝对而无限的"纯无"作为天地万物的本体，与这个本体相对应的"末""有"之"有"，也只能是作为一个整体的"万有"，而非一个个具体的或者说个体的"有"。对于一个个具体的"有"而言，这个"无"则类似于裴頠的《崇有论》所说的，是一个什么也没有的"零"。王弼曾用"一"和"多"、"多"和"寡"、"动"和"静"等关系范畴来说明"有"、"无"的本末关系，所谓"夫众不能治众，治众者至寡也。夫动不能制动，制天下之动者，贞夫一者也。……物无妄

---

① 余敦康：《中国哲学论集》，第255—263页。

然，必有其理。"①"万物无形，其归一也，何由致一？由于无也。由无乃一，一可谓无"。又说："无不可以无明，必因于有，故常于有物之极，而必明其所由之宗。"② 王弼试图说明他讲的本体"无"的自然之性，但实际却表明他所说这个本体的"无"及其与之相对的末"有"都只具有整体的性质。而问题也正由此而产生了。这个作为绝对无限的整体的"无"，如何才能进入作为个体的"万有"的人格生命，并内化为其超越有限而达到无限的德性根据呢？如果不解决这个问题，那么"无"这个能作为整体的"万有"内在超越根据的本体，对于一个个具体的"万有"而言，则仍是外在的而非内在的，仍无法使作为个体的"万有"内在地超越有限而达到无限。后来宋明理学吸收隋唐佛学的成果，如朱熹说："本体是一太极"，然又"物物各具一太极"。"本只是一太极……如月在天，只一而已。及散在江湖，则随处可见。"（《朱子语类》卷九四）显然，是为了在更高的理论层次上谋求解决这个有无、本末问题。

对于正始玄学"贵无"派"以无为本"这一理论缺陷，阮籍、嵇康是通过王弼"论太始之原以明自然之性"的思路来加以解决的。他们认为，王弼"无"本"有"末的"无"，原是其《老子注》所说的"万物以自然为性，可因而不可为也"的"无为"的"自然"，人与"万有"本身都是"自然"之一物，与"自然"是一体的，故"自然之性"是内在于人与"万有"自身的，人固有其内在的超越有限达到无限的根据。③ 因此"有无"、本末问题是"自其异者而观之"的结果，实际上二者完全是一回事，不存在区别。阮籍在《达庄论》中说

---

① 王弼：《周易略例·明象》，见楼宇烈校释：《王弼集校释》（下册），中华书局1980年版，第591页。
② 韩康伯：《周易·系辞上注》引王弼说，见《王弼集校释》（下册），第541页。
③ 参见汤一介：《儒道释与内在超越问题》，第29—31页。

"天地生于自然，万物生于天地，自然者无外，故天地名焉；天地者有内，故万物生焉。当其无外，谁谓异乎？当有其内，谁谓殊乎？"嵇康的《太师箴》曰："浩浩太素，阳曜阴凝。二仪陶化，人伦肇兴。厥初冥昧，不虑不营……宗长归仁，自然之情。"都想说明作为个体的具体的"万有"与"自然"本是一体、"无异"的，而"以无为本"的"无"对于个体也不是外在性的，而是内在的，是其内在地超越有限达到无限的根据。

阮籍、嵇康之后，裴頠继而又提出了个体即"万有"之本在其自身的观点。在裴頠看来，作为个体的"万有"要想从一个绝对无限的共同本体"无"那里获得内在地超越的根据，这是不可能的，因为这种普遍共性的"纯无"对个别的"万有"而言，实际是个"零"。具体的、个体的事物从中什么也得不到。"夫至无者无以能生，始生者自生也。"个别事物因此"生而可寻，所谓理也。理之所体，所谓有也"。个别的具体的事物的本体就是个别的具体的"有"，其所以存在的根据也就在其自身。

裴頠的《崇有论》在王弼"无"本"有"末的本体论以绝对无限的"纯无"为本之外，另立一个万物各自具有的"理"，作为个体存在的内在根据，从逻辑上基本解决了王弼"贵无"论所存在的个体缺乏达到内在超越的先验德性根据的问题。但是，由于裴頠是从事物外形的构成立论的，他所强调的是事物的形体必须有所"依凭"的"外资"。因此，在裴頠那里实际存在两个本体：一个是"总混群本"的"宗极之道也"；另一个则是从"形象著分"、"理迹之原也"而来的"理"——"理之所体，所谓有也。"前者相当于王弼所讲的作为整体的"无"，后者则是个别具体事物的内在本体。然而裴頠并未说明这两个本体的相互关系，因而在裴頠那里，两个本体是暌违不通的。所以，裴頠看似解决了个别具体事物存在的内在根据问题，但却又造成了新的理论困难，即这个根据实只是个体具体的、有限的形体构成的"依据"，而非与无限的"天道"、"自然"相贯通的、真正可以使每个个体内在地实现超越有限而达到无限的先验德性根据。这就使玄学人格美的超越层面再次落空，人格美理想的境界可望而不可即。而正是在这样的理论背景下，从向秀、郭象到张湛，魏晋玄学家们又提出了他们"自生"、"独化"——"玄冥之境"的有无、本末论。

向秀、郭象的《庄子注》是通过有无、本末的直接同一来解决"性"与"天道"的统一性问题的，并在理论上达到了个体内在人格生命的有限性与无限性的和谐统一——既内在又超越，由内在而超越。《庄子注》的作者认为，此前玄学思想"以无为本"、"以有为本"、"无本有末"、"有无二元本体"等本体论观点都是不圆满的。"无"本"有"末可以解释作为整体的现象与本质的统一问题，但却无法回答个体实现内在超越而达到无限的先验德性根据问题；"以有为本"、"有无二元"的本体论可以解答个体存在的内在根据问题，但这个根据本身却只是具体有限的、形下的物质"依凭"，而非真正能使个体达到无限超越的内在德性根据。因此，这就说明，中国哲学的最高终极本体，既不是某种类似"无"的精神实体，也并非某种类似"元气"的物质实体，而是如向秀所说，有无、本末"同是形式之物耳，未足以相先后"（《列子注·黄帝》引）。根本不存在这个问题，如果一定要讲本末先后，那么就只能是物我、有无、本末、性与天道的直接同一性——境界形态的"自然"或"玄冥之境"。

《庄子注》的作者提出了"玄冥之境"为最高哲学本体，这个哲学本体是境界形态的，它有似于先秦道家之"道"，但却又不像"道"那样因具有"有"、"无"二重性而可能落入有限和具体，它又有似于王弼"以无为本"的"无"，但却不像王弼的"无"那样是外在于具体的个体的空无、"零"；它还有似于直接内在于个体的"有"，但却不像

"有"那样滞留于具体和有限而无法达到超越。因此，它是超越于有无、本末之上的一种境界。在这一境界中，有与无、现象与本质、内在与外在、有限与无限都是直接同一的，是像德国哲学家谢林所说的"主体和客体的绝对无差异的同一"，因而不存在什么本末、先后的问题。换言之，在"玄冥之境"中，"天"、"天道"也就是人、人道，"自然"就是"性"，——外在就是内在，有限就是无限。从现象或"迹"来看，个体都是"自生"与"独化"；但从本质或"本"而言，则"万有"都是"至无"、"天"或"天道"。《庄子·山木》注云："凡所谓天，皆明不为而自然。言自然则自然矣，人安能有此自然矣？自然耳，故曰性。"而正由于"玄冥之境"这一境界本体中"性"与"天道"、"有"与"无"、"本"与"末"、现象与本质、外在与内在、有限与无限是直接同一的，因此个体具有的独特的个性，也就同时成为实现其内在超越的普遍先验根据，人与万物只要"掘然自得而独化"或"卓尔独化于玄冥之境"，"唯命是从"，也就是"顺自然"或"任自然"，也就能"无往而非逍遥矣"。即超越有限而达到了无限，实现了"天人"和谐统一的最高人格境界。

向秀、郭象的《庄子注》通过否定、取消"万有"之前有某个实体为其本体的形式，实现了性与天道、内在与外在、有限与无限的直接无差别的绝对同一；并由此而消解和冥合魏晋玄学本体论的有无、本末的矛盾——尽管这种解决和"同一"正如黑格尔批评谢林时所说，还只是一种"未经证明的同一性"。但却如有的学者指出的："玄学作为一种本体论的理论形态，只是发展到了郭象的阶段，才臻于成熟。"[1]而此后的玄学本体论虽有支道林、张湛等人引入般若空宗以说"无"谈"有"，但其说"无"实如王弼以一个"纯无"为本，谈"有"则

---

① 余敦康：《中国哲学论集》，第 256 页。

同于郭象所谓"无心以顺有"之辞，以此来达到玄学人格美理想中外在与内在、有限与无限、性与天道的和谐统一，因而并未超出王弼、郭象的思维水平。直到鸠摩罗什、僧肇师徒引入"中观"学说以解说"有"、"无"，才在新的理论层次上解决了玄学的有无、本末的问题，而玄学自己也走向了终结。

四、圣人贵名教与老庄明自然

魏晋玄学人格美本体论是一个关于"天人之际"或"性"与"天道"的根本问题。这个根本问题下落于个体的人格生命，便是构成人的本质的内在性情如何达到和谐统一的问题；上溯于天道，则是一个关于宇宙终极本体的有无、本末的问题；而如果落实到人类生活于其间的现实社会，就是一个社会本体的问题，即现实的人类社会到底以什么作为其最高和根本的原则才能实现社会全体成员之间的和谐的问题，亦即寻求人的现实生活的"乐土"、"乐园"或协调理想与现实的关系问题。而在中国哲学史上，人类社会这个与"天人"关系密切相连的社会本体问题，其理论形态是以不同哲学流派的思想家们探讨"名教"与"自然"、"圣"与"凡"范畴关系的形式展开的。

"名教"和"自然"是中国哲学所特有的一对范畴。名教，在古汉语中由"名"和"教"两个词组成，即以"名"为"教"或因"名"立"教"的意思。先秦哲学中，"名"者系之名家，"教"则源出儒者。《汉书·艺文志》说："名家者流，盖出于礼官，古者名位不同，礼亦异数。"即以"礼"解"名"。《礼记·学记》曰："教也者，长善而救其失者也。"这是说"教"，乃扬善惩恶之义。而扬善惩恶的手段何在？在古代称"刑赏"二柄，亦即礼法也。中国古代礼法不分，晋末郑鲜之《滕羡仕宦议》说："圣人之为教者礼法"，即以"礼法"释

"教"。

"名教"要用一套由人制定的、受人的意志支配的礼法制度来治国理民，它的特点是要以外在的强制的规范来建立一套上下、长幼、尊卑的秩序，并节制人们的情欲和行为。《礼记·乐记》说："礼者，殊事合敬者也"；"中正无邪，礼之质也；庄敬恭顺，礼之制也。"又说："乐由中出，礼由外作。……乐至则无怨，礼至则不争，揖让而治天下者，礼乐之谓也。"即指出了礼法作为外在别异合敬之制度规范的意义。以礼法为基本内容的"名教"具有建立人伦秩序、节制人的情欲和行为的作用，亦即理国安民的效果。先秦儒家首先看到了这一点，认为这是人与自然的分际、人与动物的区别之所在，于是以此建立起他们的人道原则，作为其理想社会的本体。孔子尽管也把"无为而治"作为其社会理想，但落实到现实社会，他治国的第一步就是"必也正名乎"。又说："克己复礼为仁"；"非礼勿视，非礼勿听，非礼勿言，非礼勿动"。（《论语·颜渊》）这就不难看出他对"名教"的重视。孟子知人论世，虽然侧重于人的内在心性的修养，但同样重视"名教"的作用。他认为仁、义、礼、智"根于心"，是人之近乎禽兽者"几希矣"之处，因此他主张"谨庠序之教，申之以孝悌之义"（《孟子·梁惠王上》），使父子有亲、君臣有义、夫妇有别、长幼有序、朋友有信。又说："上无礼，下无学，贼民兴，丧无日矣。"（《孟子·离娄上》）荀子更把"名教"提到了空前崇高的地位，他说："礼者，人道之极也。"（《荀子·礼论》）又说："其取人有道，其用人有法。取人之道，参之以礼，用人之法，禁之以等。""至道大形，隆礼至法，则国有常。"如果处处以"礼法"或"名教"为最高准则行事，则国家可达到"治世"，而人主亦可以为"明主"乃至"圣王"。（《荀子·君道》）

先秦儒家主张以"名教"为现实社会的根本原则、本体，这说明儒家哲学基本上是一种积极"有为"的哲学。但先秦儒家提出的人道原则，却遭到了当时道家的当头棒喝。《老子》说："大道废，有仁义；智慧出，有大伪；六亲不和有孝慈，国家昏乱有忠臣。"（第十八章）"故失道而后德，失德而后仁，失仁而后义，失义而后礼；夫礼者，忠信之薄而乱之首。"（第三十八章）《庄子》说："大道不称，大辩不言，大仁不仁，大廉不嗛，大勇不忮"；"仁义之端，是非之涂，樊然淆乱，吾恶能知其辩？"（《齐物论》）为什么会造成这种"名教"的异化和虚伪呢？道家认为，这就是因为儒家的人道原则——"名教"并不是出于人的内在的自然本性、真性。"龁草饮水，翘足而陆，此马之真性也。"（《马蹄》）"夫欲恶避就，人之性也。"（《庚桑楚》）因此，人类的本性、真性既不是儒家有所为的"仁道"；作为人类社会的本体的根本原则也就并非"名教"，而应该是"无为"的天道原则——"自然"。

先秦道家认为人类社会的本体和最根本的原则实际就是人类的本性、天性——自然。"自然"作为道家提出的一个与儒家"名教"相对的哲学范畴，并不是通常所说的自然界，而是指天地万物无所作为的属性和规律，即"无为"的天道。它无形无名，无声无息，无作无为，一切自然而然。在道家看来，尽管表面上"自然"作为整个自然界的"无为"属性和规律，是外在于人和不以人的意志为转移的必然之理，但问题的实质在于人本来就是自然界的一部分，是一个自然存在："察其始而本无生，非徒无生也而本无形，非徒无形也而本无气，杂乎芒芴之间，变而有气，气变而有形，形变而有生，今又变而之死，是相与为春秋冬夏四时行也。"（《庄子·至乐》）自然属性是人类最内在的本质属性，一切是非、等差、伦常、得失、荣辱等等，全是对自然之道的违背，是自贵而相贱、自是而相非的结果，如果"以道观之"，则根本不存在这些分别和名目，一切皆归于浑沌、整全而无为。因此，一个由属于自然之物的人类自然形成的人类社会，其最高的、最根本的社会组织原则当然只能是一个天道原则——"自然"。《老子》说："人法地，地法天，天法道，道法自然。"（第二十五章）《庄子》说："有天道，有人道。无为而尊者，天道也；有为而累者，人道也。"（《在宥》）"物不胜天矣"，"不以心捐道，不以人助天。"（《大宗师》）

在先秦时期，儒道两家对人类现实社会当以什么作为本体或最高的根本原则的问题，各自提出了自成体系的看法。儒道两家关于人类社会本体的看法虽然互有同异，但就主要方面来讲，则各有偏重：儒家偏重于人道原则，因而贵"名教"；道家偏重于天道原则，因而明"自然"。儒道两家在就当时社会现实问题的不断交锋中逐渐形成彼此对立的两极，引起了激烈的争辩。道家批评儒家"蔽于人而不知天"，儒家则一方面批评道家"蔽于天而不知人"；另一方面又把"名教"与"圣人"相联系，说明作为人道原则的"名教"不是儒家的随意虚构，而是祖述尧舜、宪章文武的产物，即是尧舜、禹汤、文武、周公等的制作；以与老庄道家的无根之谭相区别，力求论证儒家"名教"的神圣性和道家"自然"的荒诞性。《礼记·乐记》说："作者之谓圣，述者之谓明，明圣者，述作之谓也。"孔颖达疏："圣者，通达物理，故作者之谓圣，尧舜、禹汤是也。"儒家把以礼乐制度规范为内容的"名教"的制作归之于尧舜、禹汤等"先圣"名下，这就使原本属于儒道两家在社会本体论上的对立，演变成了制作礼法名教的"圣人"与提倡天道自然原则的道家代表人物——"老庄"的对立；而老庄之提倡自然无为的天道原则，则不仅是对儒家人道原则的攻击，从根本上讲，已变成了菲薄尧舜禹汤等"圣人"了。

先秦儒道两家根据自己的价值观念和社会理想，分别提出了体现人道原则的"名教"和体现天道原则的"自然"来作为其理想社会的本体，但是，"名教"和"自然"、人道和天道，正如人的自然本性和社会本性一样，从来都是难解难分、互相交融的。因此，尽管儒道两家提出的人类社会的本体有"自然"与"名教"、天道与人道的对立，但儒家讲人道原则、提倡"名教"，也往往上溯到天道；道家讲天道原则、明"自然"，亦未尝不及于人道。孔孟重"正名"和礼乐教化，但他们同样重视"名教"后面的人的自然本性、真性，即天道原则。故孔子说："人而不仁，如礼何？人而不仁，如乐何？"（《论语·八佾》）"礼云礼云？玉帛云乎哉？乐云乐云，钟鼓云乎哉？"（《论语·阳货》）孔孟推崇尧舜"圣人"，孟子说："圣人，人伦之至也。"（《孟子·离娄上》）即是说"圣人"是在实践人的伦理规范方面的极致、典范，但这个"圣人"的最高境界并不止于"有为者亦若是"（《孟子·滕文公上》），而是要在积极有为地以礼乐制度治国的"道德境界"之上，同时再进一个层次达到"则天"、"无为"的境界，"大而化之之谓圣"（《孟子·尽心下》），即实现与"天道"原则——"自然"的吻合。故孔孟赞叹"唯天为大，唯尧则之，荡荡乎民无能名焉"；"无为而治……恭己正南面而已矣"。（《论语·泰白》及《卫灵公》）荀子说："圣也者，尽伦者也；王也者，尽制者也。两者尽，足以为天下极矣。"但这个"极"，乃是要达到毫不勉强、自然无为的境界，所以，荀子又说："仁者之行道也，无为也；圣人之行道也，无强也。仁之思也恭，圣之思也乐。"可见，儒家提出的人道原则、倡导的"名教"，也并不是完全与道家相排斥的，它的最高境界也是要遵循天道原则，自然无为，达到与"天道"的合一。

其实，并不止儒家是这样，道家又何尝不讲"外王"？《老子》、《庄子》二书的理想人格同样也是任自然而无为的"圣人"。《老子》、《庄子》之书中的"圣"有二义：一指聪明智慧，即所谓"圣智"，这是老庄所批判的非自然的、异化的"名教"。《老子》所谓"绝圣弃智，民利百倍。"（第十九章）《庄子》所谓"夫妄意室中之藏，圣也"；"彼窃钩者诛，窃国者为诸侯……则非窃仁义圣知耶？"（《胠箧》）这两处的"圣"，就是此义。二指道家最高的理想人格——"圣人"，即具有最高智慧的"哲学王"。这种"圣人"实现的完全是天道原则，一切顺应自然而无为，也就是达到了儒家所说尧舜"有为"至极而归于无形无名、无为而治的境界的人。《老子》说："是以圣人处无为之事，行不言之教，万物作焉而不辞，生而不有，为而不恃，功成而不居。"（第二章）"圣人无为，故无败……以辅万物之自然，而不敢为。"（第六十四章）《庄子》说："至人无己，神人无功，圣人无名。"（《逍遥游》）又说："若夫不刻意而高，无仁义而修，无功名而治，无江海而闲，不道引而寿，无不忘也，无不有也，澹然无极，而众美从之。此天地之道，圣人之德也。"（《刻意》）可见，先秦道家的老庄虽强烈地反对儒家的人道原则、反对"名教"，甚至菲薄禹汤而糠秕尧舜，但他们所批判的实际只是"名教"的异化，鄙弃的只是"圣人"之"迹"，即那些造成"名教"异化的所谓"圣智"。实际上，不仅他们同样推崇"圣人"，而且他们的"圣人"乃至"肌肤若冰雪，绰约若处子"，"大旱金石流而不热"的"神人"（《逍遥游》）或"登高不栗，入水不濡，入火不热"的"至人"、"真人"（《大宗师》），也并非完全是绝世的和超人间的，而只不过如儒家哲学中的尧舜"圣人"那样，达到了自然无为、"用心若镜"、内外无别、物我两忘、与天道为一的境界而已。换言之，"圣人"只是有其功而无形无名而已。《老子》说："圣人之道，为而不争"（第八十一章）《庄子》说："至人用心若镜，不将不迎，应而不藏"；"无为名尸，无为谋府，无为事任，无为知主。"（《应帝王》）又说："圣人达绸缪，周尽一体矣……复命摇作，而以天为师，人则从而命之也。"（《则阳》）说的就是这个意思。而这也说明，虽然道家一方而强烈攻击儒家的人道原则，排斥"名教"；但另一方面，他们也是并不否认天道原则和人道原则、名教和自然是相互联系的。他们也和儒家一样以"圣人"为理想人格，并由此提出了被儒家广泛采纳的"内圣外王"的理想。已有学者指出："这并非完全是一种诡辩"，而是包含了道家的真实思想的，即是"希望找到一种内圣外王之道，把天与人、名教和自然结合起来"①。

先秦儒道两家分别提出了以人道和天道、名教和自然为理想社会的本体，这两个本体之间，一方面互相对峙，另一方面又互相会通。儒道两家都认识到了这一点，故在相互诘难之时也都致力于寻找天与人、名教和自然的结合点，以建立起一个和谐统一的社会本体。两汉时期，西汉的前期哲学思想界黄老道家思想流行，主张"无为而治"，主要是以道家的天道原则——"自然"为社会本体；但正如司马谈的《论六家要旨》所云，道家乃是"因阴阳之大顺，采儒墨之善，撮名法之要"的，实际也在寻求圣人与老庄、名教与自然的结合统一。西汉中期以后，随着董仲舒"罢黜百家，独尊儒术"之策被采用，儒家的人道原则取得了主导地位，正统儒家把"名教"抬到至高无上的位置，所谓"名则圣人所发之天意，不可不深察"；"欲审是非，莫如引名。名之审于是非也，犹绳之审于曲直也"。（《春秋繁露·深察名号》）"教，政之本也……故君子重之。"（《精华》）"君为臣纲，父为子纲，夫为妻纲"，"夫仁、谊（义）、礼、智、信五常之道，王者所当修饬也"。（《对策一》）即是这种哲学思想的表述。但是，汉代的正统儒家又认为"名教"不能完全脱离天道，"圣人"制作"名教"也不能违背人的自然本性、真性，所谓"王道之三纲，可求于天"，"名生于真，非其真，弗以为名。名者，圣人之所以真物也"。（《基义》、《深察名号》）这说明作为两汉哲学主流的正统儒家也在致力于建设一种合乎自然的名教，也力求在以名教为本的前提下，在圣人与老庄、名教与自然之间保持某种合理的张力或动态的平衡。

---

① 余敦康：《从〈庄子〉到郭象〈庄子注〉》，见《中国哲学论集》，第285—317页。

但是，中国哲学在社会本体论上这种圣人与老庄、名教与自然之间既互相对立又互相融通的动态平衡，最终在东汉桓、灵以后残酷的现实面前被撕得粉碎。在汉末的社会现实中，一方面是名教的严重异化，另一方面又是名教与自然的严重分裂。名教的异化是指名教在汉末已变成毫无理性的暴力，已变成昏君、宦官、外戚借以残酷镇压异己、打击清流的工具。汉末一次又一次的"党锢之祸"就是例证；而"李元礼（膺）风格秀整，高自标持，欲以天下名教是非为己任"。（《世说·德行》）正可以从反面说明当时名教崩溃、异化的程度之严重。汉末社会名教的严重异化、崩溃，则又彻底地斩绝名教与人的自然本性、真性的一切联系，使之变成彻头彻尾的实用主义和虚伪，导致了名教与自然之间的尖锐对立与冲突。王充的《论衡·对作篇》说："俗传蔽惑，伪书放流……反是为非，虚转为实，安能不言？……浮妄虚伪，没夺正是，心溃涌，笔手扰，安能不论？"这是东汉中叶发出的反对名教虚伪的第一声呐喊；而汉末仲长统的《昌言》，则在大批"党人"惨遭屠戮和禁锢终身的情况下提出了彻底摧毁名教，回归"自然"的口号："叛散五经，灭弃风雅，百家杂碎，请用从火"；"安神闺房，思老氏之玄虚；呼吸清和，求至人之仿佛。"

东汉中后期社会上名教与自然、圣人与老庄的矛盾十分突出，而魏晋时代这种社会本体论的矛盾和对立则更到了异常尖锐激化的程度。魏晋军阀混战、三国鼎立，曹操挟天子以令诸侯，公开抛弃"名教"，用人论才不问德："近者魏武好法术，而天下贵刑名；魏文慕通达，而天下贱守节；其后纲维不摄，而虚无放诞之论盈于朝野。"（《晋书·傅玄传》）魏晋禅代，司马氏假名教而行篡夺之实，真诚维护"名教"本意的士人纷纷被杀，"天下名士减半"。接着是"八王之乱"、"永嘉南渡"、"苏竣之乱"、"桓玄篡位"、"东晋覆灭"等，名教与自然、圣人与老庄的严重矛盾和冲突，既有其哲学理论层次的根源，也与现实社会中名教的异化、人的异化紧密相关。因此，要真正解决名教与自然、圣人与老庄的尖锐矛盾与冲突，使之重归于和谐与统一，并由此建构起一个真正达到了"天人合一"的社会本体，那么，就必须既要克服哲学理论上天道原则与人道原则的逻辑矛盾，也要克服现实生活中名教的异化与人自身的异化；既要继续寻求此前哲学所达到的以名教统合自然或以自然统合名教式的统一，更要努力追求玄学人格美理想中名教与自然、圣人与老庄的双向统一——即追求名教与自然、圣人与老庄在新的更高层次上的和谐统一。

魏晋玄学人格美思想追求名教与自然的和谐统一，以建构一个真正"天人合一"的理想社会的标本，首先是遵循道家的思路，从探讨以老庄之自然统合圣人之名教开始的。汉魏之际名教与自然都出现了异化，但是异化现象最为严重的则是名教。从汉魏到魏晋、从司马氏到刘宋，几个朝代禅代之际，名教已完全沦为统治者镇压异己的杀人工具，到处都是阴谋、权术和虚伪。虚伪的名教给整个人类带来的祸患，与追求道家之自然而形成的纵情享乐的弊端，其危害的程度乃不可同日而语。于是一种抛弃虚伪的名教、回归老庄自然本性的时代要求，便在魏晋玄学思想中油然而生；魏晋玄学常常被人称为新道家，其原因也正在此。当刘劭的《人物志》以老庄的"平淡无味"之道解儒家"中庸之德"、并提出无为不争的主张时，他实际已着手于以自然统合名教的探索。曹植的《桂之树行》诗曰："要道甚省不烦，淡泊无为自然。"这又说明，在曹魏初期，统治集团内部即已酝酿着用"自然"统合"名教"，用老庄取代圣人。正始玄学形成以后，何晏、王弼、夏侯玄用"无"指称"道"和"自然"，提出"天地万物皆以无为本"，即要以"自然"为现实社会之本，让名教从属于天道原则。何晏在其《无名论》中曾引夏侯玄之言说："天地以自然运，圣人以自然用。自然者，道也。道本无名；故老氏强为之名，仲尼称尧荡荡无能名焉。"自然是天地万物的共同本体，故名教与自然、圣人与老庄是相通的。何氏《景福殿赋》说："大哉惟魏，世有哲圣……皆体天作制，顺时立政。……远则袭阴阳之自然，近则本人物之至情。上则崇稽古之弘道，下则阐长世之善经。"这与其说是对曹魏的颂歌，还不如说是何晏自己的社会理想，是要求现实的名教应该建立在"自然"之"至情"、本性之上，并在此基础上统合儒道。所以何晏又认为，圣人与凡夫的区别主要在于是否能顺应自然，老子也是圣人。《世说新语·文学》刘注引《文章叙录》说："自儒者论以老子非圣人，绝礼弃学。晏说与圣人同，著论行于世。"王弼的《老子注》说："自然者，无称之言，穷极之辞也。"（第二十五章）"自然"即是道，即是天地万物的本性，"万物以自然为性，故可因而不可为也，可通而不可执也。"（第二十章）因此，理想的社会应该"则天成化，道同自然"："若能尽理极，则无物不统"；"百姓日用而不知所以生，夫又何名也？"（《论语释疑》）可见，在王弼看来，"名教"是完全可以统一于自然的。东晋袁宏的《三国名臣颂》称颂夏侯玄说："邈哉太初，宇量高雅。器范自然，标准无假……君亲自然，匪由名教。"这实可以看成是对正始玄学以自然为本、以自然统驭名教来克服名教异化、谋求天人和谐思想特点的准确概括。而正是在何晏、王弼社会本体论的如上思路的启发下，阮籍、嵇康进而提出了"越名教而任自然"的命题。在阮籍、嵇康看来，人类社会不仅应该以自然为本，"法自然而为化"（《通老论》）建立在人物的自然本性、真性情之上，而且由于现实生活中的名教异化已到了不可救药的程度，已不可能再有任何可资改进利用的价值，故应彻底地抛弃，另起炉灶，从人物人格生命的极根源处另去寻找未被污染的真名教，即"越名教而任自然"。阮籍曾说："君立而虐兴，臣设而贼生，坐制礼法，束缚下民。欺愚诳拙，藏智自神……假廉以成贪，内险而外仁。"名教从根本上就是虚伪奸诈的产物，"诚天下残贼乱危死亡之术"，应彻底捐弃。嵇康更明确地指出，以往人们认为礼法也有合乎自然之处，以为名教和自然并不矛盾，那乃是把"诡志以从俗"而"有若自然"的伪名教"谓之自然耳"，实则名教与人的自然真性毫无共同之处："人性以从欲为欢，抑引则违其愿，从欲则得自然。然则自然之得，不由抑引之六经；全性之本，不须犯情之礼律。……人之真性无为，正当自然，耽此礼学矣。"（《难张辽叔自然好学论》）

从正始时期到竹林时期，魏晋玄学都提出了体现天道原则的老庄自然来统合名教与自然、圣人与老庄的矛盾，建构理想社会的本体；阮籍、嵇康更主张否弃名教而"任自然"，另建一个以自然为内容的真"礼学"。阮籍、嵇康以自己的人格生命真诚地维护人类社会自由的价值理想，批判当时的名教异化，这种以老庄的天道原则、自然主义为社会本体的思想，对此后魏晋玄学人格美社会理想的形成产生了巨大的影响。《晋书·阮瞻传》载："（瞻）见司徒王戎，戎问曰：'圣人贵名教，老庄明自然，其旨同异？'瞻曰：'将无同。'戎咨嗟良久，即命辟之。时人谓之'三语掾'。"《世说新语·德行》刘注引王隐《晋书》曰："魏末，阮籍嗜酒荒放，露头散发，裸袒箕踞。其后贵游子弟阮瞻、王澄、谢鲲、胡毋辅之之徒，皆祖述于籍，谓得大道之本。"这些都是魏晋玄学以老庄自然原则为社会本体思想的余响。

但是魏晋玄学思想中以老庄之自然为本去统合圣人之名教，或以老庄之自然为本而"越名教而任自然"的社会本体论观点，不仅在现实的强大专制政治面前遭到了幻灭，而且在理论上也遇到了很大的困难。如果说圣人和老庄是相同的，那为什么老庄谈"无为"而周孔反而不谈"无为"而谈"有为"？如果说以道家的自然可以统驭名教甚至可以取代名教，那么社会本身是否可以取消？人们是否都可以"去巾帻，脱衣服，露丑恶，同禽兽"（《世说新语·德行》刘注引王隐《晋书》）？这实际上是不可能的，因为人一生下来同时就是一个社会的动物，具有社会性。如果说孔子所谓"鸟兽不可与同群，吾非斯之徒而谁与？"其中包含了"圣人"的人文情怀的话，那么庄子说："天下有大戒二：其一命也，其一义也。子之爱亲，命也，不可解于心；臣之事君，义也；无适而非君也，无所逃于天地之间。"（《人间世》）则又说明老庄一方面虽对名教深恶痛绝、反对虚伪的名教；另一方面却也不能根绝名教，对名教的存在也只能无可奈何地认命。魏晋玄学以老庄之自然为本去统合名教或"越名教而任自然"的社会理想，实际也面临着同样的难题。所以，魏晋玄学的人格美思想又试图从另一极来探讨名教与自然、圣人与老庄的统一问题，即承认现实的合理性，以圣人之名教为本、以名教统合自然。魏晋玄学思想家从王弼、向秀、裴頠、乐广到郭象、张湛都曾做过这种尝试。《世说新语·文学》载：王辅嗣弱冠诣裴徽，徽问其为何圣人不言无而老子申言无，王弼曰："圣人体无，无又不可以训，故言必及有，老庄未免于有，恒训其所不足。"这段话通常被看成玄学"老庄不及圣"之说的源头。王弼此说虽仍持"名教本于自然"之主张，但他抑老庄而贵圣人，其中实际已包含着对现实社会中圣人人道原则首要地位的肯定。① 向秀也存在这种思想，他既有"任自然"思想，又在现实强大的压力下，转而探讨以名教为本来统合自然。《世说新语·言语》刘注引《向秀别传》说："（嵇）康被诛，秀遂失图。乃应岁举到京师，诣大将军司马文王，文王曰：'闻君有箕山之志，何能自屈？'秀曰：'常谓彼人不达尧意，本非所慕。'"向秀此处所谓"彼人不达尧意"，实际是王弼"老庄不及圣"之说的另一种表述，而与他在《庄子注》中否定万物有一个共同的本体，把万物之本归结为物之自性并主张纵情自然的观点不同。张湛的《列子·黄帝》注引向秀之言说："夫实由文显，道以事彰，有道而无事，犹有雌而无

---

① 参见《王弼老子注》，第二十八章注。

雄耳。……则无文以相发矣，故未尽我道之实也。"向秀一反玄学道本事末、重实轻文之说，把"文"、"事"抬到"道"、"实"之上，似可以作为他力图以名教为本而统合自然之社会理想的注脚。故《向秀别传》又称其"弱冠著《儒道论》"，而谢灵运的《辨宗论》则云："向子期以儒道为一。"

王弼、向秀都曾区别老庄、圣人的不同，以为老庄未及圣人，试图说明在现实社会中名教的重要位置。裴頠、乐广以及江左的葛洪、范宁、干宝、庾翼等人更明确地反对以"自然"为本，而认为"名教"中自有乐地，应该以名教为本。裴頠说："故养既化之有，非无用之所能全也；理既有之众，非无为之所能循也。"因此，"济有者皆有也"，"居以仁顺，守以恭俭，率以忠信，行以敬让，志无盈求，事无过用，乃可济乎！"（《崇有论》）这是明确提出应以"无为"从"有为"、弃老庄而从儒学的理论。及至郭象，则另辟蹊径，从名教和自然的直接同一性出发，系统论证了名教即是自然，在现实的社会之外，根本不存在另一个超现实的世界。郭象首先也认为老庄不及圣人："圣人""至仁极乎无亲，孝慈终于兼忘，礼乐复乎已能，忠信发乎天光"；"神器独化于玄冥之境"；而庄子可谓"知本"，却"未始藏其狂言"，"设对独遘而游谈乎方外"。（《庄子注·序》）此即是说，庄子还有理想与现实、名教与自然的对立，而实际上这种对立只是圣人之"迹"，而非其所以迹。郭象说，"圣人"之"所以迹"乃是圣人之"冥"；"冥"固然是一种"忘了忘"的境界，"无心而付之天下"（《庄子·在宥注》），即谨守自己的"性分"、"名分"。只要守住了自己的"性分"、"名分"，现实也就是理想、名教也就是自然。而理想和自然正应该统一于这样的现实和名教。故郭象又说："马之真性非辞鞍而恶乘，但无羡于荣华"；"故知君臣上下，手足内外，乃天理自然。"（《应帝王注》）"夫民之德，小异而大同。故性之不可去者，衣食也；事之不可废者，耕织也；

此天下之所同而为本者也。"(《马蹄注》）最明确地表明了这一观点。

魏晋玄学人格美思想从以名教为本统合自然或以自然为本统合名教两方面来探讨建立人类社会的本体、达到理想与现实的和谐统一的问题，以自然为本统合名教乃至"越名教而任自然"的社会理想既在残酷的现实面前被碰得粉碎，又以名教为本体统合自然乃至以"名分"为自然的主张，实际也未能达到真正的和谐统一。这不仅因为这种社会理想在理论上属于一种谢林式的未经证明的"绝对无差别的同一"，还因为郭象提出的这种社会理想把现实等同于超现实，非但没有解决名教的异化问题，还将自然也彻底地异化了。所以，就在郭象刚刚建成其思想体系之时，晋代社会立刻发生了破坏性极大的"永嘉之乱"。现实历史的发展无情地嘲弄了郭象，使以他为代表的以名教为本统合自然的理想同样完全破灭了。

魏晋玄学人格美思想在名教和自然的两极寻求天与人、现实与理想、圣人与老庄、名教与自然和谐统一的社会理想均以幻灭而告终，那么，究竟什么是名教和自然？到底有没有一种判定真名教与假名教的客观标准？如何才能真正克服名教异化、实现名教与自然、圣人与老庄和谐统一呢？魏晋玄学人格美思想并没有因为此前尝试的失败而放弃其不懈的探索。相反，现实的残酷、丑恶、庸俗使他们在感到疑虑困惑和焦灼不安之时，更激起了他们探求克服异化、走出困境，真正实现名教与自然、现实与理想和谐统一的急切愿望。经过冷静的思考、反复艰辛的探索，魏晋玄学人格美思想家最后发现，仅仅在圣人与老庄、名教与自然之间寻求某种以一方直接统合另一方或与另一方的直接同一，是不能达到二者真正的和谐与统一的；圣人与老庄、名教与自然、理想与现实之间的最基本的分界，并不在于你是偏向圣人之名教还是老庄之自然，也不在于你是否坚持名教与自然原本是同一且应该达到同一的，而首先在于你提倡名教与自然的根本出发点是公还是私，如果你是出于公心而非为了私欲，如果你能做到"少私寡欲"，"为天下"而非"为一身"，并能最终内在地超越公、私之分别与对立，自足于性情，自足于心意，则天性自然无少欠阙，不仅个人可达到与天道自然合一的人格美境界，而且整个社会圣人与老庄、名教与自然、现实与理想的矛盾冲突也将随之消解，实现二者的真正和谐与统一。

"公"、"私"也是中国哲学中的一对重要范畴，《韩非子·五蠹》说："古者苍颉之作书也，自环者谓之厶（私），背厶（私）谓之公。"先秦以来的中国哲学，大体上儒家重"为公"、道家重"少私"。儒家孔子讲博爱的仁心，他说："宽则得众，信则民任焉，敏则有功，公则说"（《论语·尧曰》），强调公平原则。孟子则追求"天爵"，把国君与民同忧乐、行仁义当成最大的"公"（《孟子·梁惠王》）。《礼记·礼运》说："大道之行也，天下为公，选贤与能，讲信修睦。故人不独亲其亲，不独子其子……货恶其弃于地也，不必藏于己，力恶其不出于身也，不必为己……是谓之大同。"这乃是以一种没有私有财产的绝对同一——"大同"为公，开创了汉代今文学家"张三世"之说的渊源。先秦道家讲无形无名、平淡无味的"常道"，《老子》说："是以圣人后其身而身先，外其身而身存，非以其无私邪？"（第七章）"见素抱朴，少私寡欲。"（第十九章）庄子则从个体的精神自由讲"坐忘"、"心斋"，外生死、堕耳目、遗聪明，哀乐不能入，"天地与我并生，而万物与我为一"，"顺物自然而无容私焉，而天下治矣"（《应帝王》）。可谓"大公无私"。

魏晋以前的中国哲学儒道都讲公、私范畴，但儒家的"为公"，主要是从客观效果的"公平"立论，即所谓"不患寡而患不均"；道家的"少私"，则主要侧重于个人除去情欲的精神解放，即庄子所谓"不以好恶内伤其身"，并没有把"大公无私"当成建构个人理想人格和社会理想原则的出发点、根本点。这既不可能从某个侧面为名教与自然、圣人与老庄的矛盾冲突的解决提供新的思路，也使"为公"和"无私"本身成为内外、主客互相分离的两截，彼此达不到统一。魏晋玄学思想家们身处中国历史上一个最为痛苦和黑暗的时代，人的异化、人性的扭曲、人格的分裂到异常惊人的程度，刘廙的《政论·疑贤》说当时："庸人知忠之无益于己，而私名之可以得于人"，"故笃私交，薄公义。"成公绥、鲁褒著《钱神论》说，当时许多人为了一己的私利、狭隘的私欲，而载驰载驱、尔虞我诈、唯钱是求，乃至互相残杀、尸骸遍野，令人惨不忍视。因此，魏晋玄学时期人们比其他任何时代更厌恶、更憎恨私欲的膨胀，更醉心、更渴望"为公"的"圣人"。魏晋玄学人格美思想家们认为，"为公"就是"无我"，抛弃个人的私欲和表现一己聪明才智与德行之心；"去私"、"无私"就是去掉彼此、人我、亲疏之偏私，一切任自然而无为。因此，衡量圣人与凡人或名教与自然之真伪的客观标准只有一个，即"无私"、"去私"而"为公"。凡是以"无私"、"去私"而"为公"为出发点和宗旨的名教就是真名教，自然就是未被异化的自然；而作为人类社会理想的最高的和根本的原则、本体——名教与自然，也就应该而且能够在此基础上达到二者的和谐与统一。王弼在《论语释疑》中说："夫名所名者，生于善有所彰，而惠有所存。善恶相须，而名分形焉。若夫大爱无私，惠将安在？至美无偏，而名将何生？故则天成化，道同自然，不私其子而君其臣。"这是说真正的名教是大公无私的，有偏私的名教实是异化的名教。只有"见素朴以绝圣智，寡私欲以弃巧利"，才能举本统末、崇本息末，消除名教的虚伪、异化。（《老子指略》）而真正的名教的建立，必以"无私"、"少私寡欲"为根本出发点。所谓"无私者，无为于身也"；"无以为者，无所偏也"。如果仁义礼节不是以自身为目的，即不是无为、无偏私的，则不论名教出自内外必将为虚伪的名教；"自然"亦将成为刻意无为的"无为"，即沦为异化的"自然"。故王弼说："夫仁义发于内为之犹伪，况务外饰而可久乎？故夫礼者忠信之薄而乱之首也。"真正的圣人乃"灭其私而无其身，则四海无不瞻，远近莫不至"，"仁义可显，礼义可彰也"。（以上见《老子注》第二十八章）。故曰："心无所私，盛莫先焉"；"无应则心无私恃，以斯处困，物莫不至……美之至也。"（《周易》"困卦"注），因此，人类最完美的社会理想，是同时克服了名教和自然中可能出现的异化，真正实现名教与自然、理想与现实、圣人与老庄和谐与统一的社会。

阮籍、嵇康是玄学史上著名的疾虚伪、求真诚的哲学家，他们对司马氏的假名教而"诛夷名族，宠树同己"的行径深恶痛绝，宁为玉碎，不为瓦全，为反抗名教的异化、追求理想与现实的和谐统一进行了殊死的斗争。阮籍认为，现实的"礼法君子"所制之"名教"，实际已异化为专制君主血腥统治的工具和少数人丑恶私欲的保护色。现实的君臣名分"外易其形，内隐其情，怀欲以求多，诈伪以要名"；这乃是"竭天地万物之至，以奉声色无穷之欲"，所以，阮籍愤怒地揭露这种虚伪的名教说："汝君子之礼法，诚天下残贼、乱危、死亡之术耳！"但是，名教的虚伪、异化也并不意味着理想的社会就可直接转向另一极，即简单化地以自然为本。因为在现实社会中，自然同样存在着异化。阮籍《大人先生传》中那位以为"人不可以为俦，不若与木石为邻"的"隐士"的理想、伏义的《与阮嗣宗书》中所云与"循名不顾"相对的"浩然恣意，惟乐是治"的生活方式，实际上就都是自然异化的表现（杨国荣称之为"自然的变形"）。因此，阮籍一针见血地指出，这种异化的自然与异化的名教虽表面有别，实则"恶彼而好我，自是而非人"，"薄安利以忘生，要求名以丧体，诚与彼其无诡"。也是"私欲"的表现，是另一种异化。在阮籍看来，要真正实现名教与自然、圣与凡、理想与现实的和谐统一，最根本的一点就是要"无私"、"去私"而"为公"："至人无宅，天地为客；至人无主，天地为所；至人无事，天地为故，无是非之别，无善恶之异，故天下被其泽，而万物所以炽。"如此，则名教是真名教、自然是真自然，名教与自然可真正地和谐与统一。嵇康对虚伪名教的痛恨、对名教与自然和谐统一的理想的渴望，比阮籍有过之而无不及。他说："凡人自有公私"（《家诫》），名教的建立也不能例外。嵇康不仅猛烈地抨击了虚伪的名教背公为私的实质与祸害："凭尊恃势，不友不师，宰割天下，以奉其私。故君位益侈，臣路生心……昔为天下，今为一身；下疾其上，君猜其臣，丧乱弘多，国乃陨颠。"（《太师箴》）而且还对尧舜时代去私、无私而为公的真名教予以了最热情的歌颂："二人功德齐均，不以天下私亲。高尚简朴慈顺，宁济四海蒸民。"（《六言诗》）不仅对去私、无私而为公的真名教予以了最热情的歌颂，而且也对那些同样出于一己私欲的异化的自然予以了极深刻的批判："以多自证，以同自慰，谓天地之理，尽此而已矣。……抑情忍欲，割弃荣愿，而嗜好常在耳目之前……内怀犹豫，心战于内，物诱于外，交赊相倾，如此复败者。"（《难养生论》）因此，嵇康在当时第一个最明确地提出要以无私、去私而为公作为统一名教与自然之根本基点。他认为，要真正实现名教和自然的和谐统一，首先必须做到"清虚静泰，少私寡欲"；不要"割天下以自私，以富贵为崇高，心欲之而不已"，再在此基础上"由身以道，与天下同于自得；穆然以无事为业，坦尔以天下为公"。（《答向子期难养生论》）只要做到了"承天理物"、"无为而治"、"和心足于内，和气见于外"（《声无哀乐论》），真正的名教和自然及其二者的和谐统一是能够实现的。为此，嵇康以极大的理论勇气和创造精神，写下了在中国哲学史上独一无二的一篇《释私论》，对世俗之所谓公私进行了辩驳；并对自己在特定条件下提出的以自然统合名教的"越名教而任自然"的命题作出了更精确的解释，即公私首先是一个心神是否和谐的问题："私以不言为名，公以尽言为称"；"自然"乃"以无措为主，以通物为美"。心底坦荡，体静心闲，便是大公无私，"大道无违，越名任心，故是非无措也"。因此，他认为"夫公私者，成败之途而吉凶之门"，"所往者必以公成而私败"。若能做到"栖心古烈，拟足公涂（途）……言不计乎得失而遇善，行不拟准乎是非而遇吉"，就是兼有了大公、无私之"二美"；"兼有二美，乃为绝美耳"。不仅个体生命可以达到人格美的最高境界，同时也实现了圣与凡、自然与名教、自由与必然和谐统一的社会理想。

魏晋玄学人格美思想从王弼、阮籍、嵇康以往，皆探讨以去私、无私而为公作为实现名教和自然、圣人与老庄和谐统一的根本点，玄学人格美思想中的这种"大公无私"实际已达到了对世俗思想中互相对立之公私观的统一和超越，也是对先秦以来中国哲学儒家重"为公"，道家重"去私"、"无私"思想的统一和超越。它的目的是追求儒家人道原则和道家天道原则相统一的社会理想；它的基本特点乃如中国传统哲学追求性情、有无相统一的方式一样，也是"由外向内收、由上向下落"的，是要通过无思无虑、是非双遣的内在超越而获得一种心灵的平淡、和谐与宁静。阮籍、嵇康以后，潘尼的《安身论》说："私之害公……苟正乎心，非不治也。虽繁计策，广术艺，审刑名，峻法制……不得与之争功。"庾亮的《让中书监表》说："人皆有私，则谓天下无公矣。"向秀、郭象、张湛玄学虽将名教与自然等同，将理想拉回到现实，但向秀、郭象也主张以无私、去私而为公来统一名教和自然，认为名教与自然、现实与理想所最终达到的统一之处——圣人之"所以迹"、"冥"，也就是去私、无私的境界。向、郭在其《庄子注》中说："任性自生，公也；心欲益之，私也；容私果不足以生生，而顺公乃全也。"（《应帝王注》）即是说，理想的社会、理想的人格已达到整全、自足，一任性分、遵守性分，就是任万物之情、畅万物之意，也就是真正的公；反之，如果有意增益外物以显一己之功德才智，即违反了外物的本性，也就是私。因此理想与现实、自然与名教的矛盾统一的问题，解决的根本途径在于去私、为公，而去私、为公的最后归宿，又不外乎"下落"、"内收"、自足于心性，即所谓"内保其明，外无情伪，玄鉴洞照，与物无私"。（《德充符注》）张湛在《列子注》中也说："圣人之道，绝于群智之表，万物所不能拟见其会通之迹。"公、私之名相对而生："公者对私之名，无私则公名灭"；"天地之德……何所厝其公私之名？"（《天瑞注》）如果能像圣人那样以天地为德，无为无心，立于绝对之"公"，则内心既无公、私之分，亦可以通过"冥内"以"游外"而超越内外界线，达到名教与自然、现实与理想的绝对同一。

魏晋玄学人格美思想以大公无私作为判断名教与自然、圣人与老庄、现实与理想之真伪的根本基点和实现二者和谐统一的根本方法，玄学人格美思想探索理想社会本体的如上思路，虽然最终在坚如磐石的社会现实面前，不得不沿着中国哲学固有的理论惯性，走向了"由上向下落，由外向内收"，即通过保持内心的平和、宁静，来消解理想与现实的矛盾，实现名教与自然的和谐统一。但是在魏晋这样一个名教彻底异化、虚伪，自然也沦为一些人纵情肆欲的真正口实的时代，玄学人格美思想提出"去私"、"无私"而"为公"的口号，对于批判现实的虚伪与异化，力挽颓风，唤醒那个堕落的社会中被恶性膨胀的私欲熏昏了理智的人们对于真名教、真自然、真正美好的社会理想的某种向往，无疑具有十分积极重要的作用。《世说新语·德行》载：

> 荀巨伯远看友人疾，值胡贼攻郡，友人语巨伯曰："吾今死矣，子可去！"巨伯曰："远来相视，子令吾去；败义以求生，岂荀巨伯所行邪？"贼既至，谓巨伯曰："大军至，一郡尽空，汝何男子，而敢独止？"巨伯曰："友人有疾，不忍委之，宁以我身代友人命。"贼相谓曰："我辈无义之人，而入有义之国！"遂班军而还，一郡并获全。

庾公（亮）乘马有的卢，或语令卖去。庾云："卖之必有买者，即当害其主。宁可不安己而移于他人哉？昔孙叔敖杀两头蛇以为后人，古之美谈，效之，不亦达乎？"

阮光禄在剡，曾有好车，借者无不皆给。有人葬母，意欲借而不敢言。阮后闻之，叹曰："吾有车而使人不敢借，何以车为？"遂焚之。

荀巨伯、庾亮、阮裕的言行，表现着何等伟大的同情心、无私的自我牺牲精神、宽仁的胸怀和严肃的自责！它体现的正是玄学人格美思想中道德的真精神和真正自由人格的优美与伟大，体现着名教与自然、圣人与老庄、理想与现实的真正和谐统一的境界，闪现着玄学人格美思想去私、无私、天下为公的社会理想，在冷酷的现实的铁板上撞击出的一朵朵耀眼的火花！此后的中国哲学，从宋明理学家的"廓然大公"、"心底无私天地宽"的人生境界，到近代伟大的民主革命的先行者孙中山"天下为公"的不懈追求，所传承的难道不正是这一线血脉、理想和希望之光吗？

五、精神之于形骸

魏晋玄学人格美思想以天、天道下落于人的内在性情作为人的人格生命的本体，使人获得了人之所以为人的根本、本质。然而，现实社会生活中的人都是一个个具体地存在的生命个体，是灵与肉、形与神的统一，即是无法超脱于茫茫大化的生死中的"我"。因此，玄学哲学本体论中的有与无、天与人、性与情、圣与凡、自然与名教的矛盾统一问题，最终必然会落实于个体的现实存在，演变为个体生命的生与死、精神与形骸的矛盾统一问题；而要实现玄学人格美理想中性情和谐、内在超越、性与天道贯通同一的最高目标，从根本上讲，就必然和无法回避构成个体生命之现实存在的精神与形骸、生与死的紧张与对立。如前所云，魏晋玄学人格美是一种独特的个性之美，是中国哲学史、美学史上以追求独特个性、形神和谐、内在超越、瞬间永恒著称的哲学，所以，以神为个体人格生命的上承天道下接性情的本体，开创一条由外在而内在、既外在又内在超越的途径，而使个体的人格生命达到形神相亲、表里俱济的极和谐的人格审美境界，这就是魏晋玄学人格美思想的又一基本特点。

从中国哲学范畴的逻辑发展来看，形、神范畴在魏晋以前主要有两个基本内涵。一重含义是"形"，指人的肉体，"神"指具有神祇、鬼神性质的人的灵魂（并且这种"灵魂"多被解释为某种"精气"）；形、神关系为肉体与灵魂的关系。另一重含义是，由《庄子》以往，正式提出"精神"概念以取代"神"或"精"，形、神正式成为中国哲学的对偶范畴。庄子"将人心称为精，将心的妙用称为神。合而言之，则称为精神"①。《庄子·知北游》说："精神生于道，形本生于精，而万物以形相生"；"惛然若亡而存，油然不形而神，万物畜而不知。"《庄子·德充符》说："今子外乎子之神，而劳乎子之精。"很显然，庄子此处的"精神"已不是"精气为物，游魂为变"的鬼神；庄子的形神论也不是解决生死的困惑，而是追求自由的人格。精神在庄子那里，乃是人禀受于最高本体"道"而得到的神明、智慧，是个体生命的本体。它是人的形体之本。而人的形体的变化及生死问题乃"相与为春夏秋冬四时行矣"，完全出于自然的变化更替，因而应该超越。个体生命的最高目标应该是"精神四达并流"，"独与天地精神往来。"

庄子在中国哲学史上首先将精神与形骸提升到哲学人生论和人格美

---

① 徐复观：《中国艺术精神》，第133页。

学的高度，作为对偶范畴加以讨论，他以黜形体、堕聪明、遗耳目、外生死的态度，重神轻形、追求人格精神的自由解放。但是庄子的这一思想传统在秦汉时期却式微了。直到魏晋时期中国传统哲学才将形神问题进一步提高到哲学人生论和美学的高度加以讨论，以追求精神的解放和人格的自由，实现精神与形骸、内在与外在、性与天道的和谐统一为根本目标，吸收当时佛道哲学的新的理论成果建构起具有理论体系的形神范畴。

如前所云，魏晋时期是中国历史上一个战祸惨烈，人命如草的极其黑暗的时代。悲苦的现实、无常的人生、生命的短促和生死的惶惑，必然使形神的问题成为那个时代又一重大主题。如果说《古诗十九首》中"人生寄一世，奄忽若飘尘"；"万岁更相送，圣贤莫能度"；"出郭门直视，但见坟与丘"之类的喟叹，魏晋诗赋："对酒当歌，人生几何"（曹操）；"人生处一世，去若朝露晞"（曹植）；"人生若尘露，天道邈悠悠"（阮籍）；"天道信崇替，人生安得长"（陆机）；"死生亦大矣，岂不痛哉"（王羲之）之类的深沉感伤，其中透射的是魏晋士人面对生死之谜的困惑和无可奈何的话，那么刘劭说："物生有形，形有神精，能知精神，则穷理尽性"（《人物志·九征》）；何晏云："服五石散，非唯治病，亦觉神明开朗"（《世说新语·言语》）；阮籍云："形神在我而道德成"；嵇康诗："咏啸长吟，颐神养寿"；一直到"王佛大叹言：'三日不饮酒，觉形神不复相亲'"；陶渊明作《形、影、神》诗，"极陈形影之苦，言神辨自然以释之"；等等，则无疑反映着魏晋玄学哲学形神论的质的飞跃。在魏晋玄学人格美思想中，形神论已成为玄学名士们要求忽忘形骸、实现内在超越的体现，已成为玄学思想家们对实现形神和谐统一的人格美理想境界的追求。

魏晋玄学人格美思想突破了以往形神论局限于人的肉体与灵魂的生死离合层次讨论形神关系的思路，上接庄子的传统，将形神问题提高到哲学本体论和人格美学的高度加以探讨，力求解决个体生命如何摆脱具体、有限、凡俗而达到无限、自由的人格美境界的问题。魏晋玄学人格美思想的这一长期而艰辛的探索，大致经历了类似于黑格尔逻辑圆圈中正、反、合题三段论式或三种理论形态的发展。当魏晋玄学家们面对汉末以来连绵的社会动乱和互相残杀的残酷现实时，形神问题也如同在此前哲学中一样，直接被转换成了精神、灵魂和肉体的生死离合问题。在魏晋人格美思想的这一理论形态或主题中，玄学思想家们认为"形"仍指人的肉体，神则为人的灵魂、精灵。认为人生时精神、灵魂寓居于肉体，人死后精神、灵魂飞扬而离散，仍是此时玄学思想家们对形神关系的基本看法；而如何炼形保生也就是这些玄学思想家们面临的最大难题。从杨泉的《物理论》中"人含气而生，精尽而死"，"薪尽而火灭，则无光矣……人死之后，无遗魂矣"之说，到阮瞻人死无鬼之论（《世说新语·方正》），再到葛洪所谓："形者，神之宅也……方之于烛，烛糜则火不居矣。身劳则神散，气竭则命终"（《抱朴子·外篇·至理》）。戴逵赋云："火凭薪以传焰，人资气以享年，苟薪气之有歇，何年焰之恒延？"（《流火赋》）正可以反映出此类玄学家们以人的灵魂与肉体为形神，并力图从人的生死变化来讨论形神离合关系的思想特点，而魏晋时期服食、养生之学也因而趋于极盛。《世说新语·文学》载："王孝伯（敦）在京行散，至其弟王睹户前，问'古诗中何句为最？'睹思未答。孝伯咏'所遇无故物，焉得不速老'。此句为佳。"王敦人生易老、生命短促的哀叹，实出于对人死形神离散、烛尽命绝的恐惧，故魏晋玄学士人往往栖心绝谷，修黄老之术，"采药石不远千里"。曹操的《陌上桑》诗云："交赤松，及羡门，受要秘道爱精神。"稽康的《四言赠兄秀才入军诗》云："人生寿促，天地长久。百年之期，孰云其寿？思欲登仙，以济不朽。"阮籍的《咏怀》诗云："焉见王子乔，乘云翔邓林。独有延年术，可以慰我心。"郭璞的《游仙诗》云："借问蜉蝣辈，宁知龟鹤年？"“采药游名山，将以救年颓。"……可见，正是生死的惶惑促成了人们对养生延年之术的普遍的重视与追求，而当时之所以有“贵贱贤愚，莫不营营以惜生"① 的风尚，则又基于炼形保神不散，可逃脱死亡而永生的信念：如能“体炼五灵妙，气含云露津，掺石曾城岫，铸鼎荆山滨"，即可如黄帝老子："豁焉天扉开，飘然跨腾鳞"（曹毗：《黄帝赞诗》），由形神不离而达到长生不死。

魏晋玄学人格美思想发展的这种形神论理论形态或正题，沿袭秦汉哲学认识论的思路，将形神理解为人的肉体和灵魂的关系，并试图以炼形养生、长生不死而达到形神的结合与统一，但是，“人生忽如寄，寿无金石固。万岁更相送，贤圣莫能度。服食求神仙，多为药所误。"（《古诗驱车上东门》）事实是无情："虚无求列仙，松子久吾欺。变故在斯须，百年谁能持？"（曹植：《赠白马王彪》）"容华夙夜零，体泽坐自捐。兹物苟难停，吾寿安得延。"（陆机：《长歌行》）人的生死正如万物的盈虚消长，乃自然天道的体现："天道信崇替，人生安得长。"想要通过服食养生、超越生死的必然来实现形神永久的结合而不离散，这既等于是白日之梦呓，而将形神问题理解为人的肉体与精神的关系，以人的生死说明形神的离合关系，实际也不能不归于破产。它说明形神问题不只是人的生理变化聚散的问题，而是哲学有无本末问题在个体人格生命中的反映，是一个关于个体如何超越具体有限而达到无限与自由的人格的问题，即是一个人格美本体论问题。而正是为了探求克服以往形神论生死离合之说的局限，从哲学人生论和人格美本体论的高度探讨形神关系并实现二者的和谐统一，魏晋玄学人格美思想形神论的发展便转向了它的第二种理论形态或反题。

魏晋玄学人格美思想形神论的第二种理论形态或反题，是突破前一

---

① 陶渊明：《形影神诗序》，见逯钦立校注：《陶渊明集》，中华书局 1979 年版。

种理论形态把形神简单化为因生死而发生离合变化的人的精神与肉体的关系的局限，将形神由以往视为人物生理构成中的"肉体和灵魂"，提升为哲学和美学领域表示具体存在的现象和本质的范畴，而由于将"神"理解为玄学最高本体"道"、"无"、"玄"、"自然"的直接体现，理解为个体生命的内在性情和本质精神，因而玄学人格美思想中形神之间已演变为一种本末、体用关系，以神为本、重神轻形，已成为魏晋玄学人格美思想形神论反题中实现形神统一的最根本的原则。

前文早已指出，魏晋玄学人格美思想发源于汉末政治清议和人物品藻，而当时人物品评的基本方法，乃是要从人物的外形、表征去窥探人物的性情、个性、才能、智慧等内在品质和精神。刘劭的《人物志》说："物生有形，形有神精，能知精神，则穷理尽性"；"夫色见于貌，所谓征神。征神见貌，则情发于目。"（《九征》）葛洪《抱朴子·外篇·清鉴》说："区别臧否，瞻形得神，存乎其人，不可力为。"嵇康目赵景真说："卿瞳子白、黑分明，有白起之风，恨量小狭"（《世说新语·言语》）；顾恺之画人数年不点目睛，说"四体妍蚩，本无阙少于妙处，传神写照，正在阿堵中"（《世说新语·巧艺》）。这些地方，"形"都并非指与人的灵魂相对的"肉体"，而是指事物的外表、外在形貌；"神"则更非指可以脱离人的外形或具体存在而离散的人的灵魂，而是指蕴含于人物形貌之中的人之所以为人的本质、精神、性情、智慧、神韵等。所以，魏晋时代的人物鉴赏中，"神"不再似此前哲学中那样被称为鬼神、魂魄、精气，而常被称为精神、神明、神情、风情。如《世说新语·言语》刘注引邓粲《晋纪》曰：周颉"精神足以阴映数人"；《赏誉下》称高坐道人"精神渊箸"；《容止》说裴楷"双目闪闪若岩下电，精神挺动"。《文学》云佛教"祛练神明"；《规箴》刘注引《管辂别传》称何晏"神明清彻"，庾亮谓戴逵画"神明太俗"。《文学》刘注引《文字志》说谢安"神情秀悟"，《赏誉下》说卫君长"神情都不关山水",《贤媛》载济尼称"王夫人神情散朗"。《德行》称谢安"风神秀彻",《雅量》称王衍"风神英俊",《赏誉》称王衍"神姿高澈,如瑶林琼树"。等等,都是汉魏人物品鉴对"神"范畴内容的具体化和精细化。

魏晋玄学人格美思想沿承汉魏人物品鉴而论形神,它不仅同人物品鉴一样把形神看作人的外表、外形与内在性情、品质、才能、智慧等之间的不可分离的关系,而且还将这种具有紧密联系的形神关系提到了哲学和美学本体论的高度给予了更深入的探讨和论证。在魏晋玄学人格美思想形神论的第二种理论形态或反题中,"神"不只是通常所谓人的精神、品质、才智,而已是"天道"、"无"、"自然"等直接体现于个体人格生命的本体,"形"不仅是普通人物品评中所谓人物的外表、外形,而且是作为个体人格美或人格生命本体的表现形式或具体作用;二者之间是体用、本末的关系。以精神为本、形骸为用,崇本抑末,举本统末,重神轻形,是魏晋玄学人格思想形神论反题中的基本观点。何晏在其《道论》中说,"形"是与无形的"道"相对的,"道"则名之而无名,视之而无形,因而"道"是天地万物之本,而万物万形乃属其末用。王弼的《老子注》也说:无形无名为"无",为万物之始,即万物的形名之本;有形有名则为"有","形"即是"有",乃是本体之作用、表现。故"无形无名者,万物之宗也"(《老子指略》)。对于"神"范畴,何晏、王弼也是从体用、本末关系即美学本体论的高度加以阐释的。《三国志·魏书·曹爽传》裴注引《魏氏春秋》载何晏之言:"惟深也,故能通天下之志,夏侯泰初是也;惟几也,故能成天下之务,司马子元是也;惟神也,不疾而速,不行而至,吾闻其语,未见其人。"何晏此处虽是引用《易传·系辞上》对"神"之界定来说明自己心中的理想人格的,所谓"神"、"不疾而速"、"不行而至",同时也说明何氏这种理想人格的标本,实际乃是一种体现至无之道的境界形态的人格美本体，是何晏自己所谓"服五石散，非唯治病，亦觉神明开朗"的"神明"，即是相对于个体生命的形骸而言的"精神"本体。故何晏在其《道论》中又说："道"能"昭音响而出气物，包形神而章光影"，说的就是这个意思。对"神"范畴的这一特点，王弼做了更明确的界定。王弼的《老子注》第二十九章注说："神"与形是不可分割的"无形无方"者，任何可见的形器都是"合成也"，即形与神的统一，"无形以合，故谓之神器"。王弼在解释《易传·系辞上》"神无方而易无体"及"一阴一阳之为道"时又说："方、体者，皆于形器者也；神则阴阳不测，易则唯变所适，不可以一方、一体明"。"道者何？无之称也，无不通也，无不由也。……必有之用极，而无之功显，故至乎神无方而易无体，而道可见矣。故穷变以尽神，因神以明道，阴阳虽殊，无一以待之"。显然，王弼是从道、神、形（器）的关系出发来界定"神"范畴的。相对于形（器）而言，"神"既始终与形（器）一体，有神必有形或有"形"必有"神"；又和"道"一样无形无名，是形器变化的终极，因而也就是形（器）的本体。但是，相对于"道"而言，"神"则虽也是"变化之极，妙万物而为言，不可形诘者也"，但却只是具体的形器"言变化而称极乎神也"，即只是终极之"道"在具体形器中的微妙难言的体现，"是这个本体在个体中微妙难言的表现"，所以王弼才说"穷变以尽神，因神以明道"。[①]

魏晋玄学人格美思想形神论的反题由此前以形为本、养生保神不离散，而提出以神为个体人格生命之本、重神轻形，把人的内在人格精神的美提扬到了空前崇高的地位。玄学人格美的这一形神论的观点，对整个魏晋玄学以及后来的文艺美学产生了极其深远的影响。魏晋时期的人

[①]　韩康伯：《周易·系辞上注》，学术界一般认为韩氏所传乃王弼的观点。参见楼宇烈校释：《王弼集校释》（上册），第77页；《王弼集校释》（下册），第541页。又：李泽厚、刘纲纪主编：《中国美学史》第2卷，第138页，对此亦有解说，也可参阅。

物品鉴既已由汉末的瞻形征貌、识鉴品行，转变为支道林养马、唯重精神，赏其神骏而略玄黄（《世说新语·言语》）；而当时艺术创造的宗旨亦由"言志"或讽谕，转变到"以形写神"，"传神写照"、"书之妙道，神采为上，形质次之"。阮籍的《达庄论》说："人生天地之中，体自然之形，身者阴阳之精气也，性者五行之正性也。情者游魂之变欲也，神者天地之所以驭者也。"《大人先生传》也说："呜呼，时不若岁，岁不若天，天不若道，道不若神。神者，自然之根也。""神"不仅可以超越于形骸之上，而且已成为天道之极，已成为本体中的本体。《世说新语》一书多载魏晋玄学名士修饰容貌、品鉴人物之事，而形容之极致则曰《容止》，即求于形容之极致而后止，忽忘形骸，只取精神之意。故魏晋玄学往往以为"四体妍媸，本无阙少于妙处"；"须发何关于神明？"名士自身亦常常土木形骸、粗头乱发，以特显风神俊爽；而于品人谈艺之时则只求神似，特重眼神。《世说新语·巧艺》载："顾长康好写起人形，欲图殷荆州，殷曰：'我形恶，不烦耳。'顾曰：'明府正为眼耳……'"《世说新语·排调》载："桓豹奴是王丹阳外生，形似其舅，桓甚讳之。宣武云：'不恒相似，时似耳；恒似是形，时似是神'。桓逾不悦。"这些正反映出魏晋玄学人格美已把形骸看成了无足轻重甚至是某种累赘之物，而将精神的凸显、艺术的"神似"看成了无以复加的崇高目标。而所谓"理以精神通，匪曰形骸隔"，"邈矣达度，唯道是杖，形有未泰，神无不畅"（卢谌：《答魏子悌诗》及《赠刘琨诗》），则已飞跃为以神为本、重神轻形者所要实现的人格美理想境界。

魏晋玄学人格美思想形神论的第三种理论形态或合题，是在魏晋玄学人格美思想经历了以形为本、养生保神，和以神为本、重神轻形的正反两个方面的探索之后，对形神关系所作的一种综合统一的论证。在魏晋玄学人格美形神论的合题中，"形"，既指人由元气陶冶而成的人之肉体、形骸，也指作为人之人格生命本体的作用、表征；"神"虽是作为个体人格生命的精神、神情、性情与本质，但也并不神秘，同时具有某种物质或生理的基础。因此形与神、精神与形骸的关系，一方面精神固然是统帅、是主宰；但另一方面保养形体、修性延年，也可以有利于精神的旺盛，达到二者的和谐统一，使"形神相亲，表里俱济"，实现二者内在的真正的和谐统一，就是这种理论形态形神论的人格美理想境界。

在魏晋玄学人格美思想的发展中，首先对玄学人格美形神论合题进行充分论述的是嵇康，因而嵇康堪称这种形神论的理论代表。嵇康虽然并没有对形神范畴加以专门的阐释，但他认为，人作为天地造化的产物，本身即是形神的和谐统一体，因为人天生是以"自然之和"为本体的。他说："浩浩太素，阳曜阴凝"；"明以阳曜，胆以阴凝"。这是说，人的精神和形骸都是人禀受阴阳两种不同元气所形成的，阳气为精神而阴气为形骸。但由于嵇康的目的并非探究人的生理机制，而是要说明如何培养理想的人格，因此，他所说的"太素"或"阴阳二美"的"元气"，实际是作为"自然之和"的具体存在形式，即是当成宇宙本体看待的。所谓"元气陶铄，众生禀焉"，并非纯粹是个体人格生命与宇宙本体的"形下"依据关系，同时也是一种"形上"的依照关系。故嵇康又说，神仙"特受异气，禀之自然"（《养生论》）、"至人特钟纯美，兼周内外，无不毕备"（《明胆论》）。"神仙"、"圣人"之所以能既永葆年命、"体气和平"，又具有最"纯美"的德性，是因为他们所禀受的"元气"原本就并不是纯物质的"气"，而同时又是一种精神性的"冲和"或"神气"，即如我们在本章第一节中所指出的，是一种牟宗三所谓具有有、无二重性的审美境界的本体——"自然"或"自然之和"。嵇康以此为个体人格生命的终极根源，认为个体人格生命"禀受"这一本体而形成，而个体生命是形神同源共生的，原本也是一团"纯美"和谐的"元气"。具体到个体生命的形神关系而言，嵇康本于对"自然之和"或"元气"的阴阳之分而认为人原本是形、神二者和谐统一。形，即人的形骸或形体，这是人从"自然之和"或"元气"获得的"体气"，《养生论》说："体气和平"、《答向子期难养生论》说："体以和成"，即指形或形骸；而"神"即人的精神、人的内在本质，这是人禀受"自然之和"所获得的"神气"，《养生论》说："神气以纯白独著"、《答向子期难养生论》说："神气除达"，即指神明或精神。但嵇康实际上又认为，人由"自然之和"禀受的"体气"，要经过进一步凝聚方成为现实中的个体生命的形骸；"神气"要经过再次下落，才成为人之所以为人的内在本质——性情。《养生论》说："修性以保神，安心以全身"；《答向子期难养生论》说："故准性理之所宜……吸朝露以养神"。说的就是这个意思。因此，在嵇康看来，人的形与神既是二元的，又是一元的；既是对立的，又是和谐统一的。从形、神的直接源头和现实存在来看，"明以阳曜，胆以阴凝"，神明、精神是人之所以为人的本质，"精神之于形骸，犹国之有君也"，二者不仅是二元分立的，且如王弼之论形神——神本形末、神体形用；但如果从终极根源和理念形态来看，则"玄化潜通，天人交泰"（《声无哀乐论》），"神以默醇，体以和成"，体现的只是一片"自然之和"。理想的"圣人"就是这样的人格："圣人之不得已而临天下，以万物为心，在宥天下……君臣相忘于上，烝民家足于下"；"君静于上，臣顺于下"，形神完全交融一体，显示一片"冲粹之美"（《答向子期难养生论》），哪有什么主次、上下之分？在嵇康那里，形神问题既是一个关于精神与肉体关系的养生问题，又是一个神本形末或神体形用的人格美本体问题，更是一种如何统一此前形神论的正反二题而重建个体人格生命固有之"和"，并达到与宇宙本体"自然之和"同一的最高人格境界的问题。故嵇康在《养生论》中说："精神之于形骸，犹国之有君也。

神躁于中，而形丧于外，犹君昏于上，而国乱于下也。……是以君子知形恃神以立，神须形以存，悟生理之易失，知一过之害生。故修性以保神，安心以全身。爱憎不栖于情，忧喜不留于意，泊然无感，体气和平。又呼吸吐纳，服食养生，使形神相亲，表里俱济也。"

不难看出，以嵇康为代表的魏晋玄学人格思想形神论的第三种理论形态或合题，讨论养生的目的乃在于"修性"；"修性"的目的乃在于"济神"、"保神"或"平神气"；而"济神"、"保神"或"平神气"的目的，则在于"体正神清"；"形神相亲，表里俱济也"；或如《声无哀乐论》所说："和心足于内，和气见于外"，即是达到了一种形神兼备、内外和谐、天人合一的极和谐的人格美境界。"和"、"大和"、"自然之和"、"天地之醇和"，已由以嵇康为代表的魏晋玄学人格美思想家提升为其形神论合题中的最高范畴与最高境界，故嵇康论形则曰："体气和平"、"体以和成"，论神则曰："养之以和、和理日济"，论性则曰"性足于和"、"性气自和"，论情则曰："纠之以和"、"尽于和域"，论音乐则称"和声"："音声有自然之和"、"以平和为体"、"含天地之醇和"，而最高的人生与艺术境界则曰："以大和为至乐"、"大同于和"、"须天和以自然"① ……真是一和百和，由肉体而进入精神，由精神而进入人生，由人生而进入艺术，由艺术而进入艺术化人生的极和谐的人格审美境界。这种极和谐的人格审美境界既不同于养生论以形为本、炼形以求长生的外在超越，也不同于神本形末论忽忘形骸、穷变尽神以求精神的俊逸超越，而是以"自然之和"为最高宇宙本体，如荀子所说："万物各得其和以生，各得其养以成"（《天论》），建构起一个全新的形神兼备、内外和谐、表里俱济的个体人格生命的审美境界本体，是对养生论和神本论的统一与超越，并由此去创造一种由外在超越而内在超

---

① 分别见嵇康：《养生论》、《答向子期难养生论》、《琴赋》、《声无哀乐论》等。

越，既外在超越又内在超越，从淡泊、平和中获得永恒与不朽，将现实的人生与超现实的艺术和谐统一的人生艺术和审美境界。从此，中国人的人生不再只是名教的"方正"与自然的"放达"，中国的艺术也不再只是儒家文质彬彬的"中和"之美与老庄"精神四达并流，无所不极"（《庄子·刻意》）的芴漠冲和之美，而是充实中蕴空灵、平凡中寓超然的"和谐"、"气韵"、"意境"……"和"者，"谐也"（《广雅·释诂》）同声相应，异气相求，刚柔相济，淡泊平和。气韵者，气也，韵也；言气则"体气"、"神气"，称韵则"体韵"、"神韵"，论人则"风韵"、"性韵"，赏乐则"谐韵"、"合韵"……合言则"风气韵度"、简称则曰"气韵"，实则为形神兼备、表里俱济、内外和谐的人格美或艺术境界。① 《广雅·释诂》曰："韵，和也。"《文心雕龙·声律》篇说："异音相从谓之和，同声相应谓之韵。"徐复观先生说："气与韵，都是'神'的分解性的说法，都是'神'的一面"；所谓气韵，是人的第二自然、艺术之美，是说明"形神相融"、"形神合一的两种形相之美"。② 而宗白华先生则说，意境乃"主观的生命情调与客观的自然、景象交融互渗，成就一个……活泼玲珑，渊然而深的灵境"③。自魏晋以往的中国哲学，郭象、张湛讲"内圣外王"，"游外以弘内"，"冥内以游外"。宋明理学续承道统，"极高明而道中庸"。而谢赫的画论则倡导"气韵生动"（《古画品录》），刘勰论文则言"神思"、"体性"、"风骨"、"情采"，云"情与气偕，辞共体并"（《风骨》）；"夫情动而言形，理发而文见，盖沿隐以至显，因内以符外者也。"（《体性》）均将神韵勃发而表里俱济、内外和谐作为最高的审美境界。

---

① 参见《世说新语》之《言语》、《文学》、《品藻》、《赏誉》、《容止》、《任诞》诸篇及刘注。

② 徐复观：《中国艺术精神》，第152—153页。

③ 宗白华：《中国艺术意境之诞生》，载《艺术与意境》。

第二章

超凡入圣　魏晋玄学人格美实践论

　　中国传统哲学中的所谓"实践"，并非指现代辩证唯物论中所说的"社会实践"，而主要指个人日常生活中所作的道德身心的修养功夫。魏晋玄学人格美思想通过有无、性情、形神、名教与自然等一系列范畴的讨论，树立起了一个本末、性情、形神、名教与自然和谐统一的理想人格——"圣人"的标本，那么，现实生活中的芸芸众生是否也能具有"圣人"的德性即"圣性"？如何才能依照理想的"圣人"人格的标本，凭借自己具有的内在"德性"根据，通过自身的道德身心的修养功夫而超凡入圣，最终达到圣人的人格美或成为圣人呢？对于这个如何培养玄学理想人格问题的探讨，即是魏晋玄学人格美实践论。

　　在本章中，我们将分五节对魏晋玄学人格美实践论问题的几个重要命题分别予以讨论。在第一节中，我们将首先讨论玄学人格美思想中"圣人是否可致"的命题，因为这是玄学人格美实践论的起点。在第二节中，我们讨论

"得意忘言"的命题，这是玄学人格美实践最根本的思想方法；在第三、第四两节中讨论"应物而无累于物"和"无为而无不为"两个命题，这两个命题分别代表了玄学人格美实践论中两种应对社会生活中的各种事务与关系、"由外向内收"地解决群己、人我、主客矛盾的具体方法与思路。而在第五节中，讨论"顿悟成圣（佛）"的命题，因为这个命题实际是对以上玄学人格美诸命题的总结，说明在玄学人格美思想中是如何实现超凡入圣的质的飞跃。应该指出的是，在玄学人格美实践论的诸命题间，虽然存在着一定的内容上的互涵现象，但却并不妨害其中存在着逻辑思想上的发展脉络。通过"圣人是否可致"命题的讨论，魏晋玄学人格美思想进一步将"圣人"之所以为圣的"圣性"内在化和审美境界化，肯定了"凡人"可以超凡入圣这一人格美实践活动的前提；"得意忘言"、"应物而无累于物"、"无为而无不为"这几个命题的讨论，则反映了玄学人格美实践论由提出一般或普遍的方法论原则到探求具体的人格美实践的方式、方法，由从具体的名言领域（包括认知和伦理领域）寻求人格理想到从超名言的审美领域实现内在超越的致思路向；而在最后，玄学人格美实践论通过顿、渐之辨而提出"顿悟成圣（佛）"的命题，则既强调了实现理想的"圣人"人格要在"转识成智"的审美洞透中最后完成，而且也由于玄佛合流、玄学吸取了佛学讨论人类认识和审美活动理论成果，而使中国哲学关于人格美实践规律的论述，在中国魏晋玄学阶段获得初步的系统化和理论化。如果说"圣人可致"或"凡人是否具有圣性"的命题的提出重在说明"理想的圣人人格如何可能"的话，那么，"得意忘言"、"应物而无累于物"、"无为而无不为"、"顿悟成圣（佛）"等命题的讨论则重在说明"理想的圣人人格如何实现"。

一、圣人可致

中国传统哲学以人之所以为人者为"性",以"圣人"为最高人格理想,因此,"圣人是否可致"便成为中国哲学讨论其通过个体的道德身心的修养功夫而实现理想人格的人格美实践论的出发点。而"圣人是否可致"之问题的核心,归根结底是一个关于理想的"圣人"人格的根本属性与形态特征或"凡人"是否也具有这种根本属性——"圣性"的问题。

在中国哲学史上,对于"圣性"问题的讨论,同样可上溯于先秦诸子哲学。先秦诸子儒、墨、道、法各家都以"圣人"为理想的人格,因而都涉及"圣人"的本质属性及形态特征问题。但作为先秦儒道两家的人格理想的"圣人",不仅与西方基督教文化中处于彼岸天国的上帝(神)不同,也与当时墨家和道法家偏重外在事功的"古者圣王"不完全一致,它的重心乃是"内圣"而非"外王"的走向,强调的是"圣人"的本质属性乃在于其内在的道德精神的至善至美;这样就不仅将"圣人"人格转化成了一种内在的道德人格的境界,而且实际也将"圣性"问题道德境界化和审美境界化了。儒家孔子虽说不废"仁且智"的事功,但又认为仅以"有博施于民而能济众"之事功"论圣",则"尧舜其犹病诸";因而"圣性"在孔子看来主要是尧舜巍巍乎、荡荡乎无限广大的内在德性。孟子更明确地说:"圣人,人伦之至也";"充实而有光辉之谓大,大而化之之谓之圣"。将"圣人"之根本属性规定为一种内在道德人格充实光大而变化人神的境界。荀子虽然在先秦儒家中更多地强调"圣人"的外在事功与成就,说:"圣人也者,本仁义,当是非,齐言行,不失毫厘"。"要时立功之巧,若诏四时,平正和民之善,亿万之众而抟若一人"。(《儒效》)但荀子又认为"不全不粹不足以为美也"，最理想的"圣人"人格必须同时具备内心的"诚"、"明"和"恒定的德操"。"养心莫善于诚"，"生由乎是，死由乎是，夫是之谓德操"，"明之为圣人"；"所谓大圣者，知通乎大道，应变而不穷，辨万物之情性者也"。（《荀子·哀公》等）可见先秦儒家哲学中"孔、孟、荀一脉相承，一是以修身为本"①。儒家哲学中的"圣性"主要是一种境界形态的道德性，即《易传·系辞上》所谓"夫大人者，与天地合其德"的德性。

如果说先秦儒家认为圣人之所以为"圣"的"圣性"是某种很高的道德境界的话，那么，先秦道家对于"圣性"的认识则可以说是审美境界化了，已美化为一种极高的审美境界。道家《老子》首先提出了一个"常道"、"大道"范畴，这个恒常之"道"的最根本的特性被老子称为"无为"或"自然"，《老子》说："人法地，地法天，天法道，道法自然"（第二十五章）；"道常无为而无不为"（第三十七章）。说的就是"道"的这种自然而然的审美境界特性。但老子又认为圣人之"圣性"正在于其具有同于道、无为而顺自然的特点，亦即同于道的境界，所谓"从事于道者，同于道，得德，同于德……同于道者，道亦乐得之；同于德者，德亦乐得之"（第二十二章）。"是以圣人不行而知，不见而名，不为而成"（第四十七章）。说的正是这种"圣性"的境界。庄子的哲学更是一种美学、一种人格美学（李泽厚语），因此庄子对"圣性"的认识，实同于他所虚构出的"至人"的"至性"、"神人"的"神性"和"真人"的"真性"，更是一种审美的精神境界。《庄子·逍遥游》说具有最高德性的圣人、神人、至人、真人："乘天地之正，而御六气之辩，以游无穷者，彼且恶乎待哉"！已完全摆脱了一切外在的束缚，甚至从自己的形骸的限制中解脱出来，达到了

---

① 李泽厚：《中国古代思想史论》，第 3 页。

"至人无己，神人无功，圣人无名"，"独与天地精神往来"的精神绝对自由，所以《庄子·刻意》又说："圣人之生也天行，其死也物化……去知与故，循天之理……虚无恬淡，乃合天德。"更明确地把圣人之"圣性"说成是一种与天合德（性）的"天地境界"。

先秦儒道两家都将中国哲学的理想人格——"圣人"的本质属性内在化和境界化了，先秦儒道哲学对"圣人"之所以为"圣"的"圣性"的如上规定，虽然没有直接说明"凡人"是否有"圣性"的问题，但是客观地讲，圣人之"圣性"既属于人之内在心性修养的道德或人格审美境界，那么"凡人"也就逻辑地具有达到这种圣人人格境界潜在的可能性，即应具有圣人之"圣性"。儒家孔子说："性相近，习相远"；"我欲仁，斯仁至矣"。（《论语·述而》）《孟子》说："圣人与我同类者"，"人皆可以为尧舜"，"民皆有恻隐、羞恶、辞让、是非之心，此天之所与我者"；"人之有是四端也，犹其有四体也"；善性"施于四体，四体不言而喻"。（《孟子·告子上》、《孟子·尽心上》、《公孙丑》）荀子说："涂之人可以为禹"（《性恶》），"涂之人百姓，积善而全尽谓之圣人。彼求之而后得，为之而后成，积之而后高，尽之而后圣；故圣人也者，人之所积也"。（《儒效》）就说明，儒家道德哲学中实"蕴含着一种道德上平等的观念"①，实蕴含着对"圣性"为道德人格境界，"凡人"皆可由凡入圣、"成人"、"成圣"命题的肯定。而道家哲学虽然是一种负的方法，从不对外物有所肯定，但老子说："无为而无不为"（第四十八章）；"绝仁弃义，民复孝慈"（第十八章）。庄子虽然说道"恶可学"，但他是将"圣道"与"圣才"分离的，"圣道"实是一种境界，所以庄子又说："天地与我并生，而万物与我为

---

① 杨国荣：《善的历程——儒家价值体系的历史衍化及其现代转换》，上海人民出版社 1994 年版，第 81 页。

一"，牛性、马性、人性、至性、圣性，实际是相同的，都是人物之初始之"真性"、"道性"。"无思无虑始知道"（《知北游》），"攘弃仁义，而天下之德使玄同"（《胠箧》）。这又说明老庄实际也从反面对"圣人"有所肯定，肯定人皆有"圣性"，所谓"天人"，"天之小人，人之君子"（《大宗师》），"畸于人而侔于天"，即是说人可以为"真人"、"神人"；只要人们"修性返德，德至同于初"（《天地》）或"反其性情而复其初"（《缮性》），都可以达到"圣人"人格之审美境界。

中国哲学先秦的儒道两家基本上都在将"圣性"内在化、境界化的基础上，肯定了"凡人"也潜在地具有"圣性"，有超凡入圣、达到圣人人格美之可能，故汤一介先生曾以内在性和超越性为儒道哲学的基本特点，并以为中国哲学是一种追求内在超越的哲学。不过，中国哲学的这一特征在两汉经学中却发生了一段曲折。以董仲舒为代表的两汉正统儒学虽然也和先秦儒家一样，以为"天地之所生谓之性情"，即"人性"是人的自然本性；但由于以董仲舒为代表的汉代正统儒学出于神学目的论的需要，为了论证人间高度集权的专制君主的神圣性而鼓吹"天尊地卑"，所以他们不仅将自然无为的"天"人格意志化了，而且也将先秦作为一种道德或审美境界的"圣人"及其"圣性"人格化、实体化了，转化成了现实社会中至高无上的君主、帝王。董仲舒所谓"天令之谓命，命非圣人不行；质朴之谓性，性非教化不成……是故王者上谨于天命，以顺命也。"（《春秋繁露·对策三》）《白虎通义·圣人》篇所谓："万人曰杰，万杰曰圣"，伏羲、神农、黄帝、尧舜"文俱言作"，是以"知帝王圣人也"。都是将"圣人"人格化、实体化的例证。而与此相应，董仲舒又以"性三品论"在"圣人"与"中民"、"小人"之间划出了一条鸿沟。所谓"名性不以上，不以下，以其中名之"（《深察名号》）。"圣人之性"乃纯善之德，"不可以名性"；"斗筲之性"乃纯恶之性，"又不可以名性"；"名性者"，乃有善有恶的"中民之性"。(《实性》）这既说明在两汉正统儒学那里，"圣人且只是神性，且不可以人论，犹如基督教视耶稣为神之化身而非人也"①；也表明在汉代"凡人"与"圣人"无缘，无论内在、外在，永无超凡入圣的可能。即使是作为汉代异端思想出现的王充哲学，由于将圣性与中民之性、斗筲之性一同"气化"，虽然摧毁了"圣人"的神圣性，但同时也将人之所以为人的人性与圣之所以为圣人的"圣性"一同排斥于价值领域之外，使之沦为认知领域"光溜溜的'真'"②——冷冰冰的气化物质性；同样与人的道德精神的内在性和超越性无关。

中国传统哲学真正寻求向先秦儒道哲学"内圣"走向的回归和对先秦两汉哲学"内圣"、"外王"之学的超越和统一，以"圣人"和"圣性"为一种道德和审美的人格境界，并明确地以内在的道德精神的超凡入圣作为自己的人格理想，讨论"凡人"是否也具有"圣性"的问题，这是在中国哲学的发展进入魏晋玄学时期之后。魏晋玄学兴起于东汉以王充为代表的异端哲学从理论上摧毁了"圣人"的神圣性之后，而汉末现实社会中桓、灵诸帝的昏庸、腐朽又实际宣布了"帝王圣人也"之神话和谎言的破产。魏晋玄学人格美思想要重建中国哲学"内圣外王"的人格理想，首先必须上承先秦儒道哲学的"内圣"传统，重新将"圣人"及"圣性"问题精神境界化，赋予圣、凡在追求道德及人格审美境界面前的平等性；只有确认了人人皆有"圣性"，皆潜在地具有超凡入圣的可能性，才能逻辑地说明理想的圣人人格以及"凡人"通过内在的身心修养功夫达到圣人的人格境界的现实意义。

魏晋玄学人格美思想对于"圣性"问题的探讨，是在正始玄学时期何晏、王弼讨论圣人的性情问题以及圣人与老庄、与凡人的同异时正

①　牟宗三：《才性与玄理》，第14页。
②　参见《冯契文集》第3卷，华东师范大学出版社1996年版，第167页。

式提出的。何晏、王弼之前，刘劭的《人物志》一书以"性情"作为个体人格生命的本体，曾接触到理想的圣人人格的"圣性"问题。刘劭认为由于人禀受有木、金、火、土、水五种不同的"气质"而表现出仁、义、礼、智、信五种不同的常德（性），而有不同德性的人又表现出不同的才能，因此刘劭将人分为若干名目和等级：第一等人为圣人，圣人从才能上讲是全才，即"总达众才"，从德性上讲则为平淡无味的"中和之质"或"中庸之质"；第二等人为兼才之人，明胆兼备，但就其德性而言，尚未达到"道"之平淡无味、无为而无不为的德性；第三等人为偏至之才，明胆不仅不能兼备，而且才智也仅偏向十二流业、四部、九偏之一端；三等以外则为狂者、狷者及乱德之人。这样，刘劭通过对人之才能的等级划分，实际对圣人之所以为"圣"的"圣性"和凡人是否具有圣性及其由凡入圣的问题作出了自己的回答。即刘劭的《人物志》一方面如我们在上章中所指出的，继承着先秦老庄道家的传统，已将圣人和圣性审美境界化，说："中和之质，必平淡无味"，"夫中庸之德，其质无名……质而不缦，文而不缋"。对两汉哲学实体化人格进行反驳并给予了审美境界化的描写。但另一方面，刘劭似乎又存在着矛盾，刘劭认为圣人的这种同于道的平淡无味的境界形态的"圣性"是最纯粹的德性，为圣人所独有，"凡人"至多只有兼才而无兼德，因而不能具备圣性，达到超凡入圣。《人物志》说："阴阳清和，则内睿外明，圣人淳曜，能兼二美，知微知彰；自非圣人，莫能两遂。"（《九征》）又说："学不及材，材不及理，理不及智，智不及道。""等德而齐，达者称圣；圣之为称，明智之极名也。"（《八观》）即表明圣人之"圣性"已是超于智而同于"道"之"道性"，非"凡人"所能具备。

何晏、王弼虽同为魏晋玄学"贵无"派的思想家，他们也基本上都是把"圣性"理解为圣人与无形无名的"道"或"无"同一的人格境界性质的，但如前所述，何晏、王弼在"圣性"中所包含的"无"与"有"、"性"与"情"的具体关系以及"凡人"是否能具有"圣性"、达到"圣人"人格境界这点上，则存在明显的观点差异。在王弼那里，"圣性"、"圣人"、"道"、"无"，本近似于黑格尔哲学中的"绝对理念"，"有"、"情"则是"理念"在其辩证的发展过程中设定的对立面，"有"和"无"、"有限"和"无限"、"性"与"情"，二者实际"是一回事"。① 所以圣人既能"体冲和以通无"，又"不能无哀乐以应物"；既纯然天性，又有喜怒哀乐之情。但这并不等于"理念"与它设定的对立面处于平等的地位，二者的本末、体用或主奴关系是不能颠倒的，因此王弼又认为"圣、神合道"（《老子注》第六十章）、"纯然天性"的"圣性"只有"圣人"才具备，老庄也未免于"有"，都不具备"圣性"，不能达到圣人的境界。何晏与王弼不同，何晏虽然认为"圣人"、"圣性"是一种与"道"同一的最高人格境界，"圣人"纯然天性，只有纯粹的圣性已无喜怒哀乐之情，"凡人任情，喜怒违理；颜渊任道，怒不过分"（《论语集解》卷三）。但"圣性"既为一种神妙莫测的境界，则"凡人"亦应潜在具有这种"圣性"，具有潜在地达到圣人人格境界的可能，所以何晏认为老子也是"圣人"（《世说新语·文学》刘注引），而《三国志·魏书·曹爽传》裴注引《魏氏春秋》云：

> 初，夏侯玄、何晏等名盛于时，司马景王亦预焉。晏尝曰："惟深也，故能通天下之志，夏侯泰初是也；惟几也，故能成天下之务，司马子元是也；惟神也，不疾而速，不行而至，吾闻其语，未见其人"。盖欲以神况诸己也。

---

① 参见［德］黑格尔：《小逻辑》，贺麟译，商务印书馆 1980 年版，第 209—211 页。

何晏此处的"盖欲以神况诸己也"，其实际意义并不在于它与何晏个人人格有何种联系，而在于它以一种特殊的形式综合了孟子所谓"圣人与我同类者"、"大而化之之谓圣"和《易传》圣人"极深研几"，"不疾而速，不行而至"的命题，从而曲折地表达了圣性为一种人格美境界，"凡人"皆有圣性，皆可超凡入圣，这样一种玄学人格美追求内在超越的美学思想。此后竹林玄学的代表人物阮籍、嵇康，一直到元康玄学的郭象和江左，与道教特别是佛学合流的东晋玄学，魏晋玄学人格美思想正是以此为起点探讨圣人、圣性的具体存在形态，并着重解决如何才能达到圣人人格美境界的问题的。

　　和何晏相比，阮籍、嵇康更重视自由人格的追求，因此他们的理想人格也更具有自由的精神境界的特点。阮籍、嵇康罕言圣人所以为"圣"之"圣性"，然而在他们言及"圣人"或"圣性"的地方，则"圣人"及其"圣性"已在何晏、王弼内在化、境界化的基础上，沿着庄子开创的美学传统而进一步精神境界化了。阮籍的《通易论》说："圣人独立无闷，大群不益，释之而道存，用之不可既。"《通老论》说："圣人明于天人之理，达于自然之分，通于治化之体，审于在慎之训。"嵇康的《答向子期难养生论》说："圣人不得已而临天下，以万物为心，在宥群生，由身以道，与天下同于自得。"可见，阮籍、嵇康那里圣人之所以为"圣者"，实在于其同于"道"的人格境界；"圣性"是一种境界形态的"人性"。故阮籍、嵇康多以"至人"代称"圣人"，并"非汤武而薄周孔"。对此前及时俗哲学中那种实体化、人格化的"圣人"及属性进行了猛烈的抨击。阮籍说："至人者，恬于生而静于死，生恬则情不惑，死静则神不离。故能与阴阳化而不易，从天地变而不移。"（《达生论》）这是将"至人"描绘成一种"天地境界"。嵇康说："且凡圣人，有损己为世，表行显功，使天下慕之……形若救孺子，视若营四海，神驰于利害之端，心骛于荣辱之途，俯仰之间，已再抚宇宙之外者。若比之于内视反听，爱气啬精，明白四达，而无执无为，遗世坐忘，以实性全真，吾所不能同也。"（《答向子期难养生论》）对世俗的、实体化的"圣人"给予了彻底的否定。

阮籍、嵇康将圣人及其"圣性"高度地精神境界化、审美境界化了，从根本上讲，实已肯定了"凡人"在作为境界形态的"圣性"面前的平等性，即"凡人"也具备"由凡入圣"的潜在可能性。故阮籍虽将"圣性"化为"至人"之至境，化为发"至人无宅，天地为客；至人无主，天地为所；至人无事，天地为故。无是非之别，无善恶之异，故天下被其泽，而万物之所以炽。"这样一种与造物同体的"天地境界"。（《大人先生传》）但阮籍又说："天地生于自然，万物生于天地。自然者无外，故天地名焉。天地者有内，故万物生焉。当其无外，谁谓异乎？当其有内，谁谓殊乎？"阮籍这种"天地万物一体"论从某种意义上讲，即是肯定了"至人"、"圣人"和"凡人"都是"人生天地间，体自然之形"，都具有同样平等的"自然之性"，"凡人"并不缺少达到"圣人"境界的内在条件。（《达生论》）阮籍曾融合《易传·系辞上》中"与天地合其德"的"大人"形象，将其理想的"圣人"、"至人"人格又称为"大人先生"，创作了著名的《大人先生传》，说："大人先生盖老人也"。清晰地表明他是肯定"凡人"皆有"圣性"，皆可成为"圣人"的。嵇康虽由于好养生之术而主张神仙"特受异气，禀之自然，非积学所能致也"，"至人特钟纯美"、外内兼周；但因为他的理想的圣人或圣性是高度境界化了的，他所追求的神仙亦只是"外物以累心不存，神气以醇白独著，旷然无忧患，寂然无思虑，又守之以一，养之以和，和理日济，同乎大顺"的一种形神极其和谐的精神境界，所以他最终在"力"、"命"关系上走出了宗教的迷妄，成为"以志抗命"的异端①，即认为"凡人"皆在"圣人"、"神仙"境界面前具有平等性，只要"立志"并"守死不二，然后加以真诚的修养（主要是精神的修养）"，"安而体之"，则"寿夭之来，生于用身；性命之道，得之于善"。（《难宅无吉凶摄生论》）不仅可以延年益寿，而且也不难达到"顺天和以自然，以道德为师友，玩阴阳之变化，得长生之永久，任自然以托身，并天地而不朽"的"天地境界"，超凡入圣、成圣成仙。嵇康临刑顾影抚琴，从容自若，奏《广陵散》千古绝唱，似正来自他对"形解验默仙"、"凡人"可以借助个人的内在超越而达到圣人、神仙人格美境界的坚定信念。

阮籍、嵇康之后，向秀、郭象的《庄子注》从以名教统合自然、名教即自然的角度探讨理想的"圣人"人格及其"圣性"问题。由于向、郭在本体论上否认万物有一个共同的本源或"造物主"，而认为"物各有性，性各有极"（《庄子·齐物论注》），万物"欻然自生非有本"（《庚桑楚注》），万物之"自性"就是其存在的本质和本源。因此，可以说，向、郭比他们以前的任何哲学家都更彻底地否定了那种人格化、实体化的"圣性"，更彻底地将"圣人"之所以为"圣"的"圣性"内在化、审美境界化了。但是如本书前章所述，向、郭的人格美思想是将理想拉回到现实、将自然等同于名教的，所以不仅他所说的"圣性"和万物的"自性"一样，"天性所受，各有本分，不可逃，不可加"（《养生主注》）与"马性"、"民性"等万物之"自性"之间具有绝对的不可通约性：而且"圣性"、"民性"和万物之"自性"一样，都是有"变化"而无发展、可"顺命"而不可真正地超越和升华的。换言之，向、郭虽然通过"自性"、"自生"、"独化"等范畴的提

---

① 参见杨国荣：《善的历程——儒家价值体系的历史衍化及其现代转换》，第224—227页。

出取消万物有一个外在的本体，而将宇宙本体内在化、境界化，赋予了包括"圣人"在内的每个个体的人格生命以内在超越的根据。但是，"圣性"既只是圣人"上知造物之无物，下知有物之自造"（《庄子·序》），因而"无心以顺有"、"无心而顺物"、"无心而付之天下"的"一种主观境界"，即所谓"唯大圣无执，故芚然直往，而与变化为一"的"变化"而非真正的超越；（《齐物论注》）"凡人"所可能获得的人格升华，更只可能是"物任其性，事称其能，各当其分，逍遥一也"（《逍遥游注》），即所谓安分、守性与"顺命"。郭象在《庄子注》中反反复复地讲牛马、奴仆、君主"物各有性"、"人人自别"、"人自为种"（《天运注》），圣人"无心以顺有"、"神器独化于玄冥之境"，"物各有性，教学之无益也"（《天道注》）。一般人绝不可能内在地具有圣人之所以为"圣"之"圣性"，学至人只能学到"圣人之迹"，不可能成为"出六极之外，而游无何有之乡，以处圹埌之野"（《应帝王注》）的圣人。①

　　向秀、郭象玄学将圣人及其所以为"圣"之"圣性"进一步内在化和境界化了，但是，由于向、郭的人格美思想是侧重于社会政治层面即最高统治者"治道"境界的所谓"内圣外王之道"的，所以他通过将理想等同于现实的形式解决理想与现实的矛盾，虽表面上十分圆满，但实际上则取消了人的理想，否定了"凡人"具有"圣性"并获得超凡入圣的可能。向、郭玄学人格美思想的得失，正是玄学人格美思想的得失。魏晋玄学将圣之所以为圣、民之所以为民、"此物之所以为此物者"，一并内在化、精神境界化，构成了一片灵虚的心境，使万物之个体的人格生命具有了实现内在超越、人格升华的基础；但是由于自正始

---

　　① 参见汤一介：《论魏晋玄学中的内在性与超越性》一文，载《儒道释与内在超越》，第 32 页。

玄学到竹林玄学，再到元康玄学，玄学人格美的理想一再在残酷的现实面前严重受挫，嵇康等许多玄学人格美思想家付出了生命的代价也无法在现实社会中实现其人格理想，所以魏晋玄学的人格美思想家们最终不得不如向秀、郭象那样，通过泯灭理想与现实的界线，以"人自为种"，"物各有性，性各有极"为遁词，将理想拉回到现实、将现实等同于理想，使玄学人格美思想不仅没有建立起西方基督教那种外在超越的追求，同时也使中国哲学自先秦儒道两家建立的内在超越的传统甚至连超越本身也被取消了。即使是始终坚持自己理想的阮籍、嵇康，最终也不得不说："鸳鸠飞桑榆，海鸟运天池。岂不识宏大？羽翼不相宜。扶摇安可翔，不若栖树枝。下集蓬艾间，上游园圃篱。但尔亦自足，用子为追随"（阮籍：《咏怀诗》其四十六）。"故世之难得者，非财也，非荣也，患意之不足耳。意足者，虽耦耕畎亩，被褐啜菽，岂不自得？不足者，虽养以天下，委以万物，犹未惬。然则足者不须外，不足者无外之不须也"（嵇康：《答向子期难养生论》），走上了"由外向内收"、追求内在性情自得、自足与和谐的路向。尽管如我们在前章已经指出的那样，嵇、阮的"自足于怀抱"，实是对以自然统合名教的自然原则和以名教统合自然的人道原则的统一与超越，是以否定之否定形式出现的人格理想；与郭象将理想等同于现实，以理想与现实的直接"无差别的绝对同一"而实际已取消理想、获得的只是某种廉价的"自足其性"、逍遥自在，二者之间是存在根本不同的。

向秀、郭象玄学由于将理想与现实等同，而实际上取消了人的人格精神的超越性，并由此得出了"凡人"不可能具有"圣性"、根本无法超凡入圣的结论，这也说明，魏晋玄学人格美思想要重建自己的人格理想，除了要继承自先秦诸子到阮籍、嵇康玄学将"圣性"、"此物之所以为此者"内在化、境界化的传统之外，还要同时汲取某种宗教的外在性超越的精神，适应拉开理想与现实的距离，使人之最高德性、理想的圣人人格的本质属性——"圣性",既内在化、境界化,又具有外在性与超越性;既内在又外在,由内在而超越。这样才能既从理论上保证圣人与"凡人"在道德、精神境界面前的平等性,给人以超越的升华感,使"凡人"皆能超凡入圣,为达到理想的人格美境界而不懈努力。而在整个魏晋玄学思潮的发展历程中,这个问题最终亦正是借助东晋的玄学化的道释宗教来予以回答的。如《世说新语·言语》载:孙盛著《老聃非大贤论》,其子"齐由、齐庄二人小时诣庾庾公,公问……'齐庄何字'?答曰:'字齐庄'。公曰:'欲何齐?'曰:'齐庄周'。公曰:'何慕庄周?'对曰:'圣人生知,故难企慕'。庾公大喜小儿对。"张湛的《列子注》所谓"万品万形,万性万情","凡人不达理也"(《汤问注》),"圣人之道绝于群智之表,万物所不窥拟,见其会通之迹"(《仲尼注》);"万物皆有命则智力无所施"(《力命注》),因而"凡"不及"圣",无法超越。这些可以视为向、郭玄学取消人格理想思想所带来的负面影响的观点,那么,东晋玄学化的道释宗教一方面把"神仙"、"佛"作为外在超越的理想人格,另一方面又将其内在化和精神境界化,使之既外在又内在、既内在而超越,则无疑是向何晏、嵇康等人的思路回归,是魏晋玄学人格美思想不甘沉沦,谋求理想和现实、圣与凡的统一,追求人格理想和精神超越的继续。葛洪的《抱朴子》说:"圣者,人事之极号也","圣既非一矣","得道之圣人,则黄老是也。出世之圣人,则周孔是也"(《外篇·辩问》等)。即一方面将"圣性"外在人格化,另一方面则将"圣性"内在化、境界化。所谓"得道之圣人,则黄老是也",正是《老子》"从事于道者,同于道"之义,指"圣人"具有同于道之最高境界。故葛洪既认为神仙"受命偶值神仙之气,自然所禀,故胞胎之中,已包含信道之性"(同上同篇);又确信道术可学,"神仙可致",长生可求,只要有"超世之志、强力之才",修神炼形,则"变化之术,何所不为",人"力"亦可胜

"命"（同上《论仙》、《对俗》），实现由内在到外在的超越。佛教则先有于法开、宗炳所持以"格义"形成的"六家七宗"学说以神、识之别讨论"圣"、"凡"之异同，既而则有鸠摩罗什、僧肇、竺道生师徒及释慧远等更以般若"中观"和"涅槃"佛性义解"佛"，对"圣（佛）性"和致圣成佛问题做了更为深入和辩证的探讨。宗炳的《明佛论》云："群生之神，其极虽齐，而随缘迁流，成粗妙之识。"即是肯定凡人在"圣（佛）性"上平等的前提下，说明圣、凡产生差异的原因。罗什说："法身即是泥洹。"（慧睿：《明喻论》）僧肇说："常住不变谓之性"（《维摩经·菩萨品注》）；"诸见真性，即是道品"，法身"始见其实，谓之如；转深，谓之性；尽其边，谓之实际"（《维摩经·弟子品注》）。慧远说："至极以不变为性，得性以体极为宗。"（《高僧传·慧远传》）竺道生说："佛性非神明"，"一切众生，莫不是佛，亦皆泥洹。"（《法华疏·见宝塔品》）在这里，"佛"和"圣"是相通的，"佛"不仅指如来"法身"，更指境界化的"圣性"，凡人既皆有佛性、皆能成佛，亦即皆具"圣性"、皆能成圣。就这样，魏晋玄学通过与佛学合流，借助佛学宗教的话语形式，继承中国哲学自先秦儒道两家到阮籍、嵇康玄学以来追求内在超越的传统，对于理想的圣人人格的本质属性以及"凡人"是否具有"圣性"、是否能超凡入圣的问题，最终给予了完全肯定的回答。汤用彤先生曾经指出："汉魏间（圣）仙是否可学亦为学者聚讼之点，晋《抱朴子》论之甚详，葛洪本意则认为成仙虽有命，但亦学而能至。"[①] 东晋诗人谢灵运著《辨宗论》云："释氏之论，圣道虽远，积学能至。"《世说新语·言语》载："谢公（安）云：'贤圣去人，其间亦迩'。"《世说新语·文学》又曰："佛教以为祛练神明，则圣人可致，简文云：'不知便可登峰造极不？然陶练之功尚不可

---

① 《汤用彤学术论文集》，第 291 页。

诬'"。中国哲学自先秦儒道以来形成的"内圣外王"的传统，终于经过魏晋玄学进一步将"圣性"内在化、境界化，成为吸收本土民间宗教及外来文化的契机，演变成为人皆具有圣性、皆可达到圣人境界，这一闪烁着理想之光的人格美命题。此后隋唐佛学禅宗的见性成佛、瞬间永恒之说，宋明理学"人人胸中有圣人"，"完养此身谓之仙，不染世界谓之佛"，等等，遂使之成为中国传统哲学的内在性和超越性的基本特点。

二、得意忘言

魏晋玄学人格美思想将外在"天道"的化身——"圣人"内在化、境界化，确定了在人格理想面前凡人皆可成圣的普遍平等原则，但是，理想的圣人人格作为一种同道同天的人格美境界，它与"凡人"的现实人生毕竟存在很长的距离。圣性是一种无限和自由，而现实中个体的人格生命中所蕴含的性情、"圣性"则是与具体有限的形体相结合的；因此，如何找到一种有效的方式、方法超越具体和有限而达到自由和无限，便是魏晋玄学人格美思想所面临的首要课题。而正是在这种思想背景下，魏晋玄学家们提出了他们作为人格美实践方法论的重要命题——"得意忘言"。

在中国古代哲学逻辑发展的历程中，"得意忘言"的命题最早起于先秦哲学的名实、言意之辩，先秦哲学的名实之辩又源于孔子的"正名"主张，其后公孙龙子、惠施则成为"名家"，墨子、荀子更详于名实之辩。但先秦诸子的名实之辩中，孔子"正名"的主张原是侧重于社会政治思想的，其余乃属于形式逻辑规律的探讨。《墨子·小取》所谓"以辞抒意"；《易传·系辞上》所谓子曰："书不尽言，言不尽意"；"圣人立象以尽意，设卦以尽情伪，系辞焉以尽其言。"则反映了当时哲学对名实、言象逻辑矛盾关系的认识和解决这一逻辑矛盾的努力。在先秦时期能够突破形式逻辑的局限，赋予名实之辩以更广泛更深刻的哲学意义的，则是先秦的道家。道家老庄哲学在吸取了"名家"名实之辩思想成果的基础上，将名实问题提高到哲学本体论的高度加以论述，使名实问题逐渐转化为探究宇宙本体之方法论的"言意之辩"。《老子》说："道可道，非常道；名可名，非常名。无名万物之始，有名万物之母。"（第一章）最高的"名"是无形无名的"道"，非言辞所能把握，所以说"美言不信，信言不美"。《庄子·秋水》说："夫精粗者，期于有形者也。无形者，数之所不能分也；不可围者，数之所不能穷也。可以言论者，物之粗也；可以意致者，物之精也；言之所不能论，意之所不能察致者，不期精粗焉。"这是说"言"、"意"只能把握有形之物，宇宙的本体"道"乃是无形无名的"无"，它不是言意所能把握的。那么，如何才能把握宇宙的本体"道"呢？庄子为此进一步将"言意之辩"由哲学本体论延伸到审美方法论，提出了"得鱼忘筌"、"得意忘言"的直觉方法。《庄子·外物》说："筌者所以在鱼，得鱼而忘筌；蹄者所以在兔，得兔而忘蹄；言者所以在意，得意而忘言。"即是要由言、筌等具体有形之物着手，而进入无言无形之域以直觉本体、体证本体。老子说"涤除玄鉴"，庄子提倡黜肢体、堕耳目、去智慧的"坐忘"、"心斋"的内在超越，实都是这种"得意忘言"方法的更详细的注脚。

中国先秦哲学已由名实、言意之辩而提出了"得意忘言"超越具体、有限而达到无限自由人格的问题，但秦汉时期天下一统，君主独操循名责实之权，名实之辩反而消歇。至东汉末年，"桓灵之际，阉寺专命于上，布衣横议于下，干禄者殚货以奉贵，要命者倾身以事势，位成乎私门，名定乎横巷"（《意林》引曹丕《典论》）。社会上名实严重背离，真伪难分，因此一个以政治清议和人物品鉴为内容的名实之辩迅速兴起。魏晋玄学承继汉末政治清议和人物品鉴而起，由人物品鉴而至哲学本体论的探讨，建构了一个上至自然天道，下至个体人格生命的本体论系统，并树立起一个有无、本末、性情、形神、名教与自然和谐统一的理想人格——圣人的形象。故魏晋玄学时期的名实之辩又由对社会政治上形名之术和人物德行才能的考察，进至了具有哲学本体论意义的"言意之辩"，即对哲学无形无名之"道"与有形有名之"言"、"象"的关系的探讨。由"言不尽意"到"言尽意"再到"得意忘言"、忽忘形骸、形超神越、崇尚简约等等，言意之辩最终被提升到玄学人格美学的高度，成为讨论具体有限的"凡人"人格如何才能超越有形有限之域而达到无限自由的"圣人"人格的问题。欧阳建的《言尽意论》云："世之论者，以为言不尽意……若夫蒋公之论眸子，钟、傅之言才性，莫不引此为谈证。"鲁胜的《墨辩注序》说："名者，所以别同异，明是非，道义之门，政化之准绳。……同异生是非，是非生吉凶，取辩于一物而原极天下之污隆，名之至也。"《世说新语·文学》引旧说亦云："王丞相（导）过江左，止道《声无哀乐》、《养生》、《言尽意》三理而已，然宛转关生，无所不入。"可见，在魏晋玄学人格美思想中，名实、言意之辩正如容肇祖先生认王弼之《周易略例·明象》所云"得意忘言（象）"乃王弼的"一种人生行为的方法论"，① 即玄学培养理想人格、超凡入圣的方法论。

在魏晋玄学人格美思想中，作为玄学人格美实践方法的名实、言意之辩及"得意忘言"的命题，与其在此前哲学形式逻辑乃至玄学本体论中的内涵，均既有联系又有区别。从逻辑学上看，名实、言意范畴反映着事物与名称、概念和对象的关系，它的实质是要求逻辑思维必须遵循形式逻辑的同一律；从玄学哲学的本体论来看，名实、言意关系，实际是有无、本末之辩的反映，它讨论的焦点是有形有名的具体存在和无

---

① 容肇祖：《魏晋的自然主义》，东方出版社 1996 年版，第 18 页。

形无名的本体"道"或"无"的关系问题，即如何才能通过有形有名的具体的"有"认识，并把握那个无形无名的本体"道"或"无"。而在魏晋玄学人格美思想中，名实、言意之辩以及"得意忘言"命题的提出，不只是为了说明事物与名称、概念和对象的辩证关系，而是为了认识把握那个无形无名的普遍本体"道"或"无"；不只是为了认识并把握那个无形无名的最高本体"道"或"无"，而是为了最终豁然开朗，是非双遣、彼此无别、物我两忘，达到与那个无形无名的玄学本体同一，即实现对逻辑上名实、言意之辩、本体论有无、本末之辩的双重超越，达到所谓与宇宙大全、天地万物同一的最高人格美境界——"圣人"的人格境界。

作为与此前哲学逻辑学和玄学本体论既相联系又相区别的命题，魏晋玄学人格美思想"得意忘言"的实践方法也是始于逻辑学的名实之辩的。当魏晋玄学思想家们面对汉末以来整个社会"贵远贱近，向声背实"（《典论·论文》）的虚伪、丑恶的时风时，他们首先便为了审名实、辨是非而开始了对名实关系的探讨。《文心雕龙·论说篇》云："魏之初霸，术兼名法，傅嘏、王粲，校练名理。迄至正始，务欲守文，何晏之徒，始盛玄论。于是聃周当路，与尼父争途矣。"刘勰之所以要将"校练名理"的名实之辩视为玄学的起点，这不仅因为在时序上名实之辩早于玄学"得意忘言"命题的提出，而且因为在哲学思想的逻辑发展中，玄学家的思想也和老庄的思想一样，"是经过名家，而又超过名家底"①。所以史籍说从何晏、王弼、嵇康、向秀、裴頠、欧阳建到郭象、支遁、殷浩、谢安，做一名玄学家起码有一个条件，就是"善谈名理"。《世说新语·文学》云："谢安年少时，请阮光禄（裕）

---

① 冯友兰：《新原道》，见《贞元六书》（下册），华东师范大学出版社 1996 年版，第 798—799 页。

道《白马论》。为论以示谢，于时谢不即解阮语，重相咨尽。阮乃叹曰：'非但能言人不可得，正索解人亦不可得。'"又曰："司马太傅（孚）问谢车骑（玄）：'惠子其书五车，何以无一言以入玄'？谢曰：'故当其妙处不传'。"可见玄学人格美"得意忘言"实践论思想方法的提出，确是始于名家辩名析理的名实之辩的。玄学人格思想家们在名实之辩中发现，形式逻辑中概念与对象、名称和事物之间不仅是名实对应的，而且具有一种更复杂的矛盾关系。一方面，固然如嵇康、欧阳建、鲁胜所说："因事与名，物有其号"（《声无哀乐论》）；"名者所以别同异，明是非，""名必有形"、"名必有分明"（《墨辩注序》）；"名逐物而迁，言因理而变"，"不得相与为二矣"（《言尽意论》）。即名和实、概念和对象间具有固定的对应关系。但另一方面，名和实、概念和对象之间又并非一种稳固不变的对应关系，而只是一种处于不断变动中的名实关系。因为就对象（实物）而言， "日方中方睨，物方生方死"（《庄子·天下》），对象（实、物）总是处于不断发展变化中的具体事物，而名、概念则是无法变动的，因而真正可以与对象相对应的就不是静态的名、概念，而只能是某种具体事物变动的变化之"道"；就认识主体而言，当主体以"名"指物时，心中必有其要表达的具体内容——"意"，它乃是"名"、概念的内容，但这个蕴藏于心中的具体内容也是稍纵即逝、踪迹变化不定的，即俗话中所谓"在一念之间"，它只能与某个不断变动中的"名"和不断变动中的对象（实、物）相对应，而不应该与无法变化的"名"或概念构成对应关系。换言之，名实之辩，名与实、概念与对象的关系，实质上包含着名（言）、意（心）、物（实）三者的矛盾。如果说客观的事物（实、物）是某种具体的整全的真理——"道"的话，那么，"意"则是主体反映这一整全、具体的客观真理——"道"的产物，或者说是那个具体整全的客观真理在主体的主观显示，而名言、概念则是对主体心中显现之"道"

的描写。从某种意义上讲，"名（言）"很像柏拉图所说的木匠做成的桌子，乃是模仿的模仿、影子的影子。王弼说："可道之道，可名之名，指事造形，非其常也。"（《老子注》第一章）"有分则失其极也。……凡物有称有名，则非其极也。"（《老子注》第二十五章）"名也者，定彼者也；称也者，从谓者也。名生于彼，称出乎我。""夫道也者，取乎万物之所由也；玄也者，取乎幽冥之所出也……然则道、玄、深、大、微、远之言，各有其义，未尽极者也。"（《老子指略》）《世说新语·文学》载："客有问乐令'旨不至'者，乐亦不复剖析文句，直以麈尾柄确几曰：'至不'？客曰：'至'。乐因又举麈尾曰：'若至者，那得去?'于是客乃悟服。"王弼、乐广及"客"在这里所说的"名"、"称"、"极（道）"或"旨（指）至"、"旨不至"，正是对名（言）、意（心）、实（物）关系的探讨。王弼所谓的"极"，即具体的整全的客观真理或终极本体。在具有唯物论倾向的玄学家那里则称为"实"或"物"；"名"是指称"实"或"物"的。"名（言）"是指称"极"、"实（物）"时的概念，而"称"则是"极"、"实"或"物"在主体心中的义理，实即是"极"、"实"、"物"的主观形态，即是"意"。乐广所谓"旨至"，是说以名指物时概念、名与物之间具有某种对应关系；"旨不至"，是说以名指物时概念并不能完全达到或把握对象。乐广的用意在于用"以麈尾确几"虽至而可去，说明名与实、概念与对象之间并非固定不变的对应关系，名、概念虽可表达对象某一方面之"极"，但并不能"尽物"，因为名与实、概念与对象并不是直接对接的。在认识过程中，对象（"实"或"物"）或"极"总是先由经主体感知、提炼而成为"意"（即"称"，如"道"、"玄"、"理"等），然后才由"意"而转化为"名"（言）。① 而显然，王弼、乐广在

①　冯契：《认识世界和认识自己》，见《冯契文集》第1卷，第268—277页。

对名与实、概念和对象的关系的探讨中，实际已超越了名实之辩，而进入言意之辩，即已超越了形式逻辑而进入到哲学本体论有无本末的论域。

魏晋玄学人格美思想通过名实之辩，揭露了在人类的认识领域、思维活动中存在的复杂矛盾，这就是说在名实关系中，"名"虽然表现为语言表达的概念，但"实"却绝不仅仅是具体的事物或具体的对象，它实际包含着认知主体的心理作用，即作为理性思维能力的"意"（心）和事物背后的普遍本质。前者用王弼在《老子指略》中的特殊概念说，是"称"（一般玄学家叫"称"为"意"），后者则叫"极"（一般玄学家叫"极"为"道"、"无"、"玄"）。因此，名实之辩如果要从根本上说明名与实的逻辑联系，就必须首先说明"名"、"称"、"极"或"言"、"意"、"道"三者的关系；而如果要说明"名"、"称"、"极"或"言"、"意"、"道"之间的深层关系，则又表明这实际上已不是探讨形式逻辑中名词与事物、概念和对象的关系，而是由形式逻辑上升到了哲学本体论，即"意"作为本体的性质和主体如何才能达到并把握本体"极"或"道"、"玄"、"无"的问题。

从玄学的哲学本体论的层次来看，"言"与"意"、"意"与"极"（"道"、"无"、"玄"等）之间是一种本末体用关系，前者是工具和手段，后者才是目的和宗旨，相对于宗极之"道"而言，"言"、"意"都是"言"，即工具和手段；相对于"名"、"言"等手段而言，"意"、"极"（"道"、"无"、"玄"等）又都是"意"即目的和宗旨。就"名"、"言"只是工具和手段而非"意"、非"宗极之道"本身而言，"名"有"旨不至"的时候，因此有"不用舌论"之语箴及"言不尽意"之论。《三国志·魏书·荀彧传》裴注引何劭《荀粲传》说："粲独好言道，常以为子贡称夫子之言性与天道不可得闻，然则六籍虽存，固圣人之糠秕。粲兄俣难曰：'《易》亦云圣人立象以尽意，系辞焉以尽言，则微言胡为不可得而闻见哉？'粲答曰：'盖理之微者，非物象之所能举也。今称立象以尽意，此非通于意外者也；系辞焉以尽言，此非言乎系表者也。斯则象外之意，系表之言，固蕴而不出矣。'"很显然，荀粲此处不可尽之"意"，是庄子所谓无形无名、言之所不能论、"意之所不能察致"、"不期精粗"的宇宙本体"道"和作为个体人格生命本体的"性"，而荀粲所谓"言不尽意"，则是为了说明要达到把握"宗极之道"这个超形式逻辑的本体，用形式逻辑的方法是无法实现的，必须要以某种非形式逻辑、超形式逻辑的方式，即"得意忘言"的思想方法。何晏的《无名论》认为，在逻辑领域，"同类无远而相应，异类无近而不相违……各以物类自相求从"；但"道"、"无"本无名、"无所有矣"，故不能用循名征实的方法去寻求，而应"虽处有名之域。而没其无名之象也，以在阳之远体，而忘其有阴之远类也"（《列子·仲尼注》引）。王弼在《老子注》中说："名以定形。混成无形，不可得而定，故曰'不知其名也'。"（第二十五章）"有形则有分"。"有分者，不温则凉，不炎则寒。故象而形者非大象。"（第四十一章）名和形（象）总是相对相生的，如果仅执着于形（象）、名（言），那么是无法达到超形名的"大象"、"大道"的；因而达到、把握万物所由之"极"或本体"道"、"无"、"玄"的方法，必须是转识成智，在超越形式逻辑的名与实、概念与对象之辩的基础上"得意忘言"。王弼在《周易略例·明象》中阐述这一思想方法说：

　　夫象者，出意者也；言者，明象者也。尽意莫若象，尽象莫若言。言生于象，故可寻言以观象；象生于意，故可寻象以观意。意以象尽，象以言著。故言者所以明象，得象而忘言；象者所以存意，得意而忘象。犹蹄者所以在兔，得兔而忘蹄；荃者所以在鱼，得鱼而忘荃也。然则，言者，象之蹄也；象者，意之荃也。是故存言者，非得象者也；存象者，非得意者也。象生于意而存象焉，则所存者非其象也；言生于象而存言焉，则所存者非其言也。然则忘象者，乃得意者也；忘言者，乃得象者也。得意在忘象，得象在忘言。

诚如历来论者所云，王弼此论包含着反对汉人说《易》时"非类比附"——"案文责卦"、"伪说滋漫"的烦琐经学的目的。王弼在此并没有否认言与象、象与意的对应关系，他是肯定言可尽象、象可尽意的。① 王弼所谓"夫象者，出意者也；言者，明象者也。尽意莫若象，尽象莫若言"；"意以象尽，象以言著。"即是此义。但是，问题在于，如果我们像过去的学者那样，仅仅局限于从形式逻辑的角度理解王弼的"得意忘象"、"得意忘言"之说，我们将会遇到难以克服的逻辑困难：王弼既然说："夫象者，出意者也；言者，明象者也。尽意莫若象，尽象莫若言"。即承认"意生于象，象生于言；言可尽象，象可尽意"。那么，他为什么同时又说"言生于象"、"象生于意"，并说："故名号则大失其旨，称谓则未尽其极。"（《老子指略》）通过"言"并不能真正把握"象"、通过"象"并不能真正把握"意"，即主张"言不尽意"呢？即使王弼已如黑格尔那样掌握了思维的辩证法，能达到对立面的统一，也不能同时又违反形式逻辑的基本规律，将言、象与意割裂开来而同时提出"忘言"、"忘象"乃至"不言"、"废言"的思想主张。而王弼"得意忘言"的命题之所以会使人在理解中遇到歧义，这当然并非王弼的思想本身存在漏洞，也不是历来的论者对《周易略例·明象》一段文字的不理解，而主要是因为王弼"得意忘言"命题

---

① 冯契《中国古代哲学的逻辑发展》（中册，上海人民出版社1984年版，第501页），李泽厚、刘纲纪主编《中国美学史》（第2卷，第126页），罗宗强《玄学与魏晋士人心态》（浙江人民出版社1991年版，第88—89页）即持此论。

的提出，已超越了形式逻辑的名实之辩，而进至把握、达到玄学本体的哲学本体论；已超越了言意之辩探求崇本息末、举本统末思想方法的哲学本体论，而进至解决什么是理想的"圣人"人格境界以及怎样才能达到理想的"圣人"人格美境界的玄学人格美实践方法论。因此，在以王弼为代表的魏晋玄学的人格美思想中，"意"乃是万物所由之宗的"终极之道"、是理想的圣人人格的境界；"得意忘言"则是通过泯灭彼此、是非、分别、能所、内外的界限而体认最高本体，并最终达到与之同一、浑然一体的玄学人格美境界的实践方法。何晏曾说："无名为遭"。又说："若夫圣人，名无名，誉无誉"。（《列子·仲尼注》引何晏《无名论》）王弼也曾说："神、圣合道"。（《老子注》第六十章）这说明，在何晏、王弼玄学中，"得意"，从本体论上讲，就是"体道"并达到与道合一；从人格美实践论来讲，就是"成圣"。玄学人格美学的理想人格修养实践和玄学哲学本体论的"天道"体认过程是同一的，泯灭是非、彼此、物我的界限而实现"则天成化，道同自然"，就是达到了"圣人"与道同一的理想的人格美境界，也就已经是"得意忘言"了。故王弼注《论语》"天何言哉"云："予欲无言，盖欲明本。举本统末，而示物于极者也。夫立言垂教，将以通性，而弊至于湮；寄旨传辞，将以正邪，而势至于繁。既求道中，不可胜御，是以修本废言，则天而行化。"（《论语释疑》）可知"得意忘言"已被王弼由形式逻辑的名实之辩提升到了玄学哲学本体论上言之，即是"明本无言"、"举本统末"、"修本废言"。而本体论上的"举本统末"、"修本废言"，又被提高到了人格美实践论的高度，赋予了"示物于极"、"通性"而"则天行化"的意义。

其实，在魏晋玄学人格美思想中，不仅仅何晏、王弼已将"得意忘言"的思想方法由形式逻辑提升到了哲学本体论和人格美实践论的高度，而且就是竹林玄学的代表人物嵇康、阮籍和元康玄学的代表人物向秀、郭象的《庄子注》，也都同样是将"得意忘言"的思想方法由形式逻辑提升到哲学本体论，再由哲学本体论进入到人格美学实践论的。嵇康说："因事与名，物有其号"；"吾谓能反三隅者，得意而忘言。"这是将"言"、"意"理解为名、实关系，说明其出发点是在形式逻辑领域。但嵇康并非"思不出位"，而是由形式逻辑进至了哲学本体论，即认为名言只是现象，"意"则是庄子所说的超越于现象的"不期精粗"的"无形"、"天籁"——"自然之和"或"自然之理"；"得意忘言"即超越现象的局限而达到对本体的体认、把握。故嵇康又说："夫言非自然一定之物"，"玉帛非礼敬之实，歌舞非哀乐之主也"。"音声有自然之和"。（以上见《声无哀乐论》）"况乎天下微事，言所不能及，数所不能分，是以古人存而不论，神而明之，遂知来物。"但是在嵇康那里，"得意忘言"的思想方法仍然不只是局限于哲学本体论的，而同样是和人格美学相贯通、由哲学本体论进入到人格美实践论的。嵇康说："故善求者，观物于微，触类而长，不以己为度也。"（以上见《难张辽叔释难宅无吉凶摄生论》）这是说追求、体认玄学的幽微本体，除了要遵循形式逻辑而举一反三、"触类而长"之外，还必须要有一个无我的心胸，"不以己为度"。因此，"得意忘言"既是一个体认本体的过程与方法，也是一个人格美修养的过程和方法。"俯仰自得，游心太玄。嘉彼钓叟，得鱼忘筌。郢人逝矣，谁与尽言？"（《四言赠兄秀才入军诗》）"是故傲然忘贤，而贤与度会；忽然任心，而心与善遇；傥然无措，而事与是俱也。"（《释私论》）只要无物我、是非、彼此之分，自得于心、自足于怀抱，在体认到玄学最高本体的同时，也就培养了与天地同和的理想人格、绝美的人格。向秀、郭象的《庄子注》也认为"言"本来即是不能与"意"相对的，而只是圣人"寄言出意"的工具，所以他们也认为"得意忘言"不是形式逻辑的问题，而是本体论和人格美学的命题。《庄子注》说："夫言意者有也，而所言意者无也。

故求之于言意之表，而入乎无言无意之域而后至焉。"（《秋水注》）这虽沿袭庄子的原意，以"言"、"意"为"有形者"，为"言"，而以"无言无意"、"不期精粗"的"宗极之道"为"无"，为"意"，因而是认为"得意忘言"就是要超出于"言言之表"而求达到、把握本体。但是，比较《庄子》而言，向、郭的《庄子注》与人的人格的修养已具有更紧密的联系。向、郭"其贵在言意之表"的这个"意"，并非在万物之外的某个"造物主"，而实际就是万物固有的"性命之情"。因此，如果说在《庄子注》中，本体论领域圣人"得意忘言"乃"得彼情忘言书者耳"；那么对"凡人"而言，这个命题的根本意义就是"任性"、"顺命"，"绝学去知之意也"。（《天道注》）即培养性情自足的内在人格的实践方法。当然从正始玄学到竹林玄学再到元康玄学和东晋玄学，各个时期的玄学思想家们提倡"得意忘言"这一命题的目的及其对"言"、"意"内涵的理解并不完全相同。何晏、王弼理解的"意"实是"以无为本"的本体"无"，目的是要"举本统末"；阮籍、嵇康理解的"意"则实是所谓"自然之和"或"自然之理"，目的是要"越名教而任自然"；而向、郭理解的"意"，则只是所谓"物各有性"的"自性"，目的在于论证现实社会名教的合理性，让人安心"顺命"。

魏晋玄学人格美思想将形式逻辑的名实之辩、言意之辩提高到哲学本体论和人格美实践论的高度加以讨论，最后形成了作为玄学人格美实践方法论的"得意忘言"的思想方法。"得意忘言"的玄学人格美实践方法继承了先秦道家老庄的否定原理，即通过破除知识、名言，"损之又损"、"坐忘"、"心斋"而达到和把握"天道"，但又有进一步发展。它已摆脱了老庄"未免于有"而执着于"无"的认识论的残迹，真正地达到了"转识成智"，即它已由先秦道家尚未脱离认识论的去知、无知而体认、把握"天道"的方法，上升为同天同道、如何实现理想人格、自由人格的人格美学，成为一种成就自由人格、美的人格的智慧。

魏晋玄学人格美思想"得意忘言"的实践方法或智慧，既不是庄子所说的"以物观之"、"以俗观之"，也不是庄子所说的"以差观之"、"以功观之"、"以趣观之"，而是纯粹的"以道观之"，即刘劭的《人物志》"思及于道"，"思心玄微，能通自然"，"回复变通"，等等，这样一种超越了受必然规律支配的认知领域的高度自由的精神活动，是"从事于道者，同于道"的高度自觉的性情圆满自足。这种纯粹精神领域的自由活动就其始终追求并保持与纯真的玄学本体的同一而言，"得意忘言"也就是我们在上一章谈到玄学建构其人格生命本体和社会本体时所说的"去伪存真"、"返璞归真"和"公而忘私"、"大公无私"的理想追求；就其为个体人格精神境界的自我完成而言，它又展现为三个具体的步骤和三个渐进的境界层次。这三个不同的具体步骤和境界层次是：第一步或第一层：忘物我、彼此之是非；第二步或第二层：忘物我、彼此之分别；第三步或第三层：忘主客、能所、内外乃至道与非道、"迹"与"所以迹"之一切差异，泯灭主客、物我、能所之一切对立，完全与天地万物浑然一体。①

"得意忘言"实践方法和智慧的第一步或第一层的境界，就是忘是非。王弼的《老子指略》说："言之者失其常，名之者离其真，为之者则败其性，执之者则失其原矣。"这是说彼此之是非纷争之根源，乃在于名言、刑法之存在。故王弼又说，温与厉、威与猛、安与恭，"此反之常名也"（《论语释疑》）。"圣人不以言为主，则不违其常；不以名为常，则不离其真；不以为为事，则不败其性；不以执为制，则不失其原矣。"即"转近乎道，则无是无非也"。阮籍的《达庄论》说："自小视之，则万物莫不小；由大视之，则万物莫不大。殇子为寿，彭祖为

———————
① 参见冯契：《中国古代哲学的逻辑发展》（中册），第563—568 页；《冯契文集》第 1 卷，第 273—277 页。

夭；秋毫为大，泰山为小。故以死生为一贯，是非为一条也。"嵇康的《释私论》说："重其名而贵其心，则是非之情不得不显矣……言不计乎得失而遇善，行不准乎是非而遇吉"，"物情顺通，故大道无违；越名任心，故是非无措也。"（《庄子·秋水》）"以差观之"向、郭注曰："所谓大者，至足也，故秋毫无以累乎天地矣；所谓小者，无余也，故天地无以过乎秋毫矣。"大、小之是非，乃出于"天下莫不自是而莫不相非"，"唯涉空得中者旷然无怀，乘之以游也"。此种步骤和境界，"虽未能忘彼此，犹能忘彼此之是非也。"（《庄子·齐物论注》）这是"得意忘言"的第一个具体步骤和起始境界。

玄学"得意忘言"人格美实践方法或智慧的第二步和进一层的境界，乃是由忘彼此之是非进至忘彼此之分别。王弼说："名必有所分，称必有所由。有分则有不兼，有由则有不尽。"即有彼此之分别。（《老子指略》）故是非固应忘而齐之，然更应就是非之根源处忘而齐之，即忘是非必先忘彼此之分别。王弼的《老子注》第四十九章注说："圣人之于天下歙歙焉，心无所主也；为天下浑心焉，意无所适莫也。"实乃忘彼此分别之渭也。阮籍说："泰初真人，唯大之根。专气一志，万物以存。退不见后，进不睹先。"（《大人先生传》）嵇康说："不以荣华肆志，不以隐约趋俗，混乎与万物并行，不可宠辱，此真有富贵也。"（《答向子期难养生论》）都是就此种能忘彼此之分别的方式和境界而言的。《庄子·齐物论》向、郭注说：内外、彼此之别，"偶对也。彼是相对，而圣人两顺之，故无心者与物冥，而未尝有对于天下也。此居其枢要而会其玄极，以应无方也"。又说此一步骤和境界，"虽未都忘，（指物我两忘——引者注）犹能忘其彼此"。即是说"得意忘言"至此步骤和境界，虽未登峰造极，但已较初忘彼此之是非高出一层。

魏晋玄学"得意忘言"人格美实践方法和智慧的最后一步和最高境界，乃是庖丁解牛时"官知止而神欲行"的纯审美的直觉活动与

"绝美"境界，它完全是一种精神高度自由、智慧自备的内在超越。此种智慧"无责于人，必求诸己"，圆满自足，故"锐挫而无损，纷解而不劳，和光而不污其体；同尘而不渝其真"。（《老子指略》及《老子注》第四章）阮籍说："至道之极，混一不分，同为一体，得失无闻……使至德之要，无外而已。大均淳固，不贰其纪；清静寂寞，空豁以俟。善恶莫之分，是非无所争，故万物忘其所而得其情也。"（《达庄论》）嵇康说："由身以道，与天下同于自得"；"然则足者不须外，不足者无外之不须也。"（《答向子期难养生论》）"清虚静泰，少私寡欲。知名位之伤德，故忽而不营，非欲而强禁也；识厚味之害性，故弃而弗顾，非贪而后抑也。外物以累心不存，神气以醇白独著，旷然无忧虑，寂然无思虑。又守之以一，养之以和，和理日济，同乎大顺。"（《养生论》故向、郭称此乃智慧之极、最高圣境："圣人付当于尘垢之外，而玄合乎视听之表，照之以天而不逆计（预测），放之自象而不推明（推理）也"；"此忘天地，遗外物，外不察乎宇宙，内不觉其一身，故旷然无累，与物俱往，而无所不应也。"（《庄子·齐物论注》）

魏晋玄学人格美思想在名实之辩、言意之辩的基础上，将"得意忘言"由形式逻辑的命题提升至哲学本体论的高度、并由哲学本体而进至人格美实践方法论的领域，实现了玄学人格美实践方法"转识成智"的飞跃。玄学人格美"得意忘言"的实践方法和人生智慧，包含着三个具体步骤和三种境界层次，它的根本宗旨和途径，就是要泯灭物我、主客、能所之对立，达到与天地万物的浑然一体。魏晋人格美思想的这一人格修养方法，既与中国哲学"由上向下落，由外向内收"的传统一脉相承，也反映了魏晋玄学高扬内在人格精神，追求个体性情自足和内在超越的基本特点。向、郭曾概括玄学人格美"得意忘意"实践方法或智慧的三重具体步骤与境界说："或有而无之，或有而一之，或分而齐之，故谓之三也。此三者虽有尽与不尽，然俱能无是非于胸中。"（《庄子·庚桑楚注》）而阮籍、嵇康亦说：养生之最在于"快然自足"、"内视反听"、"遗世坐忘"，"宝性全真"。这些都是玄学人格美"得意忘言"实践方法或智慧之基本特点的反映。此后中国的哲学佛教讲"转识成智"、"开心见性"，陆王心学讲"一悟本体，即是工夫"，都是对这种玄学人格美实践方法和智慧的继承和发展。魏晋玄学人格美这一"得意忘言"人格实践修养方法和智慧的形成与提出，充分肯定和提扬了主体的内在精神、心性修养在完成理想人格、美的人格中的价值和意义，扫除了"凡人"在达到理想的"圣人"人格道路上的重重障碍，使之变得极为简捷易行，为确立中国哲学在道德境界和人格审美境界面前人人平等的原则、为发展中国哲学"知行合一"和艺术化、人格审美化的人生哲学传统，起到了十分重要的作用。但是，另一方面，由于玄学人格美"得意忘言"的实践方法和智慧不仅将理想人格的完成看得过于简单，从思想方法上导致了后世空谈心性、"满街都是圣人"的流弊；而且由于其过分强调内心体悟的作用，以"内圣"消解"外王"，而不利于中国文化建立类似西方以改造客观世界为目标并具有客观外在标准的法治思想，对形成中国人屈从于现实、安分守旧的所谓"国民性"，又产生了很大的负面影响。

三、应物而无累于物

魏晋玄学人格美思想家们从形式逻辑的名实、言意之辩中"转识成智"，提炼出了"得意忘言"的玄学人格美实践方法和智慧。魏晋玄学人格美思想这种实践方法和智慧，不以借逻辑推理而求客观知识为宗旨，而是力求超绝言象、借助理智的直觉或"内视反听"的洞鉴体悟而直透本体，以达到混灭是非、彼此、物我的界限，实现与道同一、"天地万物与吾一体"的人格美境界。魏晋玄学人格美思想的如上思想方法和智慧，显然是上承先秦诸子以来"由上向下落、由外向内收"的哲学传统，并进一步加强了中国哲学所固有"内圣"走内；它的基本精神就是将理想的圣人人格艺术境界化或审美境界化，力图通过审美的把握以实现超凡入圣、达到圣境。但是，正如我们在前面指出过的，玄学人格美思想家们并没有忘记，即使作为理想人格标本的"圣人"，也只是人格美本体中达到了有与无、性与情、形与神、名教与自然和谐统一的整体，现实的"凡人"更只是生活于天与人、自由与必然、社会性与自然性、个体与群体等诸多的矛盾纠葛之中。——按中国哲学传统的"内圣外王"的说法，即是生活于内在道德修养与外在事功应对彼此对立的矛盾之中的。因此，如何解决个体人格在现实的社会生活中遇到的如上矛盾，这既是一个如何充分地展现圣人"内圣外王"高度和谐统一的人格境界之美的理论问题，同时也是一个怎样才能落实和应用"得意忘言"的玄学人格美方法和智慧，使个体的人格真正达到洞鉴、体认并最终实现与道同一的人格美境界的实践问题。而正是为了解决玄学人格美思想中的这种双重困难，魏晋玄学人格美思想家们进一步提出了"应物而无累于物"的命题。

所谓"应物而无累于物"，从广义上讲，就是今天哲学上所说的个人以何种方式参与社会实践的问题；在中国传统的哲学中，则是一个个体在现实的社会生活中如何处理人我、群己关系或以何种原则处世的问题，其核心是出世还是入世、退隐不仕还是积极用世的问题。

在中国哲学史上最先讨论到仕隐出处问题的是先秦诸子。先秦诸子大体上儒家入世、有为，而道家避世、无为。先秦儒家自孔子以往，大多表现出较为强烈的人文情怀，积极入世，力图济世安民，其极致乃至如孔子"知其不可为而为之"。孟子说："天将降大任于斯人也"，"当今之世，舍我其谁？"荀子说："圣王之用也，上察于天，下错于地，塞备天地之间，加施万物之上。""故天之所覆，地之所载，莫不尽其美，致其用。上以饰贤良，下以养百姓而安乐之，夫是之谓大神。"（《王制》）《周易·象传》"乾坤"云："天行健，君子以自强不息。"这些都是儒家积极有为的处世行事原则和态度的反映。与之不同，先秦道家基本上是持一种与儒家的积极用世态度相反的人生准则和处世方法。《老子》讲"圣人后其身而身先，外其身而身存"；（第七章）又说"功遂身退天之道"，"有道者不处。"（第八章、第二十四章）庄子更是深察性命之源者，认为安时而处顺，哀乐不能入，方是最高的德行，在一个"仅免刑焉"的社会，个人的自我保存是第一位的。《庄子·缮性》说："古之所谓隐士者，非伏其身而弗见也，非闭其言而不出也，非藏其知而不发也，时命大谬也。当是命而大行乎天下，则反一无迹；不当时命而大穷乎天下，则深根宁极而待。此存身之道也。"所以庄子以功名富贵为腐臭，宁愿曳尾乎泥中，也不愿牺牲自己的高洁和自由。隐居不仕，高尚其志，虽不是庄子追求的理想人格，但却也是道家人士最佳的现实选择。庄子说："就薮泽，处闲旷，钓鱼闲处，为无而已矣。此江海之士，避世之人，闲暇者之所好也。"（《刻意》）又说："故贤者伏处大山堪岩之下。"（《在宥》）庄子对避世全身的隐士表示了充分的理解和肯定。

先秦儒道两家从各自的思想立场出发，对作为中国古代士人以何种原则态度处世行事、协调个人与他人或个体与群体关系的出处、进退问题首次给予了哲学的思考。儒道两家的这种哲学思考虽然反映了彼此观点的差异，但有一点却是相通的，这就是他们都并不是将仕隐、出处问题仅仅作为个体消极地回应现实社会清浊、昏明的手段，而是把它提升到古代人生哲学的社会实践方法论——更确切地说，是把它提升到了个体如何具体地处理现实中的人我、群己关系，以培养自己的内在人格，使之最终达到对现实的超越，实现与道同一的理想——"圣人"人格美境界，这样一种人格美实践方法论的高度加以论述的。因此，尽管先秦儒家主要是一种积极有为的入世、用世的主张，道家主要是一种避世出世、无为退隐的观点，但从根本上讲，儒道两家也是可以融通并力求融通的。儒家孔子也承认"贤者避世，其次避地"，并且说："道不行，乘桴浮于海。"孟子说："穷则独善其身，达则兼善天下。"（《孟子·尽心下》）庄子说："子之爱亲，命也，不可解于心；臣之事君，义也，无适而非君也，无所逃于天地之间。"（《人间世》）隐者"当时命而大行乎天下，则反一无迹"（《缮性》）。可见，儒道并非一个绝对入世、用世；另一个绝对退隐出世，而是两种思想互相渗透的。而且，更重要的是，如我们在前章中已经说明的那样，先秦儒道两家的最高理想人格都是有其功无其名的"圣人"。圣人的境界在儒家乃是"极高明而道中庸"、"无为而治"；而在道家则是"无为而无不为"、"不刻意而高，无仁义而修，无功名而治，无江海而闲，不导引而寿。无不忘也，无不有也。澹然无极而众美从之"。即是说，圣人的境界是出与处、仕与隐、有为与无为和谐统一的，圣人人格美境界的实践方法与极境就是这种完全统一的境界，在这里手段和目的是合一的。

先秦儒道两家因为把士人的出处、仕隐问题由一种个体如何回应现实的具体方法提升为个体在人格美修养过程中的处理人我、群己关系，以达到理想的"圣人"人格的一种实践方法，先秦儒道哲学开创的这种人格美实践方法，不仅表明了诸子百家之学本是百虑而一致、殊途而同归的，而且更重要的是，它奠定了中国哲学在人格美的具体实践方法上追求仕隐一如、出处同归，以实现人我、个体与群体、现实与理想和谐统一的悠久传统；造就了中国传统哲学在实践方法上既未沉溺于现实、走向科学实证，也未厌世弃世、走向宗教迷狂，既具有积极入世的现实品格，又具有精神超越的理想色彩，这样一种独特的内在超越的哲学文化特点。

先秦儒道哲学奠定了此后中国哲学人格美实践方法的独特传统，但是至两汉时期，由于"圣人"已被人格实体化，不再是士大夫所敢企盼的人格理想，再加之"社会安定"了、"社会思想统一于儒术，士大夫自然也都抱着积极的态度"。人们对于从哲学上探讨如何实现出处同归，具体解决现实人格美实践中人与我、个体与群体、现实与理想的矛盾统一、以达到理想的"圣人"人格的传统，反而中断了。两汉士人除了"像东方朔一样地唱'以仕为隐'的论调"或如"楚辞淮南小山《招隐士》一文，极言山泽淹留之苦，而结以'王孙兮归来，山中兮不可久留'"之外，① 一般人大多安于大一统帝国的赫赫声威和纲常秩序，而对个人出处进行哲学理论思考不感兴趣。直到东汉末年，"帝德稍衰，邪孽当朝，处子耿介，羞与卿相等列，至乃抗愤而不顾。"（《后汉书·逸民传序》）这才使士人的出处、仕隐的矛盾重趋尖锐，重新引起了人们的关注和思考，而当时的文人士大夫知庞士元、仲长统、徐干、阮瑀等，或隐居不仕，或不耽荣利，有箕山之志，以自己的行事来表明其对士人之出处、仕隐问题的看法。（见《三国志·魏书·王粲传》注）

魏晋玄学人格美思想上承汉末政治清议和人物品鉴而来，从哲学本体论讲，它是以追求天人和谐统一为目标的"天人之学"；在人生论上，它乃是要通过解决"天人"关系反映在社会人生领域的性与情、形与神、人与我、名教与自然、个体与群体、现实与理想等一系列矛盾，使之达到和谐统一，——使个体的人格精神最终超凡入圣、实现与道同一、天地万物本吾一体的"圣人"人格美境界。因此，它不仅要把玄学士人在现实社会生活中遇到的仕与隐、出与处的问题重新提到哲学的高度予以思考，而且还要把它重新提到哲学人格美实践方法的高度，提出了解决这一个体在现实的人格美修养实践的诸矛盾的具体方法

---

① 参见王瑶：《论希企隐逸之风》，见《中古文学史论》，商务印书馆 2011 年版，第 196—218 页。

和原则——"应物而无累于物"。

在魏晋玄学人格美思想的发展中，作为玄学人格美实践论具体方法之一的"应物而无累于物"的命题，是由正始玄学的杰出代表王弼首先提出的。前文已经指出，正始玄学时期，玄学人格美思想的两个领袖人物何晏、王弼虽同属玄学"贵无派"，但在对于理想的"圣人"人格的内在性情的认识上却存在分歧。何晏认为理想的"圣人"已超凡脱俗，神化无方，既无心，也无迹，故纯然天性而"无情"；王弼则不然。王弼认为虽然从结果或表现来看，"圣人"是没有受到一丝情感的干扰、牵累，但这并不意味着"圣人""无情"、"不应物"，因为"圣人"与"凡人"的不同之处不在起点而在过程，不在过程而在圣人"应物"的独特方法，即"以情从理"、"应物而无累于物"。《老子》第二十三章"失者同于失"王弼注曰："失，累多也。累多则失，故曰'失'也。行失则与失同体，故曰'同于失也'。"可见，王弼的"应物而无累于物"是从玄学人格美实践方法论或行为准则的高度提出的命题。在王弼那里，"应"是指人格美实践中主客体的玄同，即所谓"同声相应"，"言随其所，故同而应之"（《老子》第二十三章）；"累"也是就主客体两方面来说的，就客体而言，"累"即是"失"、即是"失物之情（性）"，是万物的自性受到干扰；就主体而言，"累"是指主体的"心乱"了，由主动的制作而变为了被动的牵累。因此，"应物而无累于物"的根本之义，即是指人格美实践中主体在修养自己的理想人格、应对万物、处世行事的时候，不要舍本逐末、用自己的才智与小聪明去干扰外事外物的自然本性，应保持心怀若镜而任物自然，做到物我玄同，则万物既"物性自得"，而主体本身亦可"心不乱"，性情自得自足，不受外物的牵累、干扰。王弼的《老子注》第二十九章说："物有常性，而造为之，故必败也；物有往来，而执之，故必失也。"又说："圣人达自然之性，畅万物之情，故因而不为，顺而不施……故心不乱而物性自得之也。"王弼在《论语释疑》中解《论语·阳货》"佛肸召，子欲往"一段文字时说："圣人通远虑微，应变神化，浊乱不能污其洁，凶恶不能害其性，所以避难不藏身，绝物不以形。"王弼这两段话，前者是就客观的万事万物而说的，后者则是就主体的主观方面立论的，二者结合在一起便是"应物而无累于物"。这样，以王弼为代表的正始玄学人格美思想家通过对理想的"圣人"人格的物我、主客、能所玄同一体的最高人格美境界的体察而反求其达到如此极境的人格美实践方法，最后又重新回归到了中国哲学固有的"由外向内收"的传统，并进一步强化和具体化了这种通过内心境界修养、以静对动、以不变应万变、由内在而超越的人格美实践方法。何晏、钟会、荀融等人的"圣人无情"之说，虽然忽视了"圣人"在明净纯粹的心境上应对万事万物上不留一丝痕迹这一点，但就其对"圣人"处世行事的方法必先求于内、使心性明净如镜这一点上，则与王弼实无不同。从这个意义上讲，何晏、王弼在玄学人格美的具体实践方法上，都是主张"应物而无累于物"的。后来隋唐的佛教禅宗讲"身是菩提树，心如明镜台。时时勤拂拭，莫使有尘埃"（《坛经》）。宋明理学家讲："夫天地之常，以其心普万物而无心；圣人之常，以其情顺万事而无情。……圣人之喜，以物之当喜；圣人之怒，以物之当怒。是圣人之喜怒，不系于心，而系于物也。"（《明道文集》卷三）实际上也是玄学人格美实践方法的继续。所以冯友兰先生指出："新儒家处理情感的方法，遵循着与王弼相同的路线"，强调圣人"心像一面镜子，可以照出任何东西"。他"静虚动直"，"或喜或怒的时候，那也不过是外界当喜当怒之物在他心中引起的相应的情感罢了……只要对象消逝了，它所引起的情感也就随之消逝了"。① 正始玄学的杰出代表王弼从探求处理个体人格生命

---

① 冯友兰：《中国哲学简史》，北京大学出版社 1996 年版，第 245—246 页。

内在性情的关系入手，提出了魏晋玄学人格美思想解决个体人格在现实的社会生活中遇到的人与我、个体与群体、现实与理想矛盾的具体实践方法——"应物而无累于物"。这说明，在魏晋玄学思想中，玄学人格美思想家们认为，作为当时士人人格美实践活动中基本矛盾的仕与隐、出与处问题，不仅应该而且也是能够实现和谐的；达到士人个体在现实社会生活中仕与隐、出与处矛盾和谐统一的具体方式和原则，就是"应物而无累于物"。只要将自己的心神荡涤干净，使之如止水明镜，做到心神玄同于外物，超然世外，就既忘记了仕与隐、出与处的差异和分别，也可以忘记仕与隐、出与处本身，而这样"忘了忘"，也就是仕隐一如、出处同归、"不疾而速，不行而至"，超凡入圣，无为而无不为了。魏晋玄学人格美思想自王弼提出了"应物而无累于物"这一玄学人格美实践的具体方法和原则之后，从阮籍、嵇康到向秀、郭象，再到东晋玄学诸名士、名僧，玄学人格美思想家无不把心如明镜、虚怀应物、彼我玄同、出处同归，视为"圣人"人格美理想境界的最重要的标志之一，而以"应物而无累于物"这种艺术创作时"洗尽尘滓，独存孤迥"的陶冶心灵的方式和途径，作为个体在社会生活的实践中培养自己的理想人格、达到由凡入圣的人格超越的最根本的原则和方法之一。阮籍在《大人先生传》中既对出仕"诵周、孔之遗训，叹唐、虞之道德，唯法是修，唯礼是克，手执珪璧，足履绳墨……少称乡闾，长闻邦国；上欲三公，下不失九州牧"的所谓"士君子之高致，古今不易之美行也"，给予了尖锐的批判和辛辣的讽刺；同时又对"有隐士焉……曰：人不可与俦，不若与木石为邻……将抗志以显高，遂终于斯"的遁世言行，予以明确的鄙弃；而最终归结于"无是非之别，无善恶之异"，玄同彼我，"应物而无累于物"的圣人行事处世的方法、准则和境界。阮籍的《达庄论》说："至德之要，无外而已"，"心气平治，不消不亏"。《清思赋》曾描述这种"应物而无累于物"的内在人格修养的具体过程说："夫清虚寥廓，则神物来集；飘飘恍惚，则洞幽贯冥；冰心玉质，则激洁思存；恬淡无欲，则泰志适情。……志不凯而神正，心不荡而自诚。固秉一而内修，堪粤止之匪倾。"即是此义。嵇康在魏晋时期是以追求人格的内在和谐著名的玄学思想家，这一点我们在前文已多次指出过。与其追求性情、形神、名教与自然的内在统一相一致，嵇康认为在现实的社会生活中个体处理人我、群己、理想与现实的矛盾关系时，从根本上讲，既不能同于世俗、"思不出位"，桎梏礼法之内，以"进趣荣利、偷合苟容"的方式"积极入世"；也不能故意枯槁形骸、死灰其心，"以隐约趋俗"，或"外化其形，内隐其情，屈身随时，陆沉无名"（《卜疑》），即所谓遁世隐居。而应该像"至人"那样，从人之心灵的根源处培养内在的和谐入手，先求内心之"意足"，"意足"则外在的差异、区分自然泯灭、同一。而可做到"君子百行，殊途而同致，循性而动，各附所安"。即出处同归，无所不堪。故嵇康说"圣人不得已而临天下"（《答难养生论》），"外不殊俗而内不失正，与一世同其波流……达能兼善而不渝，穷则自得而无闷。""故尧、舜之君世，许由之岩栖，子房之佐汉，接舆之行歌，其揆一也。"（《与山巨源绝交书》）

前文已指出，向秀、郭象更是以等同名教和自然，同一"内圣"与"外王"著称的玄学人格美思想家，向、郭《庄子注》认为，理想的"圣人"人格乃"寂然不动，不得已而后起者"，他们"与化为体，流万代而冥物，则随感而应，应随其时，言唯谨尔"。（《庄子注序》）"圣人"为什么要而且能"随感而应"而不"游方之外"呢？向、郭认为秘诀不在别的，只在于圣人之心和"神人"、"至人"的一样，已与造物同体，泯灭了一切分别、相对或差异，早已无方内方外之分，自然也就无仕隐、出入之别，"应物而无累于物"。《庄子·逍遥游》向、郭注说："夫种人即今所谓圣人也，夫圣人虽在庙堂之上，然其心无异于山林之中，世岂识之哉！徒见其戴黄屋，佩玉玺，便谓足以缨绂其心矣；见其历山川，同民事，便谓足以憔悴其神矣；岂知至至者之不亏哉！"这实际是在说"圣人"达到仕隐一如、出处同归的方法，乃是一种无方之方的心学。这种无方之方的方法，向、郭又称之为"无心"、"冥"，"无心"、"冥"就是将心神由外极力地内收，当收至人心的极根源处时，也就外内相冥，彼此无间了。向、郭《庄子·大宗师注》说："夫理有至极，外内相冥。未有极游外之致而不冥于内者也。未有能冥于内而不游于外者也。故圣人常游外以弘内，无心以顺有。故虽终日挥形，而神气无变；俯仰万机，而淡然自若。"因此向、郭顺乎逻辑地进而认为，是否做到了"无心"、"内外相冥"、仕隐一如、出处同归，实际是周孔与老庄、尧舜与许由、魏晋玄学与秦汉道家以及玄学人格美思想与道家美学思想的根本区别之所在："夫自任者对物，而顺物者与物无对，故尧无对于天下，而许由与稷、契为匹矣。何以言其然邪？夫与物冥者，故群物之所不能离也。是以无心玄应，惟感之从，泛乎若不系之舟，东西之非己也……若独亢然立于高山之顶，非夫人有情于自守，守一家之偏尚，何得专此？"而正是从这个意义上讲，向、郭说："夫治之由乎不治，为之出乎无为也，取于尧而足，岂借之许由哉！若谓拱默乎山林之中而后得称无为者，此庄老之谈所以见弃于当途者。"（以上见《逍遥游注》）即是说道家老庄之书为"涉俗盖世之谈"，实未解"应物而无累于物"之真谛，离"圣人"之境界"固有间矣"。

　　魏晋玄学人格美思想以"应物而无累于物"，达到仕隐一如、出处同归，来解决个体人格在现实的社会生活中无法回避的人与我、个体与群体、现实与理想等方面的矛盾，并通过修养个体内在的人格精神，最终实现与道同一、天地人我浑然一体的理想的"圣人"人格美境界。玄学人格美思想如上追求仕隐、出处和谐统一的具体实践方法和途径，由王弼提出之后，经过阮籍、嵇康到向秀、郭象等众多玄学人格美思想家的理论阐发和进一步完善，到东晋时期遂泛滥于世，已成为当时整个玄学思想界的普遍理念。先"由外向内收"，实现个体人格生命内在的和谐与统一，再以内在的和谐之心"冥内以游外"，实现仕隐一如、出处同归，已成为当时整个社会名士们的共同意识。《世说新语·言语》载："简文入华林园，顾谓左右曰：'会心处，不必在远。翳然林水，便自有濠濮间想也。'"又载："竺法深在简文坐，刘尹曰：'道人何以游朱门？'答曰：'君自见其朱门，贫道如游蓬户。'"《晋书·谢万传》说："（万）叙渔父、屈原、季主、贾谊、楚老、龚胜、孙登、嵇康四隐四显为《八贤论》……（孙）绰与往反，以体公识远者则出处同归。"《晋书·邓粲传》载：（粲）"少以高洁著名……荆州刺史桓冲卑辞厚礼请为别驾。粲嘉其好贤，乃起应诏。尚公谓之曰：'卿道广学深，众所推怀，忽然改节，诚失所望。'粲笑答曰：'足下可谓有志于隐而未知隐。夫隐之为道，朝亦可隐，市亦可隐，隐初在我，不在于物。'"王康琚的《反招隐诗》云："小隐隐陵薮，大隐隐朝市。伯夷窜首阳，老聃伏柱史。……周才信众人，偏智任诸己。推分得天和，矫性失至理。归来安所期，与物齐终始。"反映的都是玄学人格美思想中的这种仕隐、出处融通同一的思想。

当然，魏晋玄学人格美思想提出通过"由外向内收"，无责于人，反求诸己，内足于怀抱——"应物而无累于物"的人格美具体实践方法，来解决个体人格在现实社会生活中的无法回避的仕隐、出处矛盾，这一思路的形成，也是经历了一个历史与逻辑的发展过程的，它印记着玄学人格美思想家们长期而艰辛的思想探索的足迹。当历史跨入汉魏之交这个充满战乱、痛苦、异化时代的时候，秦汉以来的思想文化阶层所建立起来的自觉与封建大一统政权保持一致，积极入仕、献身帝国大业的热情，遭到了前所未有的打击。于是在汉末仲长统等人"抗志山栖，游心海左"，"蹋躅畦苑，游戏平林，濯清水，追凉风，钓游鲤，弋高鸿"……（《后汉书·仲长统传》）作风的影响下，一股隐逸遁世、远祸全身的时尚迅速遍及整个魏晋时代，而当时整整一个时代数百年间的士人知识分子也随之卷进了仕与隐、出与处的深刻矛盾和困惑之中。是按前代经师传授的儒家"修、齐、治、平"的思想传统积极入世呢？还是以道家老庄为榜样放达闲逸呢？这个充满悖论的时代早已国而不国、君而非君，又岂能以常理要求士人士而为士、臣而为臣？如果说在阮籍的《咏怀》诗中："少年学击剑，妙伎过曲城。英风截云霓，超世发奇声。""危冠切浮云，长剑出天外。细故何足虑，高度跨一世。"又云："驱马舍之去，去上西山趾。一身不自保，何况恋妻子？""愿登太华山，上与松子游。渔父知世患，乘流泛轻舟。"如果作者以"难以情测"的曲笔，迂回地反映了自己在仕隐之间的犹豫与徘徊的话，那么嵇康的《卜疑》"几乎用整个篇幅一对对列出处两难的矛盾处境"①，则无疑更直接地表现了嵇氏内在价值取向中亦存在仕与隐、出与处的尖锐矛盾与冲突。而正是这种内在价值取向上的矛盾与冲突，最终导致了许多魏晋玄学思想家们言行和人格上的外在紧张与对立。《颜氏家训·勉学》云："何晏、王弼，祖述玄宗，递相夸尚，景附草靡，皆以农、黄之化在乎己身，周、孔之业弃之度外。"但"平叔以党曹爽见诛"，"辅嗣以多笑人被疾"，"山巨源以蓄积取讥"，"夏侯玄以才望被戮"，"荀奉倩丧妻神伤而卒"，"王夷甫悼子悲不自胜"，"嵇叔夜排俗取祸"，"郭子玄以倾动专势"，"阮嗣宗沈酒荒迷"，"谢幼舆赃贿黜削"，"彼诸人者，并其领袖，玄宗所归"。却皆"桎梏尘滓之中，颠仆名利之下"。的确，魏晋时期玄学名士们在现实生活中的人格形象有不少充满着矛盾的地方，如西晋著名的豪侈之士石崇，也自称"晚节更乐放

---

① 张节末：《嵇康美学》，浙江人民出版社1994年版，第19页。

逸，笃好林薮"（《思归引序》），"性轻躁，趋世利，与石崇等谄事贾谧，每候其出，辄望尘而拜"的潘岳，也自诩为"览止足之分，庶浮云之志"（《晋书·潘岳传》）。东晋著名的玄学名士刘尹、许询与孙绰、王羲之、谢安、支遁等隐居东山，而"出都就刘宿，床帷新丽，饮食丰甘"，竟说："若保全此处，殊胜东山。"而谢安则"就桓公（温）司马"，见讥为"处则为远志，出则为小草"。（以上见《世说新语·言语》、《排调》）……然而，魏晋玄学时期整整一个时代的思想家和士大夫们在现实生活中的人格矛盾，它的意义和影响又绝不完全是消极的或负面的，其中不仅反映着那个充满痛苦、异化和悖论的时代的士人知识分子进有生命之虞、退违平生之志的巨大精神隐忧和压力，而且更显示出玄学人格美思想家们为解决其现实的人格美实践中的仕与隐、出与处的矛盾，曾作出过十分艰苦的探索和不懈的努力。作为一批追求理想人格、美的人格的"性情中人"，魏晋玄学人格美思想家们，一方面在他们身上有着父祖所传承的深厚的儒家入世传统在延续，使他们无法忘怀现实，做到心如死灰、身如槁木；故《世说新语·豪爽》载："桓公读《高士传》，至于严陵仲子便掷去，曰'谁能作此溪刻自处'"。另一方面，残酷而丑恶的现实又折磨着他们的肉体和灵魂，如果不愿放弃高洁的理想而同流合污，就只能选择遁迹隐逸。从这种意义上讲，魏晋玄学时代思想家玄学名士们普遍地自相矛盾、进退失据，也正显示着他们力图实现仕与隐、入世与出世之矛盾和谐统一的艰难的心路历程和探索足迹。

在这一探求如何才能解决个体在现实社会的人格美实践中面临的人与我、个体与群体的矛盾，最终实现与道同一的人格美境界的艰难历程中，时代的大潮淘洗着魏晋玄学名士们的阵营，有的人和统治者同流合污，成了山涛似的"手荐鸾刀，漫之膻腥"的元凯和能臣；有的则如阮瞻、王澄、谢鲲、胡毋辅之之徒，堕落为"不欲与人为俦"、"露丑恶、同禽兽"的狂放不羁或玩世不恭者，只有那些严肃的魏晋玄学思想家们经过漫长的探索之后发现，个体生活于现实的社会之中，个体与群体与社会的关系如果不是如孔子所说"非斯人之徒与而谁与？"具有积极、主动的意义的话，那么从消极、被动的方面看，也正如庄子所谓"义也"，"命也"，"无所逃于天地之间"。个人固然无法改变社会，但如果能从心性本源上认识到仕与隐、出与处，都是出于人之性分不同，其实并无本质的差异，即所谓："羽族翔林，蠖蛶赴湿，物从性之所安，士乐志之所执。或背丰荣以岩栖，或排蘭闼而求入，在野者龙逸，在朝者凤集，虽其轨迹不同，而道无贵贱。"（束晳《玄居释》）故《庄子·人间世》郭象注云："与人群者，不得离人，然人间之变故，世世异宜，唯无心而不自用者，为能随变所适，而不荷其累也。"只要"齐万物兮超自得，委性命兮任去留"，懂得"性有所不堪，真不可强"，做到内心"神气除达"，则外在仕隐、出处的形迹早已无异于我，我也就可以仕隐一如、出处同归了；而我已"应物而无累于物"，则也就达到了"圣人"、"至人"或"神人"的理想人格、美的人格的境界。《世说新语·言语》载："谢灵运好戴曲柄笠，孔隐士谓曰：'卿希心高远，何不能遗曲盖之貌？'谢答曰：'将不畏影者，未能忘怀。'"刘孝标注引《庄子》云："渔父谓孔子曰：'人有畏影恶迹而去之走者，举足逾数而迹逾多，走逾疾而影不离，自以尚迟，疾走不休，绝力而死。不知处阴以休影，处静以息迹，愚亦甚矣！子修心守真，还以物与人，则无异矣。不修身而求之人，不亦外事者乎。'"谢灵运和刘孝标的意思是说，玄学人格美思想"应物而无累于物"的具体实践方法，乃是继承着中国哲学自先秦以来建立的"由外向内收"的传统，即是通过修养内心的和谐，使自我性怀自足，泯灭与外物的差别，应物处事而不受外物牵累，并最终实现"圣人"与道同一的人格美境界。故《世说新语·栖逸》云："阮光禄（裕）在东山，萧然无事，常内足于怀。有人问王右军，右军曰：'此君近不惊宠辱，虽古之沉冥，何以过此？'"阮裕之所以能不惊宠辱，是因为他总能"内足于怀"，内心里体悟到了万物和谐自足的本性，不仅外物的差别、对立于他来说已不存在，他与外物的分别也同时消失了，他自能如庖丁解牛一样游刃有余。"冥内以游外"，故"应物而无累于物"。

魏晋玄学人格美思想以"应物而无累于物"的具体实践方法解决个体人格在现实社会生活中的人我、群己矛盾，通过建立内心的和谐而达到出处同归、仕隐如一。玄学人格思想的如上实践方法，既为中国古代哲学成为与外在超越的宗教哲学相区别的内在超越哲学奠定了实践方法上的基础，同时也为中国本土哲学接纳、融合外来的佛教哲学创造了重要的契机。《广弘明集》卷三十载晋时佛徒康僧渊的《又答张君祖诗》云："遥望华阳岭，紫霄笼三辰。……中有冲漠士，耽道玩妙均。高尚凝玄寂，万物息自宾。栖峙游方外，超世绝风尘。……居士成有党，顾眄非畴亲。借问守常徒，何以知反真？"以为佛徒游方之外、遁世孤栖，才可得道反真。而张君祖的《答康僧渊诗》云："冲心超远寄，浪怀邈独往。众妙常所晞，维摩余独赏。"则认为出处本同归，居士维摩更得"应物而无累于物"之旨。《世说新语·轻诋》载："王北中郎不为林公所知，乃著论《沙门不得为高士论》。大略云：'高士必在纵心调畅，沙门虽云俗外，反更束于教，非情性自得之谓也。'"王坦之此论虽可能因特殊的目的而发，但他实际上在无意中对玄学人格美出处同归、仕隐一如的具体人格美实践方法做了很好的注脚。后来隋唐佛教禅宗"以不修之修"为"修行的方法"，宋明理学批评释道宗教说："仙家说到虚，圣人岂能虚上加得一毫实？佛家说到无，圣人岂能无上加得一毫有？""佛氏不著相，其实著了相。……都是为了君臣父子夫妇著了相，便须逃避。"（《王文成公全书》卷三）这些实际上是对玄学人格美"应物而无累于物"具体实践方法的继承和发展，与王坦之等人的话，有异曲同工之妙。

四、无为而无不为

"无为而无不为"这个命题，在中国哲学史上，最早也是先秦道家提出来的。《老于》第三十七章说："道常无为而无不为"。第四十八章说："为学日益。为道日损……以至于无为，无为而无不为。"根据冯友兰等人的说法，道家"无为而无不为"这个命题，实是老子哲学的"政治学说"，是道家的又一个貌似矛盾的说法。"'无为'的意义，实际上并不是完全无所作为，它只是要为得少一些，不要违反自然地任意地为"。"道本身不是一物，所以它不能像万物那样'为'。可是万物都生出来了。所以道无为而无不为。照道家说国君自己应该效法道。他应该无为，应该让人民做他们能做的事。"① 老子之后道家的庄子、道法家的申韩，以及战国到秦汉的黄老道家，大多数继续着老子的这种"政治学说"，主要朝着更褊狭更功利的方向发展，"非特道德之论悉以阐明'无为'之旨，即所揭橥'人心道心'、'内圣外王'诸语，亦无非古代君人南面之术耳"。即认为"君主必须'无为'才能'无不为'，表面不管，实际却无所不管"②。

"无为而无不为"原本是老子侧重"君人南面之术"提出的一个具有"政治学说"的命题，不过，本书并不准备采用"无为而无不为"这一哲学命题的原有含义，因为本书认为，在魏晋玄学人格美实践论中，"无为而无不为"这个命题已被玄学人格美思想家们由政治学的层面提升到了美学的本体和玄学人格美实践方法论的高度，使之由一种实

---

① 冯友兰：《中国哲学简史》，第87—90页。

② 张舜徽：《周秦道论发微》，华中师范大学出版社2005年版，第63页。李泽厚：《中国古代思想史论》，天津社会科学院出版社2003年版，第81页。

用主义的"政治学说",变成了一种人格主体自我完善的艺术方法和诗学原则。而魏晋玄学本身,亦最终得以由思辨哲学进入诗性哲学相人格美学。

作为玄学人格美实践论的另一方法和原则,"无为而无不为"的基本内涵,就是要求个体在人格美的修养过程中,先造就一种脱尽一切世俗功利性的虚灵、纯净、和谐的艺术与审美的心胸,并以这种"洗尽尘滓,独存孤迥"的艺术和审美的"无"之心、"道"之心、"玄"之心、"和"之心、空明之心,发现万事万物之美(亦是赋予万物以美的价值),从而淘尽"旧我"、重塑"新我",达到与道同一的人格美境界。笔者曾在拙著《玄学趣味》一书中说:在魏晋时期,玄学名士们"在玄学的实践活动中,力求将体'道'致'玄'的玄学理想与日常平凡琐碎的生活实践起来,使人世间种种的'末枝'、'小道',如诗赋酒色、博弈书画、游山玩水、参禅访道等,日趋'雅化',变成他们体'道'得'意'的玄学实践的组成部分和重要途径。"① 正是就魏晋玄学人格美思想这种通过艺术和审美的方式而培养完美人格的实践方法而言的。如果说"得意忘言"、"应物而无累于物"等玄学人格实践方法,体现了玄学人格美实践论"由外向内收"这一解决个别和普遍、有限与无限、个体与社会矛盾关系的一般原则的思路的话,那么,"无为而无不为"则可以说是玄学人格美实践论如何将这些已经由名言之域"内收"或超升至超名言的审美之域、智慧之域的种种美学问题在内心加以艺术与审美解决的具体方法和途径。

"无为而无不为"作为玄学人格美艺术化和审美化方式解决人格内在矛盾、达到"圣人"与道同一的人格美境界的一种艺术化的方式或途径,"无为"就是将魏晋玄学哲学和美学本体论上的那个静态的人格

① 高华平:《玄学趣味》,湖北教育出版社 1997 年版,第 6 页。

生命本体论系统，延伸到玄学人格美实践的领域，造就一个玄学人格美实践中修养完美人格的实践本体。而这个玄学人格美实践的本体，亦即修养玄学人格美与道同一的"圣人"人格境界的审美主体——"无"、"无为"、"无心"、"道心"、"玄心"、"和心"，而正由于确立了"无为"、"无心"、"道心"、"玄心"、"和心"这一艺术化、审美化的玄学人格美实践的主体，玄学人格美思想才得以超脱一切俗世功利的计较来对人世间的万事万物进行审美的观照，不仅发现了一切艺术形式的真正独立的美的价值，而且还能与万事万物发生一种同情交感（与德国哲学家立普斯的"移情说"相类似），赋予万事万物以艺术和审美的价值，成为主体修养那"圣人"与道同一的人格美境界的方法和手段，也就是所谓"无不为"。

魏晋玄学人格美实践论如上确立超越世俗尘滓和言象之域的理论探索，始于其对先秦道家"无为而无不为"命题的新的阐释。王弼的《老子注》第三十七章"道常无为"说："顺自然也"。又注"而无不为"说："万物无不由之以始以成也。"① 王弼此处虽主要是从哲学本体论上万物由"道"（无）以生、由"道"（无）以成的关系来解释"无为而无不为"的，但王弼以"顺自然"来解释"道常无为"，则显然又包含着更丰富的内涵，至少已使"无为而无不为"这一命题潜在地具有某种向实践论或人生论领域延伸的可能性。故同是解释《老子》中的这一命题，《老子》第十八章王弼注又说："有为则有失，故无为乃无不为也。""上德之人，唯道是用，不德其德，无执无用，故能有德而无不为。"（第三十八章注）明显地已将"无为而无不为"与人生修养问题和理想人格的本质、德性问题相联系，即已由哲学本体论进于

---

① 案：此句原文为："万物无不由为以治以成之也。"此处据楼宇烈校释：《王弼集校释》（上册）第91页改。

哲学人生论及人格美学。而在玄学人生论和人格美学领域，"无为而无不为"实已成为一种修养与道同一的"圣人"型理想人格的实践方法——艺术的、审美的或诗性的修养方法。《周易》"复卦"象辞"复其见天地之心"王弼注曰："复者，反本之谓也。天地以本为心者也……寂然至无则其本矣。故动息地中，乃天地之心见也。若其以有为心，则异类未获具存矣。"这是以"无"或"无为"为宇宙万物的本体。但正如李泽厚、刘纲纪先生所说："这里所说的'无'或'无为'……主要不是从宇宙的生成和自然的规律来讲的，而是从无限与有限的关系来讲的，并且是针对人生的意义价值问题讲的，目的是对人格理想做一种本体论的解释或建构，超越有限而达到无限——自由。"① 故王弼的《老子注》第三十八章注说："是以天地虽广，以无为心；圣王虽大，以虚为主。"乃将天地以"无"为本转换为理想的圣人人格之本；理想的"圣人"、"以无为心"的人格本体又被转换成为一个人格美实践的主体——"无心"。故王弼的《老子指略》中说：

> 故不攻其为也，使其无心于为也；不害其欲也，使其无心于欲也。谋之于未兆，为之于未始，如斯而已矣。

在这里，"无心"就是以"无"为心、以"道"为心、以"玄"为心、以"和"为心，即"自我"的自然化、艺术化、审美化。涤除一切世俗功利、是非乃至逻辑语言的尘滓，疏瀹五藏，澡雪精神，而造就一个空明虚灵、纯白独著、和谐宁静的审美灵境或内心世界。这个虚灵、纯净、和谐的灵境或内心世界，就美学本体或审美的鉴赏活动而言，它是理想人格的最高境界，即是目标、是结果；但就美学的实践论或审美的创造、人格美的修养而言，它同时也是起点和创造的主体精

---

① 李泽厚、刘纲纪主编：《中国美学史》第2卷，第109页。

神，即是通过艺术或审美的手段来修养理想的圣人人格的不可或缺的前提条件。因为正如宗白华先生所说："哲学彻悟的生活和审美生活，源头上是一致的。""静照在忘求（王羲之诗句）之静照，是一切艺术及审美生活的起点。"① 魏晋玄学人格美"无为而无不为"的实践方法正是以造就这一虚灵、纯净、和谐的审美主体为起点的。阮籍的《达庄论》以庄子为例，具体地描述玄学人格美实践论的审美主体说："夫别言者，坏道之变也；析辩者，毁德之端也；气分者，一身之疾也；二心者，一身之患者也。……庄周见其若此，故述道德之妙，叙无为之本，寓言以广之，假物以延之，聊以无为之心而逍遥于一世，岂将以希咸阳之门而与稷下争变哉！"意即玄学人格美实践论的审美主体是一个超越了是非、功利乃至逻辑语言之域的纯一不二之"心"或和谐灵境。而嵇康则同时称之为"无心"与"和心"。嵇康说：人格美的实践当先"立志"而"以无心守之"。（《家诫》）"无心"，亦即"和心"，即无是非、爱憎、彼此之"和心"，乃是一个"神气以纯白独著"、"和心足于内"的审美主体。"何以言之？夫气静神虚者，心不存乎矜尚；体亮心达者，情不系于所欲。"（《无私论》）譬如"琴瑟之体，间辽而音埤，变希而声清。……不虚心静听，则不尽清和之极，是以听静而心闲也"（《声无哀乐论》）。而魏晋时代的玄学名士和人格美思想家亦处处注重荡涤心神，洗尽尘滓，如阮籍"邻家妇有美色，当垆酤酒。……阮醉，便眠其妇侧……终无他意"。纯以一片虚灵、纯净、和谐之"心"虚怀应物。故魏晋玄学人格美思想修身安人则曰："若乃弱志虚心，旷神远致，徙倚乎不拔之根，浮游乎无垠之外，不自贵于物，而物宗焉。"（潘尼：《安身论》）则曰："心懔懔以怀霜"，"馨澄心以凝

---

① 宗白华：《论〈世说新语〉和晋人的美》（上），上海人民出版社1981年版，第208—230页。

思"，"课虚无以责有，叩寂寞而求音。"（陆机：《文赋》）论乐则曰："目送归鸿，手挥五弦，俯仰自得，游心太玄。"观山水则曰："方寸湛然，固以玄对山水。"（《世说新语》注引《庾亮碑文》）"唯当澄怀观道，卧以游之。"《世说新语·任诞》云：

> 王子猷尝暂寄人空宅住，便令种竹。或问："暂住何烦尔？"王啸咏良久，直指竹曰："何可一日无此君？"

> 王子猷居山阴，夜大雪，眠觉，开室，命酌酒，四望皎然。因起彷徨，咏左思《招隐诗》。忽忆戴安道，时戴在剡，即便夜乘小船就之。经宿方至，造门不前而返。人问其故，王曰："吾本乘兴而行，兴尽而返，何必见戴？"

> 王子猷出都，尚在渚下。旧闻桓子野善吹笛，而不相识。遇桓于岸上过，王在船中，客有识之者云："是桓子野。"王便令人与相闻，云："闻君善吹笛，试为我一奏。"桓时已贵显，素闻王名，即便回下车，踞胡床，为作三调。弄毕，便上车去。客主不交一言。

王子猷，字徽之，是东晋大书法家王羲之的儿子，他本人也是位书坛高手。[①] 王子猷的"种竹"、"乘兴而行，兴尽而返"，以及他与戴逵、桓伊"不交一言"的交往，乃和嵇康锻铁"不受直（值）"（《世说》注引《文士传》）、陶渊明的"好读书，不求甚解，每有会意，便欣然忘食"一样，看似有些古怪，但实则如冯友兰先生所云，说明这些魏晋玄学名士和人格美思想家们是"具有玄心的人"。而这种"玄心"又正是他们"风流的品格"的"本质的东西"；"在这个意义上，

---

① 王羲之、王徽之父子为当时书法世家，拙著《玄学趣味》中"书法的神韵"一章有论，可参看。

他正是个真正的艺术家。"①

　　魏晋玄学人格美实践论以"无为而无不为"的人格修养方式和途径，造就了一个以"无"为心、以"道"为心、以"玄"为心的虚灵、纯净、空明、和谐的灵府或内心世界，即确立了一个作为真正的艺术家的审美主体，再以这样一个虚灵、纯净、和谐的主体去应对外在世界，也就会将自然"人化"，使万事万物都成为其"情人眼中的西施"，与他发生同情感召，而他也因为具有这种内外无别、物我同等的感觉，而使自己融合进了一种天地万物浑然一体的更大的和谐、更高的美的境界之中，并达到了一种人格精神上的质的飞跃，感到一种超越感。王羲之说："在山阴道上行，如在镜中游。"其《兰亭诗》云："争先非吾事，静照在忘求。"又云："仰视碧天际，俯瞰渌水滨。……大哉造化工，万殊莫不均。群籁虽参差，适我无非新。"就是这种审美活动深化的表现。而从这个意义上讲，所谓以"无为"而达到的"无不为"，其内涵一是发现或赋予万物无不"物性自得"、"自足"，具有"自然美"的价值；二是发现并肯定审美主体之"无心"、"道心"、"玄心"、"和心"与外物所固有之"和"无不谐也、无不冥出，可以由此而汇合成"天地之醇和"、"宇宙之大和"，组成一支"充量和谐"的生命交响曲。（方东美《哲学三慧》语）故《庄子》向、郭注说："无为者，非拱默之谓也，直各任其自为则性命安矣。"（《在宥注》）"故冕旒垂目而付之天下，天下皆得其自为，斯乃无为而无不为也。"（《天道注》）又说："无为而无不为"，乃"华去而朴全，则虽为而非为也"。（《知北游注》）即是说万物各全其"无心"、"道心"、"玄心"与"和心"，如此，"则与天地无逆也"，"夫顺天所以应人也，故天和至而人和尽也"。（《天道注》）

---

　　① 冯友兰：《中国哲学简史》，第 201—203 页。

魏晋玄学人格美实践论造就了一个虚灵、纯净、和谐的审美主体，并发现从各种原本属于"末技细作"的艺术形式，到世间万事万物皆含道、自和，具有内在的美的价值，故魏晋时代被称为艺术"自觉的时代"。阮籍、嵇康说："夫乐者，天地之体，万物之性也，合其体，得其性则和……圣人之作乐也，将以顺天地之性，体万物之生也。"（《乐论》）"音声有自然之和"（《声无哀乐论》），"物有盛衰而此（音乐）无变；滋味有厌，而此无倦。可以导养神气，宣和情志，处穷独而不闷者，莫近于音声也"（《琴赋》）。曹丕、陆机、挚虞、李充以往，一直到南朝之钟嵘、刘勰皆云，文章"为不朽之盛事"（《典论·论文》），"伊兹文之为用，固众理之所因……涂无远而不弥，理无微而弗纶"（《文赋》）。"文章者，所以宣和上下之象，明人伦之叙，穷理尽性，以究万物之宜者也"（《文章流别论》）。"文之为德也大矣！与天地并生。""言之文也，天地之心哉！"（《文心雕龙·原道》）王羲之论书法云："详其真体正作，高强劲实，方圆穷金石之丽，纤粗尽凝脂之密。藏骨拒筋，含文包质。没没汩汩，若濛汜之落银钩；曤曤希希，状扶桑之挂朝日。"（《用笔赋》）宗炳、王微称山水绘画云："圣人含道应物，贤者澄怀味象。至于山水，质有而趣灵……夫圣人以神发道而贤者通；山水以形媚道而仁者乐。不亦几乎？"（《画山水序》）"夫言绘画者，竟求容势而已……本乎形者融灵而动者变心。止灵无见，故所托不动，目有所极，故所见不周。于是乎以一管之笔，拟太虚之体，以判躯之状，画寸眸之明……此画之情也。"（《叙画》）……此则世界虽大，万物无不有情性内充之美，万事无不具圆满自足之质，而魏晋时代乃如鲁迅、宗白华、李泽厚诸人所说，魏晋人"向内发现了自己的深情"，"向外发现了自然"，他们已由"人的觉醒"，"文的自觉"，而进入到一个艺术与审美的自觉时代。

魏晋玄学人格美实践论"无为而无不为"的人格美实践方法，以一颗艺术化、审美化的虚灵、纯净、和谐的"无心"、"道心"、"玄心"、"和心"，去应对、观照那个被"虚灵化"、"情致化"了（宗白华语）的外在世界。于是在玄远通明的苍穹中，一片内在的虚灵、纯净、和谐的世界与另一片外在的同样的虚灵、纯净、和谐的世界不期而遇了。这一遭遇并非离朱、喫诟的有意寻求，而是罔象掇玄珠，故二者冥然契合、水乳交融，汇合成那浑浑茫茫、不见际涯的天地交响——"天地之醇和"、"宇宙之太和"。而物我双方、主客二者亦由此而获得了更高的超越，融汇于更宏伟绝妙的天地交响——"天地之醇和"、"宇宙之大和"中去了，成了其中的一个音符、一缕情韵，一瓣馨香……嵇康在《琴赋》中说，这一天地之交响，"含至德之和平，诚可以感荡心志而发泄幽情矣"。"若和平者听之，则怡养悦愈，淑穆玄真，恬虚乐古，弃事遗身……同归殊途，或文或质。总中和以统物，咸日用而不失。"即是说，"无为而无不为"既是一种精神境界状态，也是一种人格的修养实践"工夫"、过程，二者是彼此统一的，"无为"可以达到对物我之生命根源的洞透、彻悟和把握，因而也就可以"无所不为"，实现玄学人格与道同一的最高人格美境界。魏晋人以这种人格美实践方法去从事人格美的实践，故处处皆能处于一种精神极其自由、解放之中，感到万事万物的"自为"、"自得"、"自足"之美，并在这种物我无间、主客一体的境界之中，物我、主客发生同情感召，使个体生活于艺术与美的世界里，成就一个艺术家或美的创造与欣赏者的艺术美的人格。德国哲学家康德、席勒、立普斯、卡西尔等人都曾指出，美感是一种自由的快感，自由乃是艺术本质、美的本质。在魏晋玄学人格美思想及其实践方法中，艺术的本质和美的本质，也正是被视为精神的解放与自由的。当一个虚灵、纯净、和谐的审美主体——"无心"、"道心"、"玄心"、"和心"，与另一个同样虚灵、纯净、和谐的外在世界——"自得"、"自足"、"自为"、"自和"的外物冥然会合，融汇成一部无限和谐的宇宙交响——"天地之和"、"自然之和"时，不仅主体和客体都是自由的、和谐的，而且作为宇宙交响的"天地之和"、"自然之和"，更是超越中的超越、自由中的自由。魏晋玄学名士和人格美思想家们或从事或并不直接从事某种具体的艺术美的创作，但正如扬雄所说："言，心声也；书，心画也。"魏晋时代那些真诚的玄学人格美思想家们，往往能以自己的一腔热血和整个生命去实践纯粹艺术和审美的人格，因而他们也就是真正伟大的艺术家和美学家！他们创作的作品或许并非那些普通的有字之诗、有形之画、有声之乐，但却是用热血和生命写就的真正的不朽之作，是一首首表现人格生命之美的诗、一幅幅表现人格生命之美的画、一曲曲表现人格生命之美的音乐！是真正至美至乐的人生！《世说新语·雅量》载："嵇中散临刑东市，神气不变。索琴而弹之，奏《广陵散》。曲终曰：'袁孝尼尝请学此散，吾靳固不与，《广陵散》于今绝矣'。"嵇康临刑之际，仍然如此从容、优雅、平和，他没有一丝的焦虑，没有一丝的惶恐，甚至也没有一丝的愤怒和怨恨，有的只是体静心闲和对《广陵散》这一千古绝唱、这一至美的"至乐"即将中绝的无限同情与惋惜……他索琴而弹，仿佛此刻他面对的并非死亡，并非身在引颈就戮的刑场，而是正在完成一件无与伦比的伟大的艺术作品，正在产生一个不朽的美的生命。而此情此景，难道不正是魏晋玄学艺术化、审美化人格的最优美的体现？魏晋时代那些真正的玄学人格美思想家们又难道不正是由此才得以超凡脱俗，实现其作为真正人生艺术家的人格和真正艺术的、审美的人生？！（诚然，我们生活于一个科学日益昌明的时代，我们不是宗教信徒，自然不怀有所谓成仙、成佛或成就实体的圣人的梦想，但就理想的人格美境界而言，难道还有哪路神仙的人生能比嵇康等真正的魏晋玄学人格美思想家们更超越、更永恒？难道还有哪种圣人的人格境界能比嵇康等真正的魏晋玄学人格美思想家们更和谐、更美丽？）南朝刘宋时刘义庆撰《世说新语》一书及梁朝刘孝标所作的注，其中多载有魏晋玄学名士和思想家们艺术化、审美化人格实践之生活，今乃略引数例于下，以俟读者诸君赏之：

支公好鹤，住剡东岇山。有人遗其双鹤，少时翅长欲飞。支意惜之，乃铩其翮。鹤轩翥不复能飞，乃反顾翅垂头，视之如有懊丧意。林曰："既有凌霄之姿，何肯为人作耳目近玩？"养令翮成，置使飞去。（《言语》）

王子敬云："从山阴道上行，山川自相映发，使人应接不暇，若秋冬之际，尤难为怀。"（同上）

阮遥集好屐，并恒自经营……或有诣阮，见自吹火蜡屐……神色闲畅。（《雅量》）

谢太傅盘桓东山时，与孙兴公诸人泛海戏。风起浪涌，孙、王诸人色并遽，便唱使还。太傅神情方王，吟啸不言。舟人以公貌闲意说，犹去不止。（同上）

（桓）温平蜀，以李势女为妾，（妻）郡主凶妒，不即知之。后知，乃拔刃往李所，因欲斫之。见李在窗梳头，姿貌端丽，徐徐结发，敛手向主，神色闲正，辞甚凄惋。主于是掷刀前抱之曰："阿子，我见汝亦怜，何况老奴。"遂善之。（《贤媛》刘注引《妒记》）

魏晋玄学人格美思想以这种"无为而无不为"的人格美实践方法，修养个体艺术化、审美化的人格，玄学人格美思想家们相信，达到了这种艺术化、审美化人格，个体已完全消除了与外物的一切差异，融入了作为宇宙交响的"天地之醇和"、"自然之和"中去了，亦即实现了"圣人"与道同一、"天地万物吾一体"的最高人格美境界。在这样的一种人格美境界里，个体原先所感到的性情的矛盾、生死的惶惑、名教与自然的冲突、理想与现实的紧张以及个体与社会、出处与仕隐等种种的隔膜和龃龉，都仿佛是一场春夜的风雨，清晨时早已悄然无迹，留下的只有朝日初升，和风煦煦，鸟语花香，一片清新、和谐与生机……具有此种人格美的境界，个体早已成为一位纯粹的人生艺术家、美的创造者和欣赏者。他的眼中只有美，他的耳中只有和谐的乐曲，他的心中只有审美的愉悦；美的精灵充满了他的整个身心，他就生活于这一美丽的梦里。他自然"无为"，但却"无所不为"，因为艺术本来就是如此，美的创造与欣赏本来就是如此。陶渊明《饮酒》诗其六描绘其艺术化、审美化的人生云：

> 结庐在人境，而无车马喧。问君何能尔？心远地自偏。采菊东篱下，悠然见南山。山气日夕佳，飞鸟相与还。此中有真意，欲辨已忘言。

魏晋玄学人格美这种"无为无不为"的艺术化、审美化的人格美实践方法，魏晋人多自名其为"简约"、"简易"，冯友兰先生曾称之为"魏晋风流"，现代学术界有人认为它源自先秦儒、道追求和谐的文化传统，有人则认为它实同于宋明理学家寻求的"孔颜乐处"……这些说法，是而又不是，玄学人格美思想确实处处注重"简约"、"简易"，论乐则曰"乾坤易简，故雅乐不烦"；清谈则"约言析理"，"辞约而理举"；论文则曰"清通简要"，"故无取乎冗长"；政教则曰："约以存博，简以济众。"[1] 但"简约"、"简易"并未超出形名之域，主要在于以"一多"、"繁简"等逻辑范畴说明实际生活中"以少总多"、"以一御万"之术，尚未完全提升到美学特别是人格美学的高度，亦不足以概括玄学人格美思想纯艺术、纯审美的与道同一的人格美境界。而

---

① 王弼：《周易略例·明象》。

"魏晋风流"固然指出了魏晋玄学人格美中包含的"超越感"、"自由自在的意味"、"文雅"等本质的东西，但它将"故达"的作风也包括在内，则把"美"降到了"善"之下，等同于"真"的位置。就先秦儒道追求和谐的文化传统而言，先秦儒道两家的文化虽都以追求天人的和谐为目标，以实现天人合一为人生之"至乐"，但儒家乐教的"中和"之质，本出于政治与道德的教化需要，它的内容是生理的欲动，融入于道德理性之中，生理与道德，在人的现实生活中，已得到彻底的和谐统一与充实。即它并不是"无为而无不为"，而实是"无不为而无为"的，即是通过"有为"而达到无可名状的和谐与"无为"的境界。先秦道家则相反，道家老、庄（特别是庄子）的"美的、艺术的精神"虽也是追求和谐、统一的，但道家讲"无为而无不为"除了社会政治的"君人南面之术"一层意思以外，作为艺术的、审美的"成和之修"（《德充符》）的人格美实践方法，实际只是一味地叫人减负，是"损之又损"，直到最后黜聪明、遗耳目、堕肢体，"德至同于初"的"负方法"。魏晋玄学人格美思想家常常讲"老庄未免于有"，其道理正在于此。现代新儒家多视玄学为先秦道家的复兴或新道家，其道理也正在于此。但魏晋玄学人格美"无为而无不为"的艺术化、审美化的人格美实践方法，则实与之不同，它虽继承了儒家"无不为而无为"（"有为"）的传统，肯定了外在事物的道德理性价值，也继承了道家"损之又损"、"无为"、"坐忘"的传统，但同时又是对二者的统一与超越。它以"无为"、"损之又损"、"坐忘"、"心斋"的方法而造就一个虚灵、纯净、和谐的审美主体，这一点正是吸取了先秦道家艺术精神的"负方法"；但它却并非完全由此走向道家的遗耳目、堕肢体，身如枯枝，心如死灰，而是"在有意无意之间"走向了儒家对外在事物审美价值的肯定。因此，它实是对先秦儒道"有为"、"无为"哲学思想的"否定之否定"，是真正的"自然"之境。唐司空图著《诗品二十四则》有"自然"一格，殆有助于体味魏晋玄学人格美思想所达到人格美之至境，今姑录于下，以为本节之结语云。其词曰：

> 俯拾即是，不取诸邻。俱道适往，著手成春。如逢花开，如瞻岁新。真予不夺，强得易贫。幽人空山，过水采蘋。薄言情晤，悠悠天钧。

五、顿悟成圣（佛）

魏晋玄学人格美实践"无为而无不为"的命题已经提出了艺术地、审美地解决个体在人格美实践中"由外向内收"、由名言之域（包括认知领域和道德领域）进至超名言的审美之域、智慧之域后遇到的各种人格美学问题，并展示了在这一领域中个体人格美实践达到的和谐——自由的最高人格美境界。但是，很显然，包括魏晋玄学人格美实践论在内的中国本土哲学对人类由认知、道德到审美领域中存在的"转识成智"、由名言领域到超名言领域的飞跃，并没有自觉而深刻的认识，更缺乏系统而深入的探究，而只是一种直觉和猜测。对成就理想的"圣人"人格的具体过程进行较为系统深入的理论探讨，这在中国哲学史上，是在魏晋玄学思想发展到东晋逐渐与佛学合流的时期，才由玄学人格美实践论借助佛教哲学的话语形式真正开始。这种佛学化的玄学人格美实践论认为，玄学人格美"得意忘言"、"应物而无累于物"、"无为而无不为"等实践方法论命题所揭示的人格修养过程中由名言之域（包括认知领域和道德领域）到超名言的审美之域发展演变，实际上是一个由"渐修"到"顿悟"的过程。在人格美实践的最后阶段或审美之域必须要借助某种类似现代西方荣格心理学所说的高峰体验，才能彻底地洞透本体，真正地与道同一，在悟理的同时证体——"顿悟成圣（佛）"。

众所周知，成就"与天地合其德"的圣人人格，自先秦以来就一直是中国士人及思想界的最高人格理想，所以尽管先秦儒家的人格理想偏重于道德的"至善"（《大学》）、"至足"（《荀子·解蔽》），而道家的人格理想侧重于"精神上下四达并流"的自由与解放，但儒道两家的所谓"成人之道"，实已包含着对成就理想的"圣人"人格之方法、途径与过程的探讨。即所谓"成人之道"的探讨。如果说孔子的"志于道，据于德，依于仁，游于艺"（《论语·述而》），"若臧武仲之知，公绰之不欲，卞庄子之勇，冉求之艺，文之以礼乐"之类的说法，反映了孔子对成就理想人格方法的直观体察的话，那么孔子以自己为例勾勒的个体人格发展的历程——"吾十有五而志于学，三十而立，四十而不惑，五十而知天命，六十而耳顺，七十而从心所欲，不逾矩。"（《为政》）——则无疑可视为其对"成人之道"的反省性思考。孔子之外，先秦儒家孟子提出了"养气"（《公孙丑》），"苦其心志"、"动心忍性"，与"求其放心"（《告子上、下》）的内修方法，荀子以"积学"、"解蔽"、"乐教"等侧重于外在"化性起伪"的"修为"思路为"成人之道"，而《大学》、《中庸》则提出了以三纲八目、"思诚"和"博学、审问、慎思、明辨、笃行"等为内容的"道问学"及"成己"、"成物"之道。至西汉中期，随着董仲舒罢黜百家、独尊儒术之策的被采纳，儒学取得了作为官方意识形态的正统地位。在"成人之道"上，以董仲舒为代表的正统儒学试图折中孟子侧重"动心忍性"的内修方法与荀子侧重外在礼法作用的"外修"方法而"扬弃二者之蔽"，他说："人之所继天而成于外"（《春秋繁露·深察名号》），"止之内谓之天，止之外谓之王教。王教在性外，而性不得不遂"（《春秋繁露·实性》）。故本章第一节云，从根本上讲，以董仲舒为代表的两汉正统儒学由于已将"圣人"外在化和实体化（即人格化），并过分强调其"性三品"说,实际已取消了"凡人"通过任何形式的"修为"而达到超凡入圣的可能。

与儒道通过"正方法"、侧重于道德人格培养的"成人之道"不尽相同,先秦以来道家所提出的成就理想人格的方式和途径,既是一般称为"负方法"的"损"、"忘",而在人格修养的历程或程式上,也似乎更突出了人格美完成时的审美式飞跃——即某种"顿悟"的意义。我们前面多次引用过《老子》中的几句话:"为学日益,为道日损,损之又损,以至于无为。无为而无不为",这可以看作是道家"负的方法"的精练概括。不过,道家讲的"无为而无不为"的"为道"方法其中也并非澄有涉及"为道"而成就理想人格的程序和步骤。冯友兰在《新原道》中曾说:"在《庄子》书中,有数次讲'为道'的程序,亦即是'为道'的进步的阶段。"①《庄子·大宗师》说:"南伯子葵曰:'道可得学耶?'曰:'恶,恶可。子非其人也。夫卜梁倚有圣人之才而无圣人之道,我有圣人之道而无圣人之才。欲以教之,庶几其果为圣人乎?不然,以圣人之道,告以圣人之才,亦易矣。吾犹守而告之,三日,而后能外天下。已外天下矣,吾又守之七日,而后能外物。已外物矣,吾又守之九日,而后能外生。已外生矣,而后能朝彻。朝彻而后能见独。见独而后能无古今,无古今而后能入于不死不生。杀生者不死,生生者不生。其为物,无不将也,无不迎也,无不毁也,无不成也……"这里,庄子以女偶之口所谓三日"能外天下",七日"能外物",九日"能外生"之类,实即是在说明"得道成圣(至人、神人、真人)"的步骤和程序。这些步骤和程序又被庄子接着表述为一个由"忘"直到"坐忘"的历程。《庄子·大宗师》又借颜回与孔子之对话说:"颜回曰:'回益矣'。仲尼曰:'何谓也?'曰:'回忘仁义矣。'

---

① 冯友兰:《贞元六书》(下册),第 760 页。

'可矣，犹未也'。他日复见，曰：'回益矣。'曰：'何谓也？'曰：'回益矣。'回忘礼乐矣。'曰：'可矣，犹未也。'他日复见，曰：'回益矣。'曰：'何谓也？'曰：'回坐忘也。'仲尼蹴然曰：'何谓坐忘？'颜回曰：'堕肢体，黜聪明，离形去知，同于大通，是谓坐忘'。""坐忘"、"心斋"，作为一种人格精神的境界，固然是一个很难实现的人格美修养顶点，但它"同于大通"、"无不将也，无不迎也"，则无疑包含着"修为"过程中的某种质的飞跃。故《庄子·达生》篇说"纪渻子为王养斗鸡"，四十日而后"望之似木鸡，其德全矣"；而"梓庆削木为镰"，斋三、五、七日之后，则也能"以天台天"。

自先秦以来，中国哲学的儒道两家均非常重视对培养理想的"圣人"人格的"成人之道"的探讨，而且如前所言，由于先秦儒道两家分别将"圣人"道德境界化和审美境界化了，所以中国儒道两家哲学基本上是承认"凡人"在达到"圣人"人格境界面前的平等性和可能性的。但是，从总体上看，先秦以来的儒道哲学既不轻易以"圣"（神）许人，其称之为"成人之道"的人格美修养历程又主要是侧重于强调人格"修为"过程的长期性和艰苦性的。这种人格美实践论的观点虽并未完全忽视个体人格修养过程中存在的质的飞跃，但它不仅未如后来佛道宗教哲学那样明确许人以成仙、成佛的目标，更没有自觉地对人格"修为"过程进行"渐修"和"顿悟"的深入理论分析与区别，而带有极大的直觉经验性和模糊性。

魏晋玄学人格美思想由汉末的政治清议和人物品鉴演化而至抽象之玄理讨论。但是魏晋玄学讨论才性玄理的目的，乃在于把握、体认玄学的最高本体——"道"、"玄"、"无"、"元一"等等，而把握、体认玄学的最高本体的目的，又是为了要实现"圣人"与道同一即体认到作为宇宙大全的玄学本体"道"、"玄"、"无"、"元一"等等，并最终达到与之浑然一体的人格美境界。因此，魏晋玄学人格美思想在注重探求玄学人格的审美本体的同时，必然会进至人格美实践论的领域；而在玄学人格美实践论讨论"得意忘言"、"应物而无累于物"、"无为而无不为"等玄学人格美实践方法论命题的同时，又必然会直觉到培养玄学理想人格历程中"渐修"还是"顿悟"的问题。

魏晋玄学人格美实践论对于成就理想的"圣人"人格的过程是"渐修"或是"顿悟"的问题的探讨，大致可以两晋之际佛教哲学兴起并与玄学合流为界线，分为前后两个阶段。前一阶段，魏晋玄学人格美思想只是在玄学思辨哲学的范围内解决如何实现理想的"圣人"人格的问题。因此玄学人格实践论不仅未能直接提出"顿悟成圣（佛）"的命题，而且在讨论"得意忘言"、"应物而无累于物"、"无为而无不为"等玄学人格美实践论一般原则到具体实践方法论命题时，也只是直觉地涉及并间接讨论了是"渐修"还是"顿悟"的问题。后一阶段，玄学人格美实践论由于受佛教哲学"成佛"理想的启示并趋于玄佛合流，这才吸取了佛学思想的理论成果，而直接从理论上展开关于"渐修"还是由"顿悟成圣（佛）"的问题的讨论，并最终以宗教哲学的话语形式统一了中国哲学自先秦以来儒道两家思想中原有的"渐修"和"顿悟"两种倾向，将其系统化和理论化，在中国哲学史上是首次提出了"顿悟成圣（佛）"的思想命题。玄学人格美实践论"顿悟成圣（佛）"命题的基本特点，是将中国哲学人格"修为"论中并未自觉区分"顿"、"渐"且偏重于积学、渐修的理想人格的"修为"方法，改造成为自觉追求"渐、顿"统一，且更重人格美实践过程由渐到顿的飞跃，即更重"顿悟成圣（佛）"的人格美实践方法。而如果从真、善、美或知识论、伦理学、美学三者的关系来看，魏晋玄学人格美"顿悟成圣（佛）"命题的提出，实际上更明确地说明了玄学理想人格的修养活动，既非纯粹追求逻辑真理的知识论，也非属单纯道德价值的伦理学所能范围，而已是虽以知识论和伦理学为基础，但已超越了单纯的真善领域而进入到美学领域的真、善、美统一，是人格的审美或美的人格的创造活动。在真、善、美或知识论、伦理学与美学三者之间，三者既是相互统一的，又是互有层次、相互递进的。知识论领域的"真"给人名言的"真理"，揭示客观事物的外在联系；伦理学领域的"善"给人以道德的价值，规范人在社会生活中的人伦关系；而美学领域的美，则给人以精神的自由与解放，赋予人以不离世间而又超世间的内在超越感。而正是从这个意义上讲，我们说魏晋玄学提出"顿悟成圣（佛）"的理想人格的修养方法，既不同于一般宗教的"赎罪"或"解脱"之道，也非一般哲学以某种知识论的途径追求社会理想与道德人格的方式，而是一种人格的审美过程与超越；魏晋玄学理想人格培养方法，已在逻辑知识论和道德伦理学的基础上，提升到了美学的高度，成为玄学人格美的实践方法论。

在魏晋玄学人格美讨论"渐修"或"顿悟"成圣命题的前一阶段，玄学人格美思想家着重讨论的是关于玄学本体的有无、本末问题，以及关于如何把握本体、实行性与情、形与神、名教与自然、人我及群己关系和谐统一的具体原则、方法。但是，由于魏晋玄学所要把握的最高本体道、玄、无、元一等，乃是宇宙的全体大用，原本是无形无名、广大无边而又浑不可分的。魏晋玄学人格美思想要通过"体道"、"得意"达到物我"无不冥"、与道同一的人格美理想境界，就不可能不在整个人格审美实践中整体地把握本体；并在探讨实现玄学人格美理想境界的方式、方法和途径时，不能不接触到由"渐"到"顿"的实践过程，正始玄学的代表何晏、王弼，竹林玄学的代表阮籍、嵇康，元康玄学《庄子注》的作者向秀、郭象等，实际都已间接地阐述了由渐修到顿悟的人格美实践历程。如正始玄学时期王弼提出了玄学"得意忘言"这一最重要的思想方法和普遍原则，但王弼在论证这一重要的玄学思想方法和一般原则时，实际上就是把道的认识分为形上与形下，或者说形名、名言领域与超形名、道或玄两个领域加以考察的。即稍后刘勰在其名著《文心雕龙》中所说："夫形而上者谓之道，形而下者谓之器。神道难摹，精言不能追其极；形器易写，壮辞可得喻其真。"（《夸饰》）在王弼那里，名言、形名之域本属于哲学知识论、伦理学的范围。在此论域，虽然"名也者，定彼者也；称也者，从谓者也"，"名号生乎形状，称谓出乎涉求"；"故名号则大失其旨，称谓则未尽其极"。但"夫不能辩名，则不可与言理，不能定名，则不可与论实也"。即在知识论和伦理学的领域并不能绝对地拒斥言、象，或"欲不仁"、"欲不强"，而只能求言象简约、"少私寡欲"，以期逐渐地接近于无形无名的玄学最高本体。故王弼说："夫圣智，才之杰也；仁义，行之大者也"（以上见《老子指略》）。而就玄学人格美造就理想人格、自由人格与美的人格的实践过程而言，这也就是一种"渐修"的方式。在超名言、超形象的领域或道、玄、无的领域，则已非纯知识论或伦理学所能范围，而进至于美学之域。这里追求的是对无形无名的终极之道的体认、把握、洞透乃至同一，王弼认为这一目标非逻辑思维所能达到。所谓："可道之道，可名之名，指事造形，非其常也。"（《老子注》第一章）（道）"混成无形，不可得而定，故曰'不知其名'也。"（《老子注》第二十五章）即是这个意思。故王弼提出了"得意忘言"的命题，而魏晋玄学思潮中"言（象）不尽意"之说极为盛行。前文曾经指出，玄学"得意忘言"的思想方法，实际是将魏晋玄学由形式逻辑的名实之辩，提升到了美学领域的审美体验，由知识论进到了美学。因为"得意"之"意"既是不可以形名分析的大象、大形，"忘言"、"忘象"也必非条分缕析地"忘"，而是倏忽之间的"忽忘"。这就说明王弼在深入揭示事物的本质与现象间的体用、本末关系的同时，已在某种意义上猜测到了玄学人格美实践把握、体认本体的过程中，必然存在着一个彻底抛弃一切凭借或工具的时刻，即存在一个舍筏登岸式的跳跃或飞跃。故王弼在《论语释疑》中说："《易》以几、神为教"，强调具有顿悟性质的"神"、"悟"的作用。

阮籍、嵇康在"言意之辩"上均有"言不尽意"的倾向，并十分强调"至人"同于"天地大和"的最高人格美境界，是对逻辑知识论领域与道德伦理学领域的超越，因而也在一定程度上涉及玄学人格美实践中的顿、渐关系问题。阮籍在《乐论》中曾说："夫乐者，天地之体，万物之性也"；"圣人之乐，和而已矣"。"至乐使人无欲，心平气定"，"万物得所，音声不哗，漠然未兆"。即使人产生人格修养上达到"至人"人格的飞跃，进入到与天地万物同一的"天地境界"。但是，阮籍同时又认为一般人由音乐而获得的这种飞跃而并非一蹴而就的，而是要经过一个"导之以善，绥之以和，守之以衷，持之以久"，"日迁善成化而不自知"的过程（《乐论》）。这就实际上已间接讨论了"渐修"和"顿悟"之间的关系，并已倾向把"顿悟"作为最终的人格美实践目标。嵇康在本末、言意关系上主张"音声有自然之和"、"言非自然一定之物"、"因事与名，物有其号"。（《声无哀乐论》）又说："明胆异气"，神仙"非积学所致"。过去学者们大多认为这是由于嵇康以"心之与声，明为二物"而表现出的"心声二元论"倾向，[①] 又认为这反映出他不懂得音乐作为艺术和美的对象，"不仅仅是自然物和人的自然相一致，而且有人的社会本质对象化在上面"[②]。实际上，如能对嵇康所谓"音声（音、声）"、"乐"、"心"诸概念的细微差别进行认真比较，并从玄学人格美实践方法论的角度加以考察，则似可以说嵇康既非所谓"心声二元论"者，也非不懂得音乐作为艺术和美的对象包含有人的社会本质在其中，而只是为了对人的认知对象和认识过程、

① 侯外庐等：《中国思想通史》第3卷，人民出版社1957年版，第170页。
② 冯契：《中国古代哲学的逻辑发展》（中册），第513页。

方式进行深入区分，似已直觉到认知和审美的区别所在：一类是逻辑知识论的"真"与道德伦理学领域的"善"；另一类则是超认知和超道德价值领域的"美"。前者如"言意之辩"中的言（象）、道德情感之域的哀乐、好恶等，在音乐中这类对象就是"以心为主"而不舍"自然之和"、"天地之醇和"或"太和"的通常所谓音乐——"乐"（读月）；后者则是"言意之辩"中所谓"意"、道德价值领域的"善"本身（"至善"）——玄学家称为"自然之性"、"自然之真"等等，在音乐中嵇康称之为"以自然为体"、含"自然之和"的"音声（音、声）"。它们实则就是玄学的本体"道"的体现。对于前一类对象，嵇康认为虽然它们也可以具有某种和谐的形式（"声音虽有猛静，各有一和"），但毕竟不含有"自然之和"，所以可以采用有形有名的逻辑方法或道德方式达到或把握。嵇康之所以既主张"声无哀乐"、"越名教而任自然"、"神仙非积学所致"等等，但同时又说"寿夭之来，生于用身；性命之遂，得于善求"（《难宅无吉凶摄生论》）。并承认通常那种"正言"（或苦言）与"和声"的结合体——音乐，可以久习不变，移风易俗，道理也正在于此。而从玄学人格美实践论的角度来说，嵇康这实际上是肯定了在知识论和伦理学的层次通过"渐修"可以达到真与善的人格。故嵇康在《声无哀乐论》中说：

> 丝竹与俎豆并存，羽毛与揖让俱用，正言与和声同发。使将听是声也，必闻此言；将观是容也，必崇此礼。……于是言语之节，声音之度，揖让之仪，动止之数，进退相须，共为一体。……少而习之，长而不怠，心安志固，从善日迁，然后临之以敬，持之以久而不变，然后化成。

对于后一类超名象、超道德的对象，嵇康认为在这一领域所要把握的乃是浑然无际的"道"本体——"自然之和"（理）、"天地之醇和"、"太和"，即"美"本身，如"有自然之和"的"音声"，它"犹臭味在于天地之间。其善与不善虽遭遇浊乱，其体自若而无变也"。因此，如前文我们分析过的那样，嵇康认为对于这一玄学本体和美学本体，必然要用超名言、超道德的途径加以把握，它的步骤和程序也只能是一种近似于"顿悟"的审美的洞透。嵇康提出"越名教而任自然"、"越名任心"等著名命题，并说："君子之行贤也，不察于有度而后行也；任心无邪，不议于善而后正也；显情无措，不论于是而后为也。是故傲然忘贤，而贤与度会，忽然任心，而心与善遇，傥然无措，而事与是俱也。"（《释私论》）所说的这种自由人格的境界，实际就是在人格的审美活动中一旦豁然贯通，精神上下四达，无所挂碍的飞跃，即玄学人格美实践中的"顿悟成圣（佛）"人格审美体验。

阮籍、嵇康之后，向秀、郭象以《庄子注》为代表的玄学思想将理想等同于现实，同时又以"物各有性，性各有极"，圣人之性与凡人之性具有绝对不同通约性，而实际上取消了凡人"超凡入圣"的可能。因此，从根本上讲，《庄子注》中并不存在理想人格的培养（"修为"）问题，更无从谈及"渐修"与"顿悟"的关系问题。但正如在本章第二节中我们曾经指出的，《庄子注》虽然认为圣人不可学，否认普通人有超凡入圣之可能，但却依《庄子》一书的原意，将"圣人"之理想人格境界的全幅展现，划分为三个层次或三个具体步骤。第一步或第一个层次为忘物我、彼此之是非；第二步或第二个层次为忘物我、彼此之分别；第三步或第三个层次为物我、彼此、能所皆忘，达到"天地万物本吾一体"、与道同一的境界。（《庄子·齐物论注》）从某种意义上讲，也可以看成是《庄子注》的作者对达到"圣人"最高人格境界由"渐"到"顿"阶段的认识，说明《庄子注》的作者认为，即使是"圣人"，亦只有当其实现了物我、彼此、能所皆忘之后，才能全幅展现其与道同一的人格的整全之美。——这实已包含了某种"顿悟"说的意味。稍后张湛的《列子注》以"闻林类（生死）之言"为"未尽"，大谈"夫尽者，无所不尽，亦无所尽，然后尽理都全耳"（《列子·天瑞注》）。"唯豁然之无不干圣虑耳，涉于有分，神明所照，不以远近为差也。"（《仲尼注》）正是对《庄子注》所说"圣人"实现物我、彼此、能所皆忘之"顿悟成圣（佛）"境界之详细情形的具体发挥。

在魏晋玄学人格美思想讨论成就理想的"圣人"是靠渐修还是凭顿悟问题的第二阶段，主要是在魏晋玄学化的佛学或玄佛合流的宗教哲学中进行。根据中古佛教史料的记载及汤用彤先生的研究成果，魏晋佛学关于经过"顿悟"还是"渐修"才能"成圣（佛）"问题的讨论，始于两晋之际的释道安、支遁等人。但支、安等人以及东晋慧远、僧肇乃"小顿悟义"；至晋宋之际竺道生、谢灵运所倡方力"大顿悟义"。支、安之前，虽然佛教通过"格义"的方法"以经中事数拟配外书"（《高僧传·竺法雅传》）已将"佛"、"法相"玄学本体化、境界化，因而在一定程度上涉及"得意"、"体道"的方法问题，但由于其时佛教与玄学一致，亦重在本体论的探讨，故这种讨论尚只是间接的。僧肇所谓"六家七宗"，"情尚于无多，触言以宾无"（《不真空论》）即指此而言。两晋之际随着佛教玄学化程度加深，佛学在以玄学之"道"为"佛"这一观点上已取得了广泛的一致。玄、佛二者的融合已由外在形式（即名词、概念）方面，而进入了内在原理的层次，故佛教自身也由洞透本体的般若学（智慧之学）开始向追求超脱生死的涅槃之学的转化，并开始寻求二者的结合。而佛学此时方将重心转向探讨成就佛之理想人格的步骤与程序问题。"顿渐之辩"遂以之起。而玄学亦因此而步入了佛学化的时代，并开始趋于终结。

释道安、支遁、释慧远、僧肇等人是佛教超凡入圣、得道成佛"小顿悟义"的倡导者。根据南齐刘虬《无量义经序》和慧达《肇论疏》的记载，所谓"小顿悟义"是依照佛经中分菩萨进德修业的过程为由初欢喜地至十法云地之"十地"（又译"十住"）的概念而提出的。它认为菩萨学满究竟，得大法身的整个过程虽可分为十个具体阶段或步骤，但只有第七住"远行地"以后的八地、九地、十地，方为"圣境"，而第七住乃隔凡入圣的门槛。菩萨住此，初得无生法忍，远过一切世间及二乘出世间道，超越尘劳；具足道慧，普能具足一切道品；住寂双起，有无并观。① 由此，类似玄学论"得意忘言"时所分之的言象、道德（伦理）之域与超言象、审美之域的"小顿悟义"，亦将菩萨修行的十个具体步骤或阶段分为"渐修"与"顿悟"两种不同性质的"修为"方式与程序。在六住以下每"地"之间所见所闻及所觉解皆不尽相同，而"地"与"地"之间每进升一步亦须积功累德。损之又损，故称"渐修"；至第七住，则得摩诃般若，神慧具足知一切，寂用双起，有无并观，故称"顿悟"。《世说新语·文学》"王逸少作会稽"条刘注引《支法师传》说："（支遁）法师研十地，则知顿悟于七住；寻庄周，则辨圣人之逍遥。当时名胜，咸味其音旨。"慧达的《肇论疏》云："第二小顿悟者，支道林师云，七住始见无生。弥天释道安师云，大乘初无漏慧，称摩诃般若，即是七地。远师云，二乘未得无生（"生"原作"有"，据汤用彤说改，下引此文改字同据汤说者不另出注），始于七地，方能得也。瑶法师云，三界诸结，七地初得无生，一时顿断，为菩萨见谛也。肇法师亦同小顿悟义：六地以还，有无不并，无二之理，心未全一，故未悟理也。若七地以上，有无双涉，始名理悟。"这说明由支遁、道安、慧远等人提出的佛教"小顿悟义"，实际和玄学"得意忘言"等思想方法有类似之处，亦是将对本体的体认过

---

① 参见汤用彤：《汉魏两晋南北朝佛教史》（下册），中华书局1983年版，第467页。

程划分为名象、道德实践领域和超名言、审美之域两大阶段的。"六住"以下，可忘是非及彼此之分别，至"七住"始能豁然开朗，物我、彼此、能所、主客都忘，洞透本体，达到圣人（佛）与道同一的最高人格美境界。不同之处在于，玄学人格美实践论划分名言之域与超名言之域，旨趣本在体认洞达本体；而佛教的顿渐之别。虽则"出于体用之辨"①，但已兼及"成圣"或人格美的完成问题；玄学尚未有顿渐之别的自觉，故只为间接讨论"顿渐"命题，佛教极重转识成智，圆照一切，故能直接提出"顿悟成佛（圣）"的命题，并率先予以深入的探讨。释道安的《十法句义经序》云：

> 人亦有言曰：圣人也者，人情之积也。圣由积靡，炉锤之间，恶可已乎？经之大倒，皆异说同行。异说者，明夫一行之归致。同行者，其要不可相无，则行必俱行；全其归致，则同处而不新。不新故顿至而不惑。俱行故丛萃而不迷也。所谓知异知同，是乃大通，既同既异，是谓大备也。

当然，佛教"小顿悟义"直接提出"顿悟成圣（佛）"命题，并给予较为深入的讨论，这也只是相对于玄学人格美实践论"得意忘言"等命题而言的。事实上，由于佛教"小顿悟义"主要依般若学立义，其追求的最高佛教境界乃得摩诃般若，即转识成智之大智慧，而尚非证成圣体，即超脱生死而入无余涅槃，故不仅其所谓"顿悟成圣（佛）"乃重在认识之觉解，而非圣（佛）人格之完成。且其认为"七住"顿悟之后，"究竟证体，仍须进修三位"，则实仍以"证体与真慧为二"，尚未真正尽"顿悟成圣（佛）"命题之义蕴，② 即尚未能如后来理学家

---

① 汤用彤：《汉魏两晋南北朝佛教史》（下册），第467—469页。
② 汤用彤：《汉魏两晋南北朝佛教史》（下册），第466—470页。

那样，认识到工夫与本体不二，顿悟本体，得大智慧，同时即是成就法身（圣人人格）而证体。支遁的《大小品对比要钞序》云："神悟迟速，莫不缘分。分暗则功重，言积而后悟。"刘虬的《无量义经序》云："支公之论无生，以七住为道慧阴足，十住则群方与能。在迹斯异，语照则一。安公之辩异观，三乘者始箦之日称，定慧者终成之实录。"即指出了这一点。而魏晋时期之佛学亦由此一转，由般若学转向涅槃学，由"顿悟"而转求与"成圣（佛）"相结合，佛教"大顿悟义"应运而生。

佛教"大顿悟义"在晋宋之际由佛界之王弼——"孤明独发"的佛学思想大师竺道生首倡，谢灵运等述之。慧达的《肇论疏》云：

> 第一竺道生法师大顿悟云：夫称顿者，明理不可分，悟语极照。以不二之悟，符不分之理。理智恚释，谓之顿悟。见解名悟，闻解名信。信解非真，悟发信谢。理数自然，如果熟自零。悟不自生，必借信渐。用信伏（"伏"原作"伪"）惑，悟以断结。悟境停照，信成万品，故十地四果，盖是圣人提理令近，使行者自强不息。

这是说，竺道生"大顿悟义"的基本内容，是认为真理如玄学的本体道一样，是不可分的，因此，它是纯审美的对象而非认知所能把握，而在审美活动中，一旦豁然开朗，就能达到整体的把握，不再存在分解的认识。这种彻底的体验，是认识活动终止，是一种超越和"顿悟"；就成就圣（佛）之理想人格而言，则是见性成佛、一步登极。而反观此前之过程、阶段，行虽有渐，俱是权教，为圣人教化众生的方便之门。

与道安、支遁等人所倡"小顿悟义"相比，竺道生首倡之"大顿悟义"之不同处殆有二端：其一，竺道生的"大顿悟义"虽亦将人类认识终极真理或修为圣人人格之整个实践过程分为"信解"（渐修）与"悟发（顿悟）"或名言之域与超名言之域两个大的阶段或步骤，即是不废渐修、渐顿并重的，但它对于终极真理或超名言之圣（佛）境的认识却不尽相同。殆"小顿悟义"之终极真理或超圣（佛）智（佛）境尚有八、九、十三位，可分为若干阶级与方面，如此，则实际上整个认识过程皆为名言之境，而只有"渐修"一种方式，而"大顿悟义"则认为终极真理本如道之浑然无形无名者，实不可分割，在"顿悟"阶段全为超名象之审美境界，故圣（佛）智、圣（佛）境圆满全济，无有差别。所谓"所以寂者，未可得而分也……若至理可分，斯非至极也。可分则有亏，斯成则有散。所谓为法身者，绝成亏，遗合散"①，即此义也。故竺道生说："佛为一极，表一而出也。理苟有三，圣亦可为三而出。但理中无三，唯妙一而已。"（《法华疏》）其二，支、安等人倡"小顿悟义"依般若学立义，本侧重智慧，原不为证体而成佛（圣），故尚未解证体与悟理不二；竺道生之学本于罗什般若一系而转向新兴之涅槃学。故其"大顿悟义"乃求般若与涅槃之结合，体用一如，以为悟理与证体不二，得大智慧，同时即是登峰造极，成就法身。从此"顿悟"与"成佛"不再分为两截，得摩诃般若、超生死、获解脱，同为一事，而魏晋玄学人格美实践论在成就理想的人格的方式与途径上，最终得以实现"顿"、"渐"的统一。

魏晋玄学人格美思想通过对人格美实践过程中的具体步骤与程序的深入探讨，最后以佛学的话语形式，提出了顿渐并重、并将人格修养提升到审美领域以实现人格实践之飞跃的"顿悟成圣（佛）"命题。玄学人格美实践论对这一命题广泛探讨，已初步奠定并凸显了中国传统哲学追求审美中的高峰体验、当下即永恒等重在内在超越的基本民族文化特

---

① 阙名：《首楞严三昧经注序》，载《全晋文》卷一六七。

色，对此后中国式的佛教——禅宗以及宋明理学形成自己培养理想人格的方式方法产生了极其巨大的影响。魏晋玄学人格美实践论"顿悟成圣（佛）"的命题充分肯定了理想人格培养过程的超名言、超道德伦理学性质——审美体验的性质，极大地增强了人们对实现理想人格的信心。但是同时也应该看到，由于魏晋玄学人格美实践论中"顿悟成圣（佛）"的命题，在学思并重、顿渐并重的前提下，实际更重视顿悟、智思，而具有某种轻忽践形、积学、渐修的倾向。这不仅使中国哲学与西方基督教文化相比，更具有"由外向内收"、将外在矛盾、目标收于内心以求自我解决的"内在超越"的特征，而且由于它将成就理想人格的过程看得过于简单、容易，对于形成中国传统哲学逻辑学知识论欠发达，人格实践中"常言明德之修，而不知人意易疲，不能自勉而修"等缺失（利玛窦《天主实义》语），仍具有很大的负面作用。

第三章

游心太玄　魏晋玄学人格美境界论

——对魏晋玄学人格美的个案研究

魏晋玄学人格美思想的最高人格理想是通过超言象、超道德实践领域的审美体验去实现个体人格生命中性与情、有与无、本与末、名教与自然等一系列矛盾的和谐统一，最终达到与道同一、"天地万物吾一体"的人格美境界，然而，正如先秦儒道两家的理想人格有"士"、"君子"、"成人"、"圣人"、"至人"、"神人"、"真人"等不同层次和境界区别一样，魏晋各个不同历史阶段不同的玄学家们对于其追求的玄学人格美的理想亦存在不同觉解和不同的价值取向，并由此而形成了他们心目中的"圣人"、"至人"、"名士"、"君子"、"大人先生"、"佛"、"仙"等不同层次与不同类型的人格美原型和人格美境界。如何晏、王弼侧重于社会政治运用的"圣人"型理想人格，阮籍、嵇康侧重于个体内在和谐与自由的"君子"、"至人"、"大人先生"型理想人格，向秀、郭象以名教与自然为一体、大鹏与晏雀各适其性的"自然"型理想人格……而如果就魏晋时期这些人格美思想中理想人格的美学内涵与境界而言，则似又存在着嵇康人格美理想努力追求和谐境界、支遁人格美理想努力追求俊逸境界、谢安人格美理想努力追求风流境界、陶潜人格美理想努力追求真古境界等种种形态差异与分别。为了进一步具体考察魏晋玄学人格美诸原型和境界形态间的细微差别及其发展演变的轨迹，并由此而深入揭示玄学人格美思想的丰富内涵，下面我们将选取嵇康、支遁、谢安、陶渊明四位玄学不同发展阶段的"玄学名士"为例，对他们的人格美境界做一些个案分析。

一、"竹林七贤"中的嵇康

嵇康，字叔夜，谯国（今安徽宿县西南）人。据《晋书·嵇康传》："其先姓奚，会稽上虞人，以避怨，徙焉。铚有嵇山，家于其侧，因而命氏。……康早孤，有奇才，远迈不群。身长七尺八寸，美词气，有风仪，而土木形骸，不自藻饰，人以为龙章凤姿，天质自然。"嵇康娶魏沛穆王曹琳之女为妻，拜中散大夫。魏晋禅代之际，嵇康因其友人吕安之狱受牵连，被司马氏以"不孝不仕违反名教之罪杀之"。

嵇康是魏晋时期一位十分重要的玄学人格美思想家与玄学人格美典范。其所以如此，乃因为他是魏晋玄学的一个重要发展时期——"竹林玄学"的代表，并和阮籍一起，是这个玄学发展时期的主要名士集团——"竹林七贤"实际上的思想领袖。

考察"竹林七贤"一名，似可溯源至东晋初年孙盛所著《魏氏春秋》一书。《三国志·魏书·王粲传》裴注引《魏氏春秋》云："康寓居河内之山阳县……与陈留阮籍、河内山涛、河南向秀、籍兄子阮咸、琅邪王戎、沛人刘伶相与友善，游于竹林，号为'七贤'。"随后，袁宏著《名士传》、戴逵著《竹林七贤论》、郭缘生著《述征记》及刘义庆辑《世说新语》一书，均措袭孙说。"竹林"遂成为以嵇康、阮籍为代表的一个时代玄学的代名词。《世说新语·任诞》云：

> 陈留阮籍，谯国嵇康，河内山涛，三人年皆相比，康年少亚之。预此契者：沛国刘伶，陈留阮咸，河内向秀，琅邪王戎。七人常集于竹林之下，肆意酣畅，故世谓"竹林七贤"。

至近代以后，长于治中古思想文化史之陈寅恪提出："所谓竹林七贤者，先有'七贤'，即取《论语》'作者七人'之事数……东晋初年乃取天竺'竹林'之名加于'七贤'之上而成。"[①] 陈氏这一新说，曾在学术界引起关于"竹林七贤"之由来的热烈争议。但不管怎样，"竹林"作为以阮籍、嵇康两人为代表的一个特定时期的玄学的代名词，嵇康、阮籍作为当时这个名士群体的思想领袖与人格精神典范的地位，这一点没有改变。本书前面曾多次指出，嵇康人格和人格美思想的最大特点，是追求通过艺术化、审美化的人生实践方式，实现个体人格生命上贯作为宇宙本根的形上本体，并自觉地以自己的真性情、真生命去达到与那个至大至善至乐的形上本体和谐统一、冥符。如果我们把嵇康的人格和人格美思想放到整个"竹林七贤"人格美思想和"竹林七贤"的人格理想中去加以比较研究，这一特点就会尤显突出。

（一）"越名教而任自然"，但非肆情纵欲而任诞

与"竹林七贤"中的其他成员相比，嵇康玄学人格美和人格美思想的突出特点之一，乃自觉地追求名教与自然在个体人格生命内在淳和基础上的和谐统一。

---

① 陈寅恪：《陶渊明之思想与清谈之关系》，载《金明馆丛稿初编》，上海古籍出版社 1980 年版。

前文曾经指出，魏晋玄学竹林时期，"越名教而任自然"曾是以嵇康、阮籍为代表的"竹林七贤"名士群反抗现实的虚伪名教、追求精神的自由、解放与和谐的重要哲学命题，它的核心是要解决现实社会人的道德与自由的矛盾统一问题。魏晋禅代之际，司马氏集团一方面欺人妇幼，积极准备篡夺他人社稷；另一方面却又提倡以忠孝治天下。显然，这在本质上是极其虚伪的，这也不能不导致现实社会中的名教的虚伪与异化。现实生活中存在着严重的名教的虚伪和异化，它源于司马氏的政治阴谋，"竹林七贤"心中都明白这一点，认识到了这一事实，并且出于良心尚未泯灭的知识分子的本能而对之具有反感和厌恶之情。应该说，"竹林七贤"名士群的形成和他们"集于竹林之下，肆意酣畅"本身，就已表明了这一点。

以嵇康、阮籍为领袖的"竹林七贤"名士群体都对当时社会由于名教的虚伪、异化与道德人格分裂所导致的名教与自然的对立，具有清醒的认识和本能的反感。但是如何才能解决名教的异化和名教与自然的统一问题，以及理想中的名教与自然的统一的社会，将是何种状态？嵇康、阮籍以及"竹林七贤"的其他成员之间，在这一点上却存在较大的分歧。这种分歧大致可以归纳为如下几种情形：一种是阮籍对名教和自然的态度及其社会理想。这种态度和理想有一个由以"自然"取代"名教"（即"越名教而任自然"）的"任诞"式统一方式，向建立在以内心和谐、自得为基础的名教与自然的真正和谐统一方式的转化过程。阮籍前期居丧无礼、纵酒任诞，既以求"礼"之真意，亦因"胸中有块垒（即英雄不平之志气——引者注），故须酒浇之"，阮如此"任自然"，故裴楷称之为"方外之人"（《世说新语·任诞》）。而至后期著《大人先生传》时，阮籍思想已发生很大变化，他和嵇康一样超越了"名教与自然"的对立，故在批判"汝君子之礼法，诚天下残贼、乱危、死亡之术耳"的同时，亦对"与木石为邻"的避世者，或"竭天地万物之至以奉声色无穷之欲"的身为物役的行径给予了辛辣的嘲讽；在否定虚伪、异化的名教的同时，亦对其子阮浑学阮咸的"任诞"（"作达"）表示坚决反对；而最终则归于寻求内心的和谐，即通过内在的和谐泯灭彼此、物我、主客、能所之差别而达到名教与自然的和谐统一。所谓"夫清虚寥廓……则泰志适情"，"不以万物累心"（《清思赋》）。"有悲则有情，无悲亦无思。……灰心寄枯宅，曷顾人间姿？始得忘我难，焉知嘿自遗。""鹡鸠飞桑榆，海鸟运天池。……但尔亦自足，用子为追随。"（《咏怀诗》）历代批评者或称阮籍"有疾而为矉者"，"其实是最看重礼教、死守礼教的"，"其内心的冲突痛苦是异常深沉的"（戴逵、颜延之、李善、沈德潜、鲁迅、李泽厚等）。……或云"观阮籍之行而觉礼教崩弛之由"；"贵游子弟，多祖述于籍，同禽兽为通"（干宝、葛洪等）。……这些看法应该说都抓住了阮籍痛恨虚伪而任自然的个性，具有其深刻的一面；但却又忽视了阮籍人格和人格美思想发展变化的另一面，似尚未见到阮籍的"全人"。

"竹林七贤"第二种对名教与自然的态度和社会理想，是阮咸、向秀、刘伶型的，即彻底地"越名教而任自然"，或者说纯任自然型的。阮咸字仲容，是阮籍之兄阮熙之子，也是当时著名的音乐艺术家，神解音乐，尤善弹琵琶，后人因称此类琵琶为"阮咸"或"阮"。《世说新语·术解》刘注引《晋诸公赞》曰："（荀勖）律成，散骑侍郎阮咸谓：'勖所造声高，高则悲。'夫亡国之音哀以思，其民困。今声不合雅，惧非德政中和之音。"从阮咸对音乐的评论可以看出，正如戴逵的《竹林七贤论》所云："诸阮前世皆儒学"；阮咸的思想的根源是在儒家乐论的"德政中和之音"的，即应该是不废"名教"的。但现实生活中名教严重地异化，甚至完全沦落为阴谋与权术，在引起阮咸厌恶与痛恨的时候，也彻底地毁灭了他的所有希望，使他由尚儒家名教的"德政中和之音"，完全走向了"尚道弃事"而"任自然"——蔑弃礼法、沉醉酒色。《世说新语·任诞》载："诸阮皆能饮酒，仲容至宗人间共集，不复用常杯斟酌，以大瓮盛酒，围坐，相向大酌。时有群猪来饮，直接去上，便共饮之。"又载："阮仲容先幸姑家鲜卑婢。及居母丧，姑当远移，初云当留婢，既发，定将去。仲容借客驴著重服自追之，累骑而返。曰：'人种不可失！'即遥集之母也。"由此可见阮咸是怎样地不顾名教而"任自然"了。

向秀、刘伶也是"竹林七贤"中完全走向"任自然"的名士。向秀虽然最后举郡计至洛阳，向司马氏集团妥协了，但从他那"刚开了头就煞尾"（鲁迅语）的《思旧赋》中可以看出，他的内心是极其痛苦的。这并不能说明他已经完全抛弃"自然"而尚"名教"。因此，真正能代表向秀人格美思想倾向的史料，还是前文已提到的向秀与嵇康辩论养生的文辞——《难养生论》以及其中反映的纯任自然的思想。向秀所谓"且生之为乐，以恩爱相接，天理人伦，燕婉娱心，荣华悦志"云云，正是此意。刘伶更"恒纵酒放达，或脱衣裸形在屋中，人见讥之。伶曰：'我以天地为栋宇，屋室为裈衣，诸君何为入我裈中'？"又著《酒德颂》，说："有大人先生，以天地为一朝，万期为须臾……止则操卮执觚，动则挈榼提壶，唯酒是务，焉知其余。"即使招致贵介公子、缙绅处士的"怒目切齿，陈说礼法，是非蜂起"，也在所不惜，表现了一种与虚伪、异化之名教决绝，一意孤行任自然的态度。

"竹林七贤"中第三种对名教与自然的态度和社会理想，是山涛、王戎型的假自然以致"名教"。山涛、王戎辈原本属于"俗物"，醉心于名利之场，于酒色意亦有所欲，但为了猎取更大的功名，故假道"自然"而行之。在魏晋胜负未料，嵇、阮遗世而具高名之时，山、王二人亦尾随而入"竹林"，以示己"心存事外"，堪称风雅名流；一旦曹马两家大势已定，则山、王以为韬光养晦已足，先后投奔司马氏门下，借交游嵇、阮以为资，为司马氏效命，既获林下之高名，又享能臣之利禄，优哉游哉，名利双收。史载山涛酒量"至八斗方醉"，但在朝则不滥饮，"极其本量而止"；俸秩常"散之亲故"，但泰始间却侵占官田（《晋书》本传及《李憙传》）；"不读《老》、《庄》"，但却与人谈理；① 未仕时即对其妻说："我当作三公"（《世说新语·贤媛》，注引王隐《晋书》）；等等，可见山涛本为名利之徒，其预"竹林之游"，乃工于心计之表现：一为博取高名，二为等待时机。而如果说山涛虽属功利之士，人格低下，但后来尚能表现出一定的吏治才能的话，那么，王戎则可谓功利之心和人格同之，但才能却更为庸下。王戎本籍琅邪王氏门第知名。《世说新语·德行》刘注引《晋阳秋》曰："（王）戎为豫州刺史，遭母丧，性至孝，不拘礼制，饮酒食肉，或观棋弈，而容貌毁悴，杖而后起。"又说："世祖及时谈以此贵戎也。"这里虽不能肯定说王戎性孝是虚伪，但他"不拘礼制，饮酒食肉"之类任自然的举动，则显然是属于戴逵所谓"无德而折巾者"，属沽名钓誉的行为。故当时嵇、阮等"在竹林酣饮，王戎后往"，阮籍已鄙之曰："俗物已复来败人意！"（《世说新语·排调》）而王戎后来的行为，诸如"自经典选"，"但与时浮沉，户调门选而已"；"苟媚取容，属愍怀太子之废，竟无一言匡谏"；"性好兴利，广收八方园田水碓，周遍天下。积实聚钱，不知纪极，每自执牙筹昼夜算计，恒若不足"，等等，足见其人品低下、人格丑陋，其"任自然"纯为渔利。

"竹林七贤"中另一种独特的对名教与自然的态度和社会理想，就是嵇康型的。前文曾多次指出，嵇康的人格风范和社会理想是个体内在的和谐及名教与自然的和谐。所以嵇康一方面对虚伪的名教、异化的名

---

① 《世说新语·赏誉》载："人问王夷甫：'山巨源义理何如？是谁辈？'王曰：'此人初不肯以谈自居，然不读《老》、《庄》，时闻其咏，往往与其旨合。'"同书刘注引虞预《晋书》及今本《晋书·山涛传》则云："好《老》、《庄》，与嵇康善。"二书所载不同，然王衍去山涛为时近，亲见其人，当以王说为准。

教，比任何人都更痛恨、更厌恶，并首先在理论上提出了"越名教而任自然"的口号，"每非汤武而薄周孔"（《与山巨源绝交书》），主张要"以诵讽为鬼语，以六经为芜秽，以仁义为臭腐"；与投归司马氏，"手荐鸾刀，漫之膻腥"的山涛公开绝交，对虚伪的道德人格发出了无情的诅咒："睹文籍则目瞧，修揖让则变伛，袭章服则转筋，谭礼典则齿龋。"（《难张辽叔自然好学论》）但另一方面嵇康却既非山涛式的使用政治权术、寄情酒色、韬光养晦，亦非阮咸、刘伶式的完全绝望，沉醉自欺，转向肆情纵欲式的"任自然"。他对阮籍"唯饮酒过差尔"的任诞作风提出了不同看法（《与山巨源绝交书》），又与向秀辩养生论，就说明了这一点。针对向秀的《难嵇叔夜养生论》中"有生则有情，称情则自然"；"且夫嗜欲，好荣恶辱，好逸恶劳，皆生于自然"；"崇高莫大乎富贵"，"服飧滋味"，"纳御声色"，"此天理之自然，人之所宜，三王所不易也"的观点，嵇康提出了尖锐的批评，认为这种"自然"论"虽有后生之情，而不识生生之理"，即是以"役身于物，丧志于欲"为"天理自然"。这样"任自然"不仅从逻辑上讲，乃"渴者唯水是见，酲者唯酒是求"，不能真正达到名教与自然的和谐统一；而且从根本上说，这和虚伪的异化的"名教"皆出自同样的目的，具有同样的实质，即如黑格尔所说的乃"非理性"的"任性"而非"自由"，因为这种"自由"和"自决"都"不是出于意志的理性，而是出于偶然的动机以及这种动机对感性世界的依赖"①。也就是说，它实是一种"自然"的异化。而正是从这个意义上讲或从这个角度出发，嵇康虽然提出了"越名教而任自然"的命题，但并非为了标新立异，即不是一般地无条件地讲废弃名教而任诞，而是针对"劝百姓之尊己，割天下以自私，以富贵为崇高，心欲之而不已"的异化的名教对人之

① ［德］黑格尔：《美学》第 1 卷，朱光潜译，商务印书馆 1996 年版，第 126 页。

真性情的扭曲，并导致个体内在人格生命的分裂而言的；其结果虽表面亦是"任自然"，但实则是追求超越于普通所谓名教、自然之上的更高目标，即基于大公无私基础上的人的内在人格生命的"气静神虚"、"体亮心达"、性意自足。嵇康所谓"足者不须外"，"不以荣华肆志，不以隐约趋俗"，"是故傲然忘贤而贤与度会；忽然任心而心与善遇，傥然无措而事与是俱也"（《无私论》）即是此意。孔子曾把"从心所欲不逾矩"作为道德自由的理想境界，而斯宾诺莎则将"对必然性的认识"作为对"自由"的知识论的界定。但如果从美学的领域来看，我们认为"自由"就是要在伦理学和知识论的"自由"的基础上，个人真正成为社会的主人、自然的主人，并最终真正成为"自身的主人"，造就一种自由的人格和美的人格。黑格尔曾说："自由是心灵的最高的定性。按照它的纯粹形式的方面来说，自由首先就在于主体对和它对立的东西不是外来的，不觉得它是一种界限和局限，而是就在那对立的东西里发现它自己。"① 马克思在《资本论》第 3 卷中也曾经说："自由王国只是在由必需和外在目的规定要做的劳动终止的地方才开始；因而按照事物的本性来说，它存在于真正物质生产领域的彼岸。"② 恩格斯说："人终于成为自己的社会结合的主人，从而也就成为自然界的主人，成为自身的主人——自由的人"；"这是人类由必然王国进入自由王国的飞跃。"③ 应该说，嵇康所追求的这种"名教与自然"和谐统一的社会理想，实际上正是一种自由的人格或"自由的人"的理想，这种自由的人格或"自由的人"的理想，既达到了个体人格生命本体的内在和谐，也就实现了道德的自由和认识的自由。和谐即是自由，自由即人格美的最高理想境界。可以说，嵇康已经猜测到了自由的这一本

① ［德］黑格尔：《美学》第 1 卷，朱光潜译，第 124 页。
② 《资本论》第 3 卷，人民出版社 1975 年版，第 928 页。
③ 《马克思恩格斯选集》第 3 卷，第 817、323 页。

质和人格美的这一本质。

（二）超然闲逸，但不为隐遁避世之隐士

与"竹林七贤"中的其他成员相比，嵇康人格美和人格美思想的另一突出特点，就是他自觉地追求在心意自得基础上的出世与入世的和谐统一。

和在对名教与自然关系的态度和取向上存在分歧一样，"竹林七贤"的成员在对出世与入世的关系问题上亦存在着几种不同的态度和观点。阮籍的思想有一个前、后期发展变化的过程。在其前期思想与人格中，济世的抱负、入世的精神占据主导地位。"被褐怀珠玉，颜闵相与期。"（《咏怀诗》）"子遵其父，臣承其君，临驭统一，大观天下。"（《通易论》）但"魏晋之际，天下多故，名士少有全者"（《晋书》本传）残酷的现实毁灭了他的梦幻，使出世与入世的矛盾冲突一下子在他的思想中变得十分尖锐、突出。"驱马舍之去，去上西山趾。一身不自保，何况恋妻子。""愿登太华山，上与松子游。渔父知世患，乘流泛轻舟。"（《咏怀诗》其三、其三十二）表现的正是阮籍思想发展的前期这种希望"不与世事"，远祸全身的心态。故其《辞蒋太尉辟命奏记》称自己"方将耕于东皋之阳，输黍稷之余税"，并多次以疾辞官，"屏于田里"。但到了后期，阮籍的人格和人格美思想已达到对出世与入世的对立、紧张的超越，即已消解、泯灭了二者的界限而实现了彼此的和谐统一，故在《大人先生传》中对"与木石为邻"的隐士不以为然，《达庄论》中甚至说："且庄周之书何足道哉！犹未闻夫太始之论，玄古之微言乎！"其《答伏义书》也说："玄云……应龙……泥潜天飞……斯用情各从其好以取乐焉。"即出处全在各从真性，自足怀抱而已。

"竹林七贤"成员对出世与入世关系持第二种态度和观点的，是阮咸、刘伶、向秀三人。其中尤以阮、刘二人最为典型。向秀早年"与谯国嵇康、东平吕安友善，并有拔俗之韵，其进止无不同，而造事营生业亦不异，常与嵇康偶锻于洛邑，与吕安灌园于山阳"，可见他本是选择箕山许由的出世之路的，但终因敌不过现实的压力，在司马氏的屠刀之下"失图"改节。相比之下，阮咸、刘伶二人以一种完全狂放的方式与司马氏相对抗，倒更持久地坚守了自己的理想。阮咸本极有政治才能，山涛所谓"贞素寡欲，深识情浊，万物不能移。若在官人之职，必绝于时"即说明了这一点，但阮咸故意自污以远世。在居母丧时无视礼法，追婢与累骑而还，又在宗人共集时与群猪同饮，这在当时礼法尚严，而清议影响甚巨的年代，阮咸并非不知道其后果。戴逵的《竹林七贤论》说："阮咸追婢，于是世议纷然。自魏末沉沦闾巷，逮晋咸宁中，始登王途。"可见阮咸纵情越礼的后果的严重性。但阮咸心中的出世与入世是紧张对峙的。入仕无异助纣为虐。现实为污浊之所，故阮咸宁愿放纵自秽以远离仕进之途。后来阮咸任了一个散骑侍郎的闲职，参与荀勖的议乐之事，但他虽神解音乐，却"无一言值勖"，以致再被贬谪，出补始平太守（《世说新语·术解》及刘注引《晋诸公赞》）。可见他对入世为宦如何地不以为意。阮咸如此，刘伶更是这样。刘伶也并不是一名智能低下的酒囊饭袋，《晋书·刘伶传》说："伶虽陶兀昏放，而机应不差。"即是其证。但现实是那样污浊，官场更是充满腥膻，刘伶宁愿曳尾乎泥中，也不愿沾染血腥。故《晋书·刘伶传》又载："（伶）泰始初对策，盛言无为之化。时辈皆以高第得调，伶独以无用罢。"

"竹林七贤"成员对出世与入世问题持第三种观点和态度的，是山涛、王戎二人，他们持一种不分政治之是非、善恶、美丑，一心要投机钻营向上爬的"用世"态度与心理。换言之，在山涛、王戎那里，出世与入世的紧张与对立不仅存在，而且是十分强烈的，故山涛、王戎二人对出、处的选择也是很明确的。即取入世、用世而去遁世、出世。只是由于山、王二人又都是工于心计的政治投机者，故他们当初又都表现出"心存事外"、优游超然的姿态，以博取入仕的政治资本——实际是开了后世走"终南捷径"的极坏的先例。在这里，山、王二人的行为准则和价值取向，反映了中国封建社会政客与市侩不顾人格是非与公德，以谋一己之私欲的极端实用主义哲学。山涛早即存"作三公"之梦想，及至曹、马两家大势已定之后，即急不可耐地自荐于司马氏门下，又曲意交结司马氏之党钟会、裴秀等人，在司马昭征蜀时，代为监视魏室。王戎虽预竹林之游，然所谈者乃"子房、季札之间"，即刑名礼教；他贪吝著名，但入仕前父卒于凉州，"故吏赙赠数百万，戎辞而不受，由是显名"（《晋书·王戎传》）。而在朝当政之时，先后与贾充、郭氏乃至孙秀等朋比为奸，只求苟合取容，坐享清福。近人余嘉锡曾评山、王二人说："巨源之典选举，有当官之誉。而其在霸府，实入幕之宾。虽号名臣，却为叛党。平生善与时俯仰，以取富贵。迹其始终，功名之士耳。""濬冲居官则阘茸，持身则贪吝……斯真窃位之盗臣，抑亦王纲之巨蠹。"又说："（山）涛一见司马师，便以吕望比之，尤见赏于昭，委以腹心之任，摇尾于奸雄之前，为之功狗……又处（钟）会与裴秀交讧之际，并能得其欢心，岂非以会为司马氏之子房，而秀亦参谋略，皆昭之宠臣，故曲意交结，相与比周，以希诡遇之获软？至为昭居留守之任，以监视魏之王公，俨然以钟繇、华歆自命。身为人作伍伯，视宗室如囚徒，非权奸之私昵，谁肯任此？与时俯仰是矣。然实身入局中，未尝心存事外也"（《世说新语》之《品藻》、《贤媛》二篇"笺疏"）。余氏之论，可谓知言。

与"竹林七贤"的其他成员相比，嵇康在出世与入世问题上已超越彼此之是非、对立，真正达到了在心意自得基础上的和谐统一。依天性而言，嵇康生来即与受儒学熏陶的士人不同，他本不存在什么济苍生、平天下的抱负。嵇康之兄嵇喜著《嵇康传》说：（康）"少有隽才，旷迈不群"；"超然独达，遂放世事，纵意于尘埃之表"。嵇康在《与山巨源绝交书》中说："少加孤露，母兄见骄，不涉经学，性复疏懒。""纵逸来久，情意傲散……又读《庄》、《老》，重增其放，故使荣进之心日颓，任实之情转笃。"《四言赠兄秀才入军诗》亦曰："携我好仇，载我轻车。南凌长阜，北厉清渠。仰落惊鸿，俯引渊鱼。盘于游田，其乐只且。"这说明，嵇康在出、处问题上表现的出世的倾向是一贯的；尽管在魏晋"天下多故"之际，因其出于对司马氏提倡的虚伪名教和世间徇名逐荣之流俗的厌恶而得到加强，以至于形成了彼此格格不入、反差强烈的现象，但从根本上讲，这些并非如一般论者所云，出于嵇康显示不与司马氏合作的刻意追求，而是嵇康在超然旷迈天性基础上形成的追求出、处和谐统一的独特人格理想。在嵇康看来，对于入世平天下、济万邦的"圣人"、"名贤"、"功臣"或出世的高逸、处士、隐者，不可以一概地以世俗出、处之对待范畴来论其高下，而应超越于出、处的对立之上，出以公心——即以是否性怀自足，具有坦荡平和之心以观其异同、求其会通，达到二者在更高层次上的和谐统一。所以嵇康虽然一方面对"有损己为世，表行显功，使天下慕之，三徙成都者。或菲食勤躬，经营四方，心劳形困，趣步失节。或奇谋潜称，爰及干戈，威武杀伐，功利争奋。或修身以明污，显智以惊愚，藉高名于一世，取准的于天下……"的"圣人"入世人格予明确的否定，并说自己因厌恶这样的人格与流俗，而"逾思长林而志在丰草也"。但另一方面，对"穆然以无事为业，坦尔以天下为公"（以上并见《答向子期难养生论》）；"不以天下私亲，高尚简朴慈顺"，"万国穆亲无事，贤愚各自得志"（《六言诗》）的唐尧、虞舜这些"入世"的"圣人"却不但不加以菲薄，还一再予以了歌颂。显然，嵇康在评价"圣人"之是非得失时并不是以出世或入世而一言以蔽之的，而是超越于出处的对待以言之的。这种超越于出处对待之上的标准就是，如果一个人的出世或入世行为能达到自身的性情、心意自得与自足，并亦利于他人的心怀自得与自足，那么，此人就具备了和谐的人格或人格的美。因为正如前文引恩格斯的话所说，一个人一旦成为"自己的主人"，他也就同时成为"自己的社会结合的主人"，也就实现了由必然王国到自由王国的飞跃。嵇康追求与展示的人格和人格美思想，正是这样一种自由的人格、美的人格的理想。故嵇康在《与山巨源绝交书》中虽对投靠司马氏、丧失了人格之山涛极其厌恶，但却仍以为"达人无所不堪，外不殊俗而内不失正，与一世同其波流"；并说：尧舜、许由、子房、接舆，"其揆一也。仰瞻数君，可谓能遂其志者也"。而在通常认为表现了嵇康出、处两难的矛盾处境，并反映了他的出世追求的《卜疑》一文的结尾处①，嵇康借太史贞之口再一次说出了自己的超越于出、处之上的自由——和谐的人格理想：

> 吾闻至人不相，达人不卜。若先生者，文明在中，见素表璞。内不愧心，外不负俗；交不为利，仕不谋禄。鉴乎古今，涤情荡欲。夫如是，吕梁可以游，汤谷可以浴。方将观大鹏于南溟，又何忧于人间之委曲？

（三）修性养生，而不蹈神仙宗教之迷狂

与"竹林七贤"其他成员相比，嵇康的人格和人格美思想的第三个突出特点，就是在自觉追求个体人格生命形神和谐的基础上而将宗教审美化。在"竹林七贤"中，嵇康是一位有确切史料证明其与当时的宗教——道教有直接联系的玄学名士。能证明嵇康与道教有直接联系或为道教中人的殆有数事：其一，是从嵇康自己的诗文中可以看出，嵇康是向往并积极修炼神仙道术的。嵇康的《与山巨源绝交书》曰："吾顷

---

① 张节末：《嵇康美学》，第 19 页。

学养生之术，方外荣华，去滋味，游心于寂寞，以无为为贵。"《养生论》说："夫神仙虽不以目见，然记籍所载，前史所传，较而论之，其有必矣。"这说明嵇康是相信神仙实有其人，并确曾学习过养生延年之术。故嵇康的《四言诗》云："羽化华岳，超游清霄。云盖习习，六龙飘飘。左配椒桂，右缀兰苕。凌阳赞路，王子奉辂。婉娈名山，真人是要。齐物养生，与道逍遥。"《游仙诗》亦曰："遥望山上松，隆谷郁青葱。自遇一何高，独立迥无双。愿想游其下，蹊路绝不通。王乔弃我去，乘云驾六龙。飘飘戏玄圃，黄老路相逢。授我自然道，旷若发童蒙。采药钟山隅，服食改姿容。蝉蜕弃秽累，结友家板桐。临觞奏九韶，雅歌何邕邕。长与俗人别，谁能睹其踪？"可见他对远游成仙的生活十分向往。

其二，是道教中向说嵇康被杀而未死、实形解仙化。《文选》卷二一颜延之《五君咏·嵇中散》曰："中散不偶世，本自餐霞人。形解验默仙，吐论知凝神。立俗迕流议，寻山洽隐沦。鸾翮有时铩，龙性谁能驯？"唐李善注引顾恺之《嵇康赞》云："南海太守鲍靓，通灵士也。东海徐宁师之，宁夜闻靓室有琴声，怪其妙而问焉。靓曰：'嵇叔夜'。宁曰：'嵇临命东市，何得在兹？'靓曰：'叔夜迹示终，而实尸解。'"《太平御览》卷六六四亦云："鲍靓字太玄，琅邪人，晋明帝时人。……有徐宁者，师事靓。宁夜闻靓室有琴声而问焉。答曰：'嵇叔夜昔示迹东市，而实兵解耳。'""形解"亦即"尸解"，指人死而可以复生，精神超越了形体局限的神奇变化。《太平御览》同卷引《宝剑上经》云："夫尸解者，本真之炼蜕，五属之隐适也。"又引《登真隐诀》曰："尸解者，当死之时，或刀兵水火，痛楚之切，不异世人也。既死之后，其神方得迁逝，形不能去尔。"又引《真诰》说："受大戒者死，灭度炼神，上补天官，谓之尸解。""兵解"又称"剑解"，指人受刀、剑等兵器伤害而死，而形存神逝。《宝剑上经》曰："以丸药和水而饮之，又并抱草而卧，则伤死于空室中，谓之兵解。"同书卷六六五引

《东乡序云》："诸以剑尸解者，以剑代身，五百年之后，此剑皆自然还其处"。"真人用宝剑以尸解，蝉蜕化之，上品也。"则似与前书所说略有不同，非指人受刀、剑伤害而死，而指人死寄灵魂于刀、剑，使刀、剑等兵器亦可变化无形。但不管怎样，嵇康在东晋以往的道教中人看来，已是名列道籍，羽化成仙则似无疑。而之所以会如此，如果嵇康不是有确实的证据说明其为道教信徒，是难以作出合理解释的。

其三，从有关嵇康交游的史料来看，嵇康至少曾有追随王烈、孙登两位神仙道教徒，并与之从游的经历，说明他对神仙道教的向往是一贯的，极有可能人其彀中。关于嵇康从王烈、孙登两人游学之事，《晋书·嵇康传》已有记载，其言曰："（康）至汲郡山中见孙登，康遂从之游。登沉默自守，无所言说。康临去，登曰：'君性烈而才隽，其能免乎！'康又遇王烈，共入山，烈尝得石髓如饴，即自服半，余半与康，皆凝而为石。又于石室中见一卷素书，遽呼康往取，辄不复见。烈乃叹曰：'叔夜志趣非常而辄不遇，命也！'其神心所感，每遇幽逸如此。"《世说新语·栖逸》及刘孝标注引《康集序》、《魏氏春秋》、《文士传》、王隐《晋书》等，虽文字互有异同，但亦载嵇康从孙登游之事。至《太平御览》一书引《神仙传》、《道学传》等，则不仅并载嵇康从孙登、王烈游之事，且明确将王烈、孙登列入"仙部"、"地仙"之目。《太平御览》各卷引《神仙传》、《道学传》载嵇康与孙登之事，与《晋书》、《世说新语》及刘注引诸书所言略同，唯其卷六六三引《道学传》则较《晋书》为详，且为其他诸书所不载，今姑录如下，以俟史学家考证云。其言曰：

> 又曰：王烈，字长休，邯郸人也。常服（原文无"服"字）黄精及铅，二百馀岁，行步若飞，博极群书。嵇康（原文无"康"字）甚重之，数数就学，共入太行山，见山裂，有青石髓流出，

烈取髓，丸之成石，气如米饭，嚼之亦然。烈因携少妇，欲遗康。康取而视之，已成青石，击之铮铮。康即与往视断山，山已如故。烈入河东抱犊山，见一石室，室中有石架，架上有《素书》两卷，莫识其字。暗记数十字以示康，康尽识之。烈喜，乃与康共往读之。至其所，失其石室。烈私语弟子曰："叔夜未合得道故也。"按《神仙经》云："神仙五百年山辄一开，其中石髓出，得而服之寿老。"烈后莫之所之。

众所周知，《神仙传》一书为东晋神仙道教学者葛洪所撰，《道学传》一书的作者虽不得而知，但《隋书·经籍传》列在"杂史"部在刘义庆撰《宣验记》之前，云"《道学传》二十卷不知撰氏"，殆即此书，而此书盖出于东晋刘宋之际道教徒之手明也。《晋书》将孙登入《隐逸传》，但不为王烈列传，《嵇康传》说"每遇幽逸如此"，殆《晋书》的编修者不以王烈、孙登为"神仙"，而仅目之为隐逸之士。《晋书》的编修者的这种态度，今天看来无疑是正确的。但《神仙传》、《道学传》的作者生活于东晋或晋宋之际，距嵇康其人其事年代皆并不遥远，他们虽出于教门中人自神其事的立场将王烈、孙登尊为"神仙"，难免贻人口实，但这并不能改变王烈、孙登为当时两位著名的神仙道教徒，以及嵇康曾追随二人游学仙道的事实。而就嵇康确有从王、孙二人游学仙道的经历而言，说嵇康属一位身入教籍的神仙道教徒，这一点应该是合乎逻辑的。

其四，从当时神仙道教较严厉的宗教禁酒戒规以及嵇康对饮酒的自觉节制态度来看，亦应该可以肯定嵇康确属于当时身入教籍的神仙道信徒。以此点笔者已另著《阮籍、嵇康与酒及道释宗教之关系》一文加以讨论①，读者可参看，兹且从略。

---

① 拙著《阮籍、嵇康与酒及道释宗教之关系》，《江汉论坛》1999年第10期。

总之，从以上几方面来看，嵇康与当时中国本土之神仙道教确有直接联系，并极可能已身入教籍，这一点应该是可以肯定的。嵇康属于一位与神仙道教有直接联系，并身入教籍的玄学名士，这一点在"竹林七贤"中是十分特殊的。在"竹林七贤"中，历来曾被认为具有追求神仙道教思想并曾与神仙道教徒有过交往的，还有阮籍一人。阮籍的《咏怀诗》云："北里多奇舞，濮上有微音。轻薄闲游子，俯仰乍浮沉。方式从狭路，倜傥趋荒淫。焉见王子乔，乘云翔邓林。独有延年术，可以慰我心。"（其十）"昔有神仙者，羡门及松乔。噏习九阳间，升遐叽云霄。人生乐长久，百年自言辽。白日陨隅谷，一夕不再朝。岂若遗世物，登明遂飘飘。"（其八十一）《晋书·阮籍传》："籍尝于苏门山遇孙登，与商略终古及栖神导气之术，登皆不应，籍因长啸而退。至半岭，闻有声若鸾凤之音，响乎岩谷，乃登之啸也。遂归著《大人先生传》。"但所谓阮籍"于苏门山遇孙登"之事，余嘉锡的《世说新语·栖逸笺疏》引李慈铭之言，既已辨其为王隐的《晋书》之牵合比附，而阮籍自身之诗文，亦曾多次表明对神仙道教的深深疑惑。《咏怀诗》所谓"自然有成理，生死道无常"（其五十三），"人言愿延年，延年欲焉之？黄鹄呼子安，千秋未可期"（其五十五）。"昔有神仙士，乃处射山阿。乘云御飞龙，嘘噏叽琼华。可闻不可见，慷慨叹咨嗟。自伤非俦类，愁苦来相加。下学而上达，忽忽将如何"（其七十八），即反映了他对神仙道教的某种矛盾态度。这说明，在"竹林七贤"中，虽然阮籍也曾一度向往过求仙延年，但由于他的求仙乃带有解决现实人生冲突的外在直接功利目的，故不仅常常对道教长生之根本信仰产生动摇，而且对各种"下学而上达"的"学神仙之事"（黄侃语）亦不免表示出难于理解。——而由此又可见，在魏晋玄学"竹林七贤"群体中，真正自觉地皈依神仙道教，并成为其信徒的，其实只有嵇康一人。

嵇康堪称魏晋玄学名士中自觉皈依神仙道教的有案可稽的第一人。

然而，嵇康却既非一般的玄学名士，也非通常所谓道教信徒，而是一位以追求个体人格生命的自由—和谐为目标的杰出的玄学人格美思想家。他虽身入教籍、皈依了中国当时的本土宗教，但并未沦为一般做着白日升天乃至一人得道、鸡犬升天之白日梦的蒙昧主义者与宗教狂，而是一位坚持着自己的实现自由—和谐人格，即达到与"自然之和"、"天地之醇和"、"太和"同一的最高人格美理想，力图将神仙道教审美化，以作为其实现最高人格理想的手段和途径的具有极大创造精神的哲学思想家，从某种意义上讲，即是中国古代哲学思想史上最早积极尝试"以美育代宗教"的拓荒者。

嵇康将神仙道教审美化、尝试"以美育代宗教"的努力，是从本体论与实践方法两个维度上展开的。在本体论上，正如在上章第一节中我们曾经指出的，嵇康继承孔孟儒家将"圣"、"神"道德境界化和老庄道家将"圣"、"神"审美境界化的传统，根据当时哲学思想发展新的特点，总结玄学人格美思想发展的历史，在坚持理想人格必可达到的坚定信仰的前提下，将神仙道教原已实体化、人格化的"神仙"人格完全虚灵化、审美境界化，使神仙道教原有的羽化登仙、长生不死的宗教幻想，转化成了现实的养生和修养人格美的目标。为此，他一方面批评教外之士如向秀，仅凭经验事实作出的人最多只能活到百二十岁，根本无法达到人生超越之说；另一方面也对教门中人认为人可以外在地超越生死，通过种种"学"、"力"等外在手段成就实体的"神仙"人格的梦呓，给予了无情的驳斥。《养生论》开篇说："世或有谓神仙可以学得，不死可以力致者；或云上寿百二十，古今所同，过此以往，莫非妖妄者。此皆两失其情。"即是针对这两种不同的观点而言的。在嵇康看来，"神仙"乃是最高玄学本体"自然之和"、"天地之醇和"、"太和"的人格化的名称，正如"音声有自然之和"一样，人格美亦以之为本体、本质。但从根本上说，个体的人格生命不可能完全达到或穷尽

"自然之和"，而只能表现为一个不断地趋同的过程。因此，嵇康更多地只以"至人"、"真人"、"达人"为自己的现实的人格理想，而从未肯定地说过"人可以成为神仙"。他说神仙"非积学所致"，即是针对教门中人的要做"神仙"的梦呓而说的，重在破除幻见；他说："婉娈名山，真人是要；齐物养生，与道逍遥。""至人特钟纯美，兼周内外。""至人不相，达人不卜"等，则是针对完全将理想等同于现实、实际已丧失理想的向秀等怀疑论者而说的，目的在于确立理想的人格的典范，重建价值标准。事实上，在嵇康那里，这个看起来与养生求仙相联系的有些神秘的理想人格，是一点也不神秘的，它实际上只是一种审美的人格境界而已；即嵇康所说的"形神相亲，表里俱济"（《养生论》）或"和心足于内，和气见于外"（《声无哀乐论》）的自由—和谐境界。它的基本特点就是以外在的养生为手段，由外在超越而内在超越，既外在超越又内在超越。所以，嵇康虽然对"神仙可以学得"、"上寿百二十"两种观点进行了驳斥，但他自己提出的"善养生"的"达人"、"至人"、"圣人"们，亦不过"彭祖寿七百"、"若以仲尼之至妙，资田父之至拙，则千岁之论，奚所怪哉！""准性理之所宜，资妙物以养身，植玄根于初九，吸朝霞以济神"，得"自然性命"而已（《答向子期难养生论》）。理想的"达人"、"至人"、"真人"、"圣人"人格境界的真正美丽之处，乃在于"外物以累心不存，神气以醇白独著，旷然无忧患，寂然无思虑。又守之以一，养之和，和理日济，同乎大顺。……恕可与羡门比寿，王乔争年，何为其无有哉！"

在人格美实践方法上，嵇康着重是在继承和革新了先秦以来儒道哲学人格修养方法的基础上，对神仙道教的修炼方法进行改造，剔除了其中带有宗教迷狂的成分，使之成为魏晋玄学培养理想人格的审美方式。我们刚刚已经指出，嵇康在哲学本体论上实际是把"神仙"作为音乐中的"自然之和"看待的。这说明，尽管嵇康一方面虽已认识到神仙道教作为一种宗教信仰，其白日升天幻想的荒谬性；但另一方面也看到了神仙道教在理想境界和追求理想的形式上又与音乐等美的艺术具有一些相似性、相通性。即除开神仙道教成仙升遐的幻想和一些具有宗教迷狂性的修炼方法之外，它所成就的"超然于利害之外，而忘物与我之关系……而使吾侪冯生之徒，于此桎梏之世界中，离此生活之争斗，而得其暂时之平和"的人格境界（王国维：《红楼梦评论》），它所使用的"介乎现象世界与实体世界之间而为之津梁"的"美感方法"（蔡元培：《对于教育方针之意见》），实与艺术审美具有异曲同工之妙。因此，嵇康在对神仙道教理想人格进行审美境界化改造的同时，又对其一些宗教迷狂性的修炼方法进行审美式的新的整合。

我们知道，自两汉以来，中国的道教经常是和方伎、巫术等合而为一的，《太平经》"言以阴阳五行为家，而多巫觋杂语"（《后汉书·襄楷传》）即是一证。东汉魏伯阳所著《参同契》流传之后，道教修炼方术遂有所谓内丹、外丹之分。"内丹"，主要相当于今日之气功；而"外丹"之术，则有所谓炼金丹、服食、导引、辟谷、祈禳乃至男女合气房中术等。而其末流往往流于妄诞。史载当时有以饮马尿、食牛屎以为服食之方者，服五石散废顿不起者，特别是如东晋王凝之临战祈请鬼兵相助而送命、许迈遣妇离婚而游仙等，已完全陷入于宗教迷狂。面对各种妄诞迷狂之说的流行，嵇康以沧海横流的英雄气概，激浊扬清，开始了以实现"形神相亲，表里俱济"的自由——和谐人格为准则的对神仙道教修炼方法的改造工作。具体步骤就是分别神仙道教方法中适当的养生方术与迷妄的宗教邪术，保留呼吸吐纳、服食养生，有利于使人的身心达到一种"外荣华、去滋味、游心于寂寞，以无为为贵"的审美境界的方法，再以艺术美的创作与欣赏（主要为音乐）取代那些宗教邪术，并由此形成一套以养神为指导下的养生、以养生为基础的养神、并神与形交相养的艺术化审美化人格美的修养（实践）方法。嵇康在《与山巨源绝交书》中说："但愿守陋巷，教养子孙，时与亲旧叙离阔，陈说平生，浊酒一杯，弹琴一曲，志愿毕矣。"《养生论》在叙述"养神之一征也"之后也说："然后蒸以灵芝，润以醴泉，晞以朝阳，绥以五弦，无为自得，体妙心玄。"《声无哀乐论》说："和心足于内，和气见于外。故歌以叙志，舞以宣情，然后文之以采章，照之以风雅，播之以八音，感之以太和，导其神气，养而就之，迎其情性，致而明之，使心与理相顺，气与声相应，合乎会通，以济其美。"都是这种以审美为特征的人格美修养方法的表现。

稽康于当时中国本土宗教既能入乎其中，又能出乎其外，他对神仙道教理想人格修炼方法的审美化改造，不论对此后中国宗教的发展还是对中国哲学的发展，均产生了极其深远的影响。且不说晚清王国维、蔡元培"以美育代宗教"之说可由此寻其远绪，即就南北朝道教史上葛洪、陶弘景、崔浩、寇谦之所谓"革除三张伪法"，以老庄之"道"、"无"比附道教之最高本体而言，亦似与稽康之对神仙道教审美化的改造有关。而此后中国哲学之所以能吸收、消化、改造外来佛教哲学，形成中国化的佛教——禅宗，应该说，也是稽康所开创的这一将宗教审美化的思路为之奠定了初步的方法论基础。

二、"即色游玄"的佛徒——支遁

在上一节的结尾处我们刚刚说过，稽康对当时中国本土的神仙道教所做的审美化的改造，为此后中国哲学和宗教接纳、吸收、改造、消化外来的佛教以形成中国化的佛教——禅宗，奠定了其初步的方法论的基础。但是，这毕竟只是就中国本土文化这一方面而言。其实，一种外来文化要被本土文化所接受、消化、吸收，以形成一种新形态的文化，除了本土文化要有一种吸纳百川的气概和正确的吸收、消化的方法和过程之外，外来文化本身也存在一个主动调适、自我改造，以渗入、融汇到另一种文化中去，成为其血液与生命的任务。就佛教传入中国、不断"中国化"，并最终与中国本土文化结合成为一种新质形态的宗教——禅宗而言，正是体现了这种双向整合的特点。在魏晋玄学人格美思想发展的历程中，我们认为东晋时期的佛教徒支遁，可以作为当时佛教哲学从内部对它进行改造，并形成了其较为独特的"即色游玄"的玄学化佛教人格美思想的一位代表人物。

支遁，本姓关氏，陈留人，或云河内林虑人，约生于西晋末愍帝建兴二年（公元 314 年），卒于东晋孝武帝太和元年（公元 366 年）。《世说新语·言语》刘注引《高逸沙门传》曰："支遁字道林，河内林虑人，或曰陈留人，本姓关氏。少而任心独往，风期高亮，家世奉法。尝于余杭山沉思道行，泠然独畅。年二十五始释形入道。年五十三终于洛阳。"① 根据汤用彤先生考证，支遁谈理作品依现所知者"有《即色游玄论》、《释即色本无义》、《道行指归》、《大小品对比要钞》、《辩著论》、《辩三乘论》、《与郗嘉宾书》、《答谢长遐》、《本起四禅序》并《注》、《本业略例》、《本业经注序》、《圣不辩知论》、《释朦论》、《安般经注》、《妙观章》、《逍遥论》、《通渔父》、《物有玄几论》等，另有诗文若干篇。但遗憾的是支氏上列各书均佚。仅《要钞序》尚全存"。②

作为一名由本土文化的土壤中生长发育而步入外来文化的汉人知识分子，与当时许多的汉族僧侣一样，尽管上引《高逸沙门传》及《高僧传·支遁传》均说其"家世奉法"、"家世事佛，早悟非常之理"，但就支遁"年二十五始释形入道"（即"出家"）这一事实和现存有关支

---

① 案：据《世说新语·伤逝》刘注引《支遁传》：支遁"太和元年终于剡之石城山"。《高僧传·支遁传》云："晋太和元年闰四月四日终于所住（余姚坞山中）……或云终剡，未详。"则可知，支遁"终于洛阳"为误。

② 汤用彤：《汉魏两晋南北朝佛教史》（上册），第180—181页。

遁之史料来看，支遁之思想及奉佛之行事，似亦存在一个发展演变的过程。这个过程一般而言多是先儒后道，再奉佛。梁释僧祐的《出三藏记集》卷十五所载，当时著名汉人佛徒如帛法祖、释道安、慧远、道生、僧肇等，无不是先"博综六经，尤善老、庄"，然后才"投簪落发，委质受业"的。故支道林虽然后来遁迹沙门，然其初亦未尝不是先熟习儒家经典，然后归宗老、庄，直至皈依释氏的。"其家世奉法"之说恐出于附会。《高僧传》支遁本传载"时论以遁才堪经济，而洁己拔俗，有违兼济之道。遁乃作《释朦论》"云云。又录支氏《上书告辞哀帝》文说："盖沙门之义……守内圣之则，佩五戒之贞，毗外王之化，谐无声之乐。""洋洋大晋，为元亨之宇。常无为而万物归宗。执大象而天下自往。……若生而非惠，则赏者自得；戮而非怒，则罚者自刑……所谓'天何言哉，四时行焉'。"其《释迦文佛像赞（并序）》开篇即说："夫立人之道，曰仁与义。然则仁义有本，道德之谓也。"可见支遁心中实潜存儒家经济之术而深谙"内圣外王"之道。支遁的《咏怀诗二首》其一云："总角敦大道，弱冠弄双玄"。"双玄"者，即《老》、《庄》二书也。今存支遁诗文触目皆是《老》、《庄》书中典故，又标《庄子·逍遥游》、《渔父》新义（并见《世说新语·文学》），则可知支氏实亦少好《老》、《庄》，为当时少有之玄学名家。《世说新语·文学》刘注引孙绰《道贤论》说："支遁、向秀，雅尚《庄》、《老》。二人异时，风好玄同矣。"同书《赏誉》载王濛、殷融称支之言"寻微之功，不减辅嗣"；"自是钵盂后王、何人也"；"以为重见若人（卫玠）"。正说明支遁与当时许多著名玄学家一样，都是以儒家"内圣外王"学说为出发点而兼综儒道的，堪称是佛徒玄学家或玄学家之僧徒。

（一）悟本归宗　独标神俊

支遁生活的时代，正是外来天竺佛教通过"格义方法"将佛学比附道家学说和玄学本体论哲学、以寻求佛教"中国化"的时期。产生于此时包括支遁自己的"即色义"在内的所谓本无宗、本无异宗、识含宗、幻化宗、心无义、缘会宗等佛教"六家七宗"学说，即是这一时代潮流的产物。故僧肇的《不真空论》说："顷尔谈论，至于虚宗"；"情尚于无多，触言以宾无"。

支遁本由儒学而《老》、《庄》，再由《老》、《庄》而入佛学，并属"六家七宗"之一员，故其哲学思想亦首重本体论。他以玄学化的"无"（空）为最高哲学本体，以"神"（具体为神明、神智、神俊等）为个体人格生命的本体，以"圣人"化、"神仙"化、"至人"化的"佛"、"菩萨"为最高人格美的标本，建立起他的玄学化佛教哲学（或者说佛学化的玄学）的人格美本体论系统，并在其人格美思想实践论上，特重悟本归宗、重神轻形、独标神俊。《世说新语·容止》云："王长史尝病，亲疏不通。林公来，守门人遽启之曰：'一异人在门，不敢不启。'王笑曰：'此必林公。'"刘注云："按《语林》曰：诸人尝要阮光禄（裕）共诣林公。阮曰：'欲闻其言，恶见其面。'此则林公之形，信当丑异。"或许正由于自己形貌的异常丑陋，使支遁从现实的形神二元背反的亲身体验中，认识到了精神超越的意义和重要性，他才比其他人更重视、更渴求，也更懂得形貌之上的神明、神智、神俊之独拔、超迈与自由的价值所在。他要通过他的眼神、气韵、风期、谈论、识度、雅致，冲淡乃至消释其形貌之不足，凸显出人格美本体体现在他身上的强大精神魅力，不仅让时人倾倒，亦且要流芳后代。《世说新语》及《高僧传》载："支道林常养数匹马，或言：'道人畜马不韵。'支曰：'贫道重其神骏。'""支公好鹤，住剡东岇山。有人遗其双鹤，少时翅长欲飞。……林曰：'既有凌霄之姿，何肯为人作耳目近玩？'养令翮成，置使飞去。"（《世说新语·言语》）。"王逸少作会稽，初至，支道林在焉。……因论《庄子·逍遥游》。支作数千言，才藻新奇，花烂映发。王遂披襟解带，留连不能已。"（《世说新语·文学》）可以说，正是支氏的飘逸于形貌之外的独特的精神韵度，使人忘记其形体的丑异，沉浸于其人格的美中，得到了审美的享受。《世说新语·赏誉》又载：王羲之"叹林公器朗神俊"。刘注引《支遁别传》说："遁任心独往，风期高亮。"《世说新语·容止》载谢安、孙绰见支遁曰："谢公云：'见林公双眼，黯黯明黑。'""孙兴公见林公：'棱棱露其爽。'"《弘明集·日烛篇》亦云："支子特秀，领握玄标，大业冲粹，神风清萧。"而《世说新语·伤逝》则载："戴公（逵）见林法师墓，曰：'德音未远，而拱木已积。冀神理绵绵，不与气运俱尽耳！'"表现出了后人对支遁人格精神的无限赞叹怀念之情。支遁佛教哲学中人格美的本体虽表面为佛教般若学之"空"，但实则为玄学本体论之"道"、"无"、"玄"。二者并有时互用，而体现在个体人格生命之中，这个哲学和美学的本体就是个体人格生命所具有的"神"（神明、神智、神俊）；其人格美的最高典范、标本虽名为佛、菩萨，但实质乃神、仙、圣人、至人，且更多乃被支氏径称为"至人"、"圣人"。因此经过比附（即格义）之后，支遁成就佛教最理想人格的目标，已和玄学人格美的理想一样，演变成为培养"至人"、"圣人"或道教的"神仙"人格。而这种人格从哲学本体论上讲，就是达到一种与道（玄、无）同一的极高的人格美境界。这就构成了支遁人格美学悟本归宗、独标神俊的基本哲学理路。支遁的《大小品对比要钞序》云："夫般若波罗蜜者，众妙之渊府，群智之玄宗，神王之所由，如来之照功。其为经也，至无空豁，廓然无物者也。"又说："至理冥豁，归乎无名，无名无始，道之体也。……是以诸佛因般若之无始，明万物之自然，众生之丧道，溺精神乎欲渊，悟群俗以妙道，渐积损以至无。"这是以道家之"无"释般若"性空"之体，即以"无"为本；而由于持此本体论，因而在支氏那里，"佛"亦顺乎自然地成为玄道之"至人"。支遁的《大小品对比要钞序》及《释迦文佛像赞（并序）》等文中，曾不止一次地称赞佛教理想人格的标本"佛"为"至人"，他说："夫至人也，览通群妙，凝神玄冥，灵虚响应，感通无方，建同德以接化，设玄教以悟神，述往迹以搜滞，演成规以启源。"而其所作《咏大德诗》，竟以"挥戈在神往"的庖丁与"佛"同称理想之"大德"人格而歌咏之。很显然，支氏所赞颂歌咏的这一佛教般若学的最高本体及其与之合一的最高理想人格——佛、至人等，已既非一般哲学理念中的实体概念，更非普通宗教中的人格神，而是一种审美化的人格，是一种自由、超逸、飘洒的精神境界。故支遁的人格美思想中的理想人格最终要落脚在人物的精神之上，重神轻形、独标神俊，追求内在精神的超越。支遁的《咏怀诗五首》其二曰：

> 端坐邻孤影，眇罔玄思劬。偃蹇收神辔，领略综名书。涉《老》咍双玄，披《庄》玩太初。……廓矣千载事，消液归空无。无矣复何伤，万殊归一涂。道会贵冥想，罔象掇玄珠。怅怏浊水际，几忘映清渠。反鉴归澄漠，容与含道符。心与理理密，形与物物疏。萧索人事去，独与神明居。

（二）即色游玄　顿渐并重

在魏晋佛教哲学的发展史上，支氏最重要的理论贡献乃在于他提出了"六家七宗"中的"即色义"。《世说新语·文学》载："支道林造《即色论》，论成示王中郎。中郎都无言。支曰：'默而识之乎？'王曰：'既无文殊，谁能见赏'？"刘孝标注："《支道林集·妙观章》云：'夫色之性，不自有色。色不自有，虽色而空。故色即为空，色复异空'。"

支遁之"即色义"，除见于《世说新语·文学》刘注所引《支道林集·妙观章》之外，历代辩论之或涉及者尚有僧肇之《不真空论》，慧达、吉藏、元康之《肇论疏》、安澄之《肇论疏记》和《中论疏记》、文才之《肇论新疏》、昙济之《六家七宗论》、净源之《中论疏》等。故汤用彤云"支公即色义尤不能详"，因为前人之"解释确否难定"。我们认为，若从《世说新语》刘注引《妙观章》所言而论，支氏之"即色义"似全同于玄学之"天地万物以无为本"的"无本论"。"夫色之性，不自有色"，是说一切现象的本质，就在于它们不具备其所以为自己的根据、本体；"色不自有，虽色而空"，是说物质现象既然存在的根据不在自身，所以它自己就是不真实的，是假有。这两层意思合起来就是物质现象是虚假的（"色即是空"），但物质现象又并不就是那个"空"（无）性本身（"色复异空"）。显然，如果按对"即色义"的这种解释，它虽然已注意到要从现象与本体的关系上来说明本体的存在形式；但正如我们在第一章"有无的本末"一节中分析王弼"夫物之所以生，功之所以成，必生乎无形，由乎无名"（《老子指略》）时所说：它主要是"着眼于整体"、"研究作为整体存在的有"的。故僧肇的《不真空论》破之曰："夫言色者，但当色即色，岂待色色而后为色哉？此直语'色不自色'，未颁'色之非色'也"。元康的《肇论疏》亦曰："林法师但知言色非自色，因缘而成；而不知色是空。犹存假有也。"肇、康二人从事物的"非有非无"性上去理解"色"和"空"，即是依罗什介绍的"中观"学说所涉及的"分别"、"名"、"相"等内容，侧重于事物的客观的"所"的方面或者说"自相"（"殊相"）方面去理解"色"、"空"的[1]；这可以说正切中了魏晋早期佛教哲学本体论依照玄学思路，侧重于从事物的共相（"名"、概念）或者说"主观的能的方面"去理解事物本质的基本时代特点。在这种哲学本体论看来，一方面，物质现象或事物的本质并不是其自身内在地具有的，而

---

[1] 吕澂：《中国佛学源流略讲》，中华书局1979年版，第50、52页。

是某种外在地赋予的东西；另一方面，作为外在地存在于个别事物的本质，则是绝对的实体，不可能同时具有"有"、"无"二重性，它与其说是绝对的"无"，不如说是绝对的"有"。就个体的人格生命而言，心、神就是人的这个共同本质与本体；它既是可以游离于事物之外的共相，它本身又是绝对的实体。前文已指出魏晋玄学中"贵无贱有"、"重神轻形"之说正由此而形成，而反观此时佛教"六家七宗"学说，其根本内容实亦与此密切相关。如果说释道安、支愍度等所倡"本无宗"、"本无异宗"、"心无义"，主要表现了此时佛学本体论比附玄学"贵无"说，把一个外在的普遍的"共名"——"无"作为万物的本体，即知"色不自色"的话，那么，于法开、释道壹、于道邃等所倡之识含宗、幻化宗、缘会宗等，则主要反映了当时佛学本体论"格"玄学"重神"之义，把一个外在地移入事物的主宰绝对化为某种实体概念，即主张"色无心有"的另一思想特点。安澄的《中论疏记》引释道壹《神二谛论》说："一切诸法，皆同幻化，同幻化故名为世谛。心神犹真不空，是第一义。"对"六家七宗"佛学本体论上"色无心有"特征中的"心有"一方面，作出更为明确的发挥。①

支遁"即色义"作为"六家七宗"之一家（宗），亦应该具有当时佛教哲学在本体论上比附（"格义"）玄学哲学贵无贱有、重神轻形即肯定"色空心有"的一般思想特点，这一点是无疑的。上文我们刚刚指出，支遁在玄学化佛教的人格美本体论上主张反本归宗、独标神俊，即可作为支遁"即色义"已包含这一思想内容的一项例证。但是支遁毕竟是当时积极探求从佛教哲学内部实现外来佛教"中国化"且广有影响的一位僧徒玄学家，他曾深受中国本土文化特别是其所提倡"内圣外王之道"思想的影响，对《老》、《庄》思想有极高的造诣。

---

① 参见余敦康：《中国哲学论集》，第333—335页。

《世说新语·文学》载："《庄子·逍遥》篇，旧是难处，诸名贤所可钻味，而不能拔理于向、郭之外。支道林在白马寺中，将冯太常共语，因及《逍遥》。支卓然标新理于二家之表，立异义于众贤之外，皆是诸名贤寻味之所不得。后遂用支理。"这说明了支遁虽和此期"六家七宗"的其他佛教玄学家一样，是把佛教"中国化"的重点放在以"色空"比附"本无"的"格义"功夫上的，但他又像对待《庄子·逍遥游》旧义二样，不满足于"色空心有"的一般"格义"解释，而对佛道、中印（天竺）哲学观异察同，力求获得从更高层次上会通二者之"新理"。而从中国哲学自先秦诸子到魏晋玄学发展所形成的根本特点来看，虽然此期玄学各派说有谈无，堪称本体论哲学；但是更值得注意的是，魏晋玄学有无本末之争的实质可化为体用或名教与自然之辩。离开器用、名教的纯形上学之本体论，既非中国哲学之所关注，同样亦非魏晋玄学思想家之目标。我们在本书中反复申明追求与道同一、"天地万物本吾一体"的最高人格美境界，是魏晋玄学的最根本、最核心的主题之一，也正是就此一特点而言的。支遁作为深得玄学和佛理三昧，并常"卓然标新理"、"立异义于众贤之外"的佛教玄学家，他对中国哲学和玄学体用一如、因"用"言"体"的根本文化特点不会不较当时一般佛教徒和佛教思想家有更深刻的认识，并会将这一认识自觉地反映到他的会通玄佛、对佛学"中国化"的改造中去。换言之，由于支遁对包括魏晋玄学在内的中国哲学的即"用"言"体"、自然与名教不分的根本文化特点较"六家七宗"中的其他成员有更清醒、更深刻的认识，且他已在自觉地寻求二者的会通，所以，他的"即色义"除了和"六家七宗"的其他诸义一样，要标明"色空心有"这一贯无贱有、重神轻形本体论主旨之外，必当包含有"六家七宗"其他诸家（宗）义理所没有，但已为支遁所独悟的玄学体用关系之新义。我们认为，这一新义即所谓"即色游玄"。吉藏的《中观论疏》说："明即色是空，故言'即色游玄论'。"而安澄的《中论疏记》亦曰："第八支道林著《即色游玄论》云：夫色之性，色不自色；不自，虽色而空。"即以《即色游玄论》为"即色义"也①。

我们认为，支遁之"即色义"之所以又被称为《即色游玄论》，这并不是偶然。这是因为支氏之"即色义"除包含有"六家七宗""色空心有"之原有旧义之外，另发明了体现当时玄学自何晏、王弼之体用不二，到向秀、郭象之"内圣外王"的那种体用如一、名教和自然相结合之精神传统的新义。这种"即色义"中包含的"即色游玄"的新义的基本内容，就是要把玄学本体论的即体即用之方法，运用于佛教哲学本体论领域，使佛教哲学本体论般若性空之抽象形上学，转而与现实世俗之社会功用讨论相结合；使佛教哲学之认识论自然延伸至实践论，使佛教哲学之人格美本体的建立，扩展到凡人是否能成佛（圣），以及如何成佛（圣）的佛教人格美实践论。故前引支遁的《大小品对比要钞序》在"夫般若波罗蜜者，众妙之渊府"一段之后又云：

> 夫无也者，岂能无哉？无不能自无，理亦不能为理。理不能为理，则理非理矣；无不能自无，则无非无矣。……何则？徒知无之为无，莫知所以无；知存之为存，莫知所以存。希无以忘无，故非无之所无；寄存以忘存，故非存之所存。莫若无其所以无，忘其所以存。忘其所以存，则无存于所存；遗其所以无，则忘无于所无。忘无故妙存，妙存故尽无，尽无则忘玄，忘玄故无心。然后二迹无寄，无有冥尽。是以诸佛因般若之无始，明万物之自然。……或因变以求通，事济而化息，适任以全分，分足则教废。

---

① 案：关于《即色义》与《即色游玄论》之关系，向有两种不同看法：一种为自《中论疏记》以来，直到汤用彤先生的观点，认为《即色义》与《即色游玄论》为同一篇或同一内容的作品；另一种为吕澂所说，二者为不同内容之作品。本书取第一种看法，但认为《即色游玄论》乃《即色义》中之一义。

这说明，支遁已认识到"六家七宗"旧义"徒知无之为无，莫知所以无"，即"犯了割裂体用的错误"，而主张应该"把本体和现象结合起来"。① 支遁《咏怀诗二首》其二亦云："总角敦大道，弱冠弄双玄。逸巡释长罗，高步寻帝先。妙损阶玄老，忘怀浪濠川。达观无不可，吹累皆自然。……恢心委形度，亹亹随化迁。"《广弘明集》卷三十五载王洽《与林法师书》云："夫教之所由，必畅物之所未悟……今本无之谈旨，《略例》坦然，每经明之，可谓众矣。然造精之言，诚难为允：理诣其极，通之未易。岂可以通之不易，因广同异之说，遂令空有之谈，纷然大殊。"云云。而汤用彤先生以为支遁答辞即《即色游玄论》。② 殆汤先生亦以支氏《即色游玄论》之内容为取譬名教之功用，以解王氏之疑惑欤？《世说新语·文学》"《庄子·逍遥》篇，旧是难处"条下刘注引支氏《逍遥论》曰：

> 夫逍遥者，明至人之心也。庄生建言大道，而寄指鹏、鷃。鹏以营生之路旷，故失适于体外；鷃以在近而笑远，有矜伐于心内。至人乘天正而高兴，游无穷于放浪；物物而不物于物，则遥然无（"不"前当脱"无"字，依下文"逍然靡不适"一句可知）不我得；玄感不为，不疾而速，则道然靡不适。此所以为逍遥也。若夫有欲，当其所足；足于所足，快然有似天真。犹饥者一饱，渴者一盈，岂忘蒸尝于糗粮，绝觞爵于醪醴哉？苟非至足，岂所以逍遥乎？

对于支遁《逍遥论》的旨归及其与向、郭注旧义的异同，历代学者聚讼纷纭，令人莫衷一是。我们认为，由于支氏哲学之真谛唯在其

---

① 余敦康：《中国哲学论集》，第336页。
② 汤用彤：《汉魏两晋南北朝佛教史》（上册），第180页。

"即色义"；而"即色义"超出"六家七宗"其他诸家旧义之处，又唯在其于"色空心有"一义外，另为求会通中印（天竺），以玄学体用不二之思路改造佛教哲学，发明不离俗世名教、功用、现象而言本体之"即色游玄"新理。故支氏解《庄子·逍遥游》所"标新理"、所"立异义"，亦当不能与其"即色义"全无关系。沿着这一思路比较支遁《庄子·逍遥论》与向、郭注，我们就会发现二者之异同乃主要在于如下两个方面。

其一，向、郭注本是侧重于阐发所谓"内圣外王之道"的，但由于向、郭要统治者与被统治者之间建立起一种"自为相因"的关系，故其阐述反而显示出较多从事物客观性方面立论，强调物各"适性"、"安分"的特征，向、郭注曰："夫大鹏之上九万，尺鷃之起榆枋，小大虽差，各任其性。苟当其分，逍遥一也。然物之芸芸，同资有待，得其所待，然后逍遥耳。"云云，正说明这一理论特征。佛教"六家七宗"原是侧重于论证"色空心有"之义的，它在否定客观外物的物质实在性的同时，也充分凸显了主体精神的作用；这一点虽然不尽符合天竺佛教的原意，却与中国哲学的传统一脉相承。支氏有感于这一点，认为向、郭义偏离了中国哲学所固有的，并与经他们改造过后的佛理相通的高扬主体精神的传统，所以他要另立"新义"对向、郭加以修正。《逍遥论》所谓"夫逍遥者，明至人之心也。庄生建言大道，而寄指鹏、鷃"。鹏"有矜伐于内心"云云，正表现他的"立异"之处。

其二，向、郭以"各任其性"、"苟当其分"为逍遥，不仅弱化了主体精神的意义而显示出某种从客观外物立论的倾向；而且由于在本体论上他们是否定有一个万物普遍本体或"真宰"的，故他们所标举的"圣人"人格境界乃所谓"与物冥而循大变，为能无待而常通，岂独自通而已"。而这在支氏这位佛学思想家看来，这仍是要人从与外物的相对待中获得超越，即仍要视是否具备了外物各得其"性分"这个前提条件而后才能获得自己的逍遥。这不仅取消了理想与现实的差别，把"圣人"、"至人"的人格由"天地境界"拉回、降低到了"自然境界"的层次；而且也不可能真正"物物而不物于物"，"玄感不为，不疾而速"，"逍然靡不适"，"无为而无不为"，达到体用的一如。《高僧传·支遁传》说："遁尝在白马寺与刘系之等谈《庄子·逍遥》篇。（刘）云：'各适性以为逍遥。'遁曰：'不然。夫桀、跖以残害为性，若适性为得者，彼亦逍遥矣。'于是退而注《逍遥》篇，群儒旧学莫不叹伏。"显然，支遁的这一"新理"是针对向、郭物以"各适其性"为逍遥说而发的，他的目的是要说明"圣人"、"至人"人格理想的"天地境界"，是并不能等同于具有愚劣物性的桀、跖人格的"自然"境界的；从凡人到"至人"、"圣人"，有一个人格修养、提升的过程。"圣人"、"至人"首要的是造就一个与道同一的审美化的"至无"心胸，然后以这样一颗"至无"的虚灵之心应对万物，就能处处返本归宗，物物而不物于物、无为而无不为。

从中国哲学思想的发展史来看，支遁的这一体现其"即色义"旨归的《逍遥》篇新理，对中国哲学和当时佛教哲学的传统都既有所吸收，也有所改造。对于当时佛教哲学而言，支遁主要吸收了其"色空心有"的思想，以论证实现理想的"至人"人格境界的过程中审美化的主体精神的重要性；但对佛教形上学本体论则朝玄学体用不二的方向作了必要的改进。对于中国哲学特别是魏晋玄学而言，支遁主要吸收了其"内圣外王"的传统，以加速佛教哲学世俗化、"中国化"的进程；但对中国哲学特别是玄学或以为圣凡无别、"任性"、"当分"则"同于大通"，或以为圣凡霄壤之隔、凡人"学不入圣"这两种极端之说，也进行了必要的佛教式的改造，使之成为"凡人"修德进业，由渐而积至"七住"，便可得"无生法忍"，顿悟成圣（佛）的人格美方法论。支遁《释迦文佛像赞（并序）》叙释迦牟尼修道历程云："尔乃抗志匪石，安仁以山，斑卉匡居，摧心立盟。嫠安般之气绪，运十算以质心……洞四观而合泯，五阴迁于还府，六情虚于静林，凉五内之欲火，廓太素之浩心，濯般若以进德，潜七住而抱玄，搜冥鱼于六绝。齿既立而废筌，豁万劫之积习……"其《咏怀禅思道人诗》云："投一灭官知，摄二由神遇。承蜩累危丸，累十亦凝注。……曾筌攀六净，空同浪七住。逝虚乘有来，永为有待驭。"反映的就正是这种即色游玄、积学以至顿悟，至"七住"可得"无生法忍"，超凡入圣的观点。这种观点不仅把玄学哲学上本体论的探讨与实践论的阐发结合起来了，开启了后来中国哲学"工夫所至即是本体"的思路（黄宗羲语）；同时也将佛教哲学的宗教修炼方法，提升到了人格美实践论的高度，为佛教的"中国化"、中印（天竺）文化的会通进一步奠定了基础。关于支遁对佛教成就理想的"圣人"、"至人"人格的方法由宗教修炼论提升至审美实践论，并在人格美培养中顿渐并重的特点，本书第二章第五节已做过论述，读者可自行参看，兹不再重复。

三、东晋的风流宰相——谢安

谢安，字安石，陈郡阳夏人，出生于东晋南朝赫赫有名的王、谢家族中的谢家。谢安的父亲谢裒，曾任太常卿、吏部尚书；兄谢奕，曾任太尉掾、剡令，累迁豫州刺史。从父谢鲲，曾任豫章太守，为中朝著名的放达名士；从兄谢尚仕至镇西将军、豫州刺史。谢安的弟弟谢万、谢石、从子谢玄，均在东晋历任要职。可见其家门之显赫。谢安四岁时，谯郡桓彝见而叹曰："此儿风神秀彻，后当不减王东海（王承）。"及总角，神识沉敏，风宇条畅，善行书。弱冠拜访王濛，清言良久，去后王濛对自己的儿子说："此客亹亹，为来逼人。"王导亦很器重他。因此他少享重名。

谢安虽然很早就有重名，但他却和一般士族玄学名士不一样，没有那么急躁地进入仕途，而是隐居山林，对仕途采取敬而远之的态度。《晋书·谢安传》说他"初辟司徒府，除佐著作郎，并以疾辞。"他隐居会稽东山，和当时名流王羲之、许询、孙绰、支遁"出则渔弋山水，入则言咏属文，无处世意"。扬州刺史庾冰因为谢安名声大，多次敦促谢安到他手下任职，谢安没有办法只好去赴召，一个月便回来了。又征拜他为尚书郎、琅邪王友，他也不就。吏部尚书范汪举荐他为吏部郎，谢安回信拒绝了。谢安的这些举动，弄得朝廷的官吏们很不高兴。因此，"有司奏安被召，历年不至，禁锢终身"。但谢安并不在意，栖迟东土，游山玩水，放情丘壑，并必以妓女相从，恣情声色之乐。谢安在四十岁的时候，迫于当时朝廷政治力量的平衡及其弟谢万被废为庶人后谢氏家族"门户中衰"的压力①，终于在东晋简文帝司马昱当政的时候千呼万唤始出来。谢安先任桓温的司马，不久，因其弟谢万之死"投笺求归"，改任吴兴太守。顷之，拜侍中，迁吏部尚书、中护军。在东晋王导、庾亮、桓温等王、庾、桓三大家族的代表轮番执掌相权之后，谢安成为东晋的另一位被认为也是魏晋清谈家所"理想的贤相"（缪钺语），并统帅东晋军队打赢历史上的著名的一场以少胜多的保卫战——淝水之战。人称"风流宰相"。

称谢安为"风流宰相"，这一说法始于南齐的王俭。《南齐书·王俭传》载："（俭）作解散髻，斜插帻簪，朝野慕之，相与仿效。俭常谓人曰：'江左风流宰相，唯有谢安。'盖自比也。"王俭此处虽未明确界定"风流"概念的含义，但从王俭容止"作解散髻，斜插帻簪"诸语，可知王氏所赏者并非通常朝士云冠方巾、规行矩步之常态，而乃追

---

① 关于谢安出仕之背景，可参见陈明《儒学的历史文化功能——士族：特殊形态的知识分子研究》（学林出版社 1997 年版）第十一章"谢安：风流宰相？"。

求潇洒自如、不拘形迹之精神风貌。

从中国哲学范畴的发展演变来看，"风流"一词在古代汉语中始于何时虽尚难考定，但以"风"指人之作风、风度，则早已见于先秦。《孟子·万章下》云："故闻柳下惠之风者，鄙夫宽，薄夫敦。"即其义也。至汉代，《汉书·赵充国、辛庆忌传》云："其风声气俗，自古而然；今之歌谣慷慨，风流犹存耳。"则已以"风流"连缀为一词，然其含义犹为"风"与"流"之组合，意指某事或人的流风余韵与影响。至魏晋时期，随着玄学本体论韵发展和玄学与道同一的人格美理想的确立，玄学人格美以体现"道"、"无"的"神"、"神明"、"神俊"、"精神"等为个体人格生命的本体而追求精神的潇洒、高迈与超越，"风流"遂成为魏晋玄学品鉴人物的重要题目和标示人格美理想的重要概念。以"风流"品评举止潇洒、超逸、雅致的名士精神风度或代表具有这一精神风度的名士本身，便成为魏晋玄学时代清谈的基本风尚与内容。《世说新语》和《晋书》二书是专记魏晋时期玄学名士的行事与清谈的书，其中便记录了许多以"风流"品目人物的史料。如《晋书·卫玠传》载有王导的《祭卫玠教》说："卫洗马明当改葬。此君风流名士，海内民望。"《乐广传》说："故天下风流者，谓王（衍）、乐（广）称首焉。"《殷浩传》载庾翼《与殷浩书》说："王夷甫先朝风流士也，然吾薄其立名非真，而始终莫取。"《谢混传》说："及宋受禅……（刘）裕亦叹曰：'吾甚恨之，使后生不得见其风流！'"这几个"风流"，均指玄学名士高超的精神风韵与气度。而《世说新语》一书及刘注使用"风流"概念更多。如《雅量》"戴公从东山出"条注引《晋安帝纪》曰："戴逵……好鼓琴，善属文，尤乐游燕，多与高门风流者游。"《赏誉》载："范豫章（宁）谓王荆州（忱）：'卿风流俊望，真后来之秀。'"《品藻》"人有问太傅"条注引《续晋阳秋》曰："（王）献之……为风流之冠也。"《伤逝》及注引《（卫）玠别传》载：

"丞相王公教曰：'卫洗马当改葬。此君风流名士，海内所瞻……'"《栖逸》载："康僧渊在豫章，去郭数十里，立精舍。……观其运用吐纳，风流转佳。"这些"风流"概念，虽或指精神风度，或指具有这种精神风度的名士，但其中所包含的个体人格精神潇洒、超越、雅致的人格理想则是一致的，故前文我们曾引冯友兰先生的话说："对于超乎形象者有所感觉，即有超越感。这种感觉是风流品格的本质的东西"；"具有物我无别，物我同等的感觉。要有风流的品格，这种感觉也是本质的东西"。①

"风流"的本质就是某种精神的超越感，即是某种艺术精神、审美精神，"风流"作为一个美学范畴提出后对中国的美学思想特别是美学鉴赏产生了巨大的影响。钟嵘的《诗品》评曹植："如三河少年，风流自赏。"司空图的《二十四诗品》论"含蓄"风格为："不着一字，尽得风流。"即是其例。那么如何才能具备这种"风流"的品格或美的精神呢？冯友兰先生又曾在其《论风流》一文中认为"风流是一种美"，一种人格美，要具有"风流"品格，首要的一点是要具有"真性情"，即所谓"是真名士自风流"。因为正如我们在第一章"性情的真伪"一节中所说，真的性情是从个体人格生命的极根源处而来的，因而是与宇宙的本体"道"、"玄"、"无"同体的，也就是至善至美的。在这样的人格美境界里，人已经泯灭了是非、彼此、物我等一切差别，达到了"天地万物本吾一体"的"天地境界"，自然能无往而不美，能做到"人生无处不风流"了。

"风流"的本质就是与天地万物一体的人格美境界，是一种人格"超凡入圣"的超越感。但是，对于这种最高人格美境界或超越感，正如我们前文说过的，每个人的觉解程度是并不一致的。有的人从纯精神

---

① 冯友兰：《中国哲学简史》，第 199—203 页。

的角度出发，从"风流"中看到了一种"精神上下四达并流"；有的人着眼于外在的形迹，从"风流"中看到了生活作风的放诞不羁；有的人则由政治事功的视角，从"风流"中看到了"外王"的功业……或许正是由于这个原因，历代对于东晋的"风流宰相"谢安的"风流"人格的内在特质，各人都存在着许多认识的差异。《世说新语·赏誉》载："王子敬（献之）语谢公：'公故潇洒。'谢曰：'身不潇洒。君道身最得，身正自调畅。'"这里王献之实是把谢安的"风流"说成"潇洒"。但《高僧传·支遁传》载谢安《与支遁书》云："人生如寄耳，顷风流得意之事，殆为都尽。"则把栖迟东山的隐遁生活视为"风流"。我们认为，尽管各人从各自的角度对谢安的"风流"人格存在不同看法，但如果从谢安的思想与生活的全貌来看，谢安的"风流"人格既不全在精神的潇洒，也不全在其事功的显赫；既非全在于"出"，也非全在于"处"；既非全属于儒，也非全属于道；而是在于其对于出处、儒道、内圣外王的统一与超越。谢安的最高人格美境界也是"和任"、"和靖"，即和谐—自由的境界。通过艺术化、审美化的生活方式，实现内在性情的调畅、雅致，是谢安达到其"风流"人格的人格美实践方法和途径。

（一）"内圣"与"外王"的统一的风流人格范式

魏晋玄学人格美思想的最高理想人格是实现性情、有无、形神、名教与自然和谐统一，并最终达到与道同一的美的人格或人格美的境界，这就是"圣人"、"至人"、"神人"、"达人"或"君子"型的人格。这种理想的人格，从其内在的道德修养和外在的社会事功而言，就是"内圣"与"外王"（只有"圣王"的修养、境界与事功，而非现实中真正的"哲学王"）的统一；就其群己、社会伦理关系而言，就是出处、仕隐、名教与自然的统一；而就其思想源流关系，则又是儒家思想传统和道家人格理想的统一。魏晋玄学名士们所追求的最高人格理想就是在人生的各个领域均达到了和谐统一的人格。只是因为受当时历史条件的限制，各人对这一理想的人格境界觉解的程度不一，即使是嵇康这类真正在精神境界上达到了内在性情和谐统一的玄学人格美思想家，也不可能现实地实现"内圣"与"外王"、"名教"与"自然"统一的理想，只能以宁为玉碎、不为瓦全的悲剧形式而存在。历代论者多非难玄学"迂诞浮华"，"口之所谈，身不能行。长于识古，短于理今。为政则政乱，牧民则民怨"（《抱朴子·行品》）。甚至将晋之亡国也归咎于此，其原因都与玄学现实人格中的这种内、外分裂有关。

与魏晋时期的其他玄学人格美思想家相比，谢安是当时较为少见的一位在人格美实践中较好地实现了出处、儒道、内圣与外王统一的人格理想的代表，而这种人格美实践中儒道、内圣外王的现实统一，正构成了谢安的"风流"人格的突出特点之一。

在东晋时期，先后与司马氏共天下的是王、庾、桓、谢、殷诸大家族，王导、庾亮、桓温、殷浩是谢安之前代表王、庾、桓、殷大世家先后登上过东晋政坛的玄学名士，但由于王导、殷浩、庾亮、桓温等人中，王、殷二人所持为以道家思想为主体的、偏向道家"任自然"型的人格理想。王导"阿衡三世，经纶夷险"；"末年略不复省事，正封箓诺之"（《世说新语·政事》）。殷浩所持以儒家思想为骨干的人格类型，属于儒家型人格理想或所持以道家思想为主体，属道家型人格理想，故最终实际上都没能很好地协调个体人格生命中出处、儒道、名教与自然的关系，达到现实人格中"内圣外王"的完美统一。"识度清远，弱冠有美名，尤善玄言，与叔父融俱好《老》、《易》。融与浩口谈则辞屈，著篇则融胜，浩由是为风流谈论者所宗"（《晋书·殷浩传》）便可知这一点。

如果说王导、殷浩代表了魏晋玄学人格思想中出处、儒道、名教与自然处于对立中，并偏重于道家任"自然之道"的人格类型的话，那么庾亮、桓温则代表了当时玄学人格美思想中同样存在上述种种对立，但却偏向实行儒家名教的人格理想。《晋书·庾亮传》既说："亮美姿容，善谈论，性好《庄》、《老》"，桓温本具有魏晋玄学风流名士所特有的真率性情、博大的同情心与宽仁的胸怀①；而《晋书·桓温传》又云："温豪爽有风概，姿貌甚伟"，"与庾翼友善，恒相期以宁济之事"。即桓温同时又追求儒家"圣人"人格，"博施于民而能济众"、治国平天下的事功。但是由于桓温的思想中主要成分乃"儒家忠君报国思想和市井之徒的非道德主义倾向"②，当他"全欲以德被江、汉，耻以威刑肃物"的时候，他能外御强虏，内和生民，"在州宽和，百姓安之"（《世说新语·政事》及注引《晋书·桓温传》），积极推行儒家仁政；当他的市井狂悖的品性突出时，则无视一切道德秩序，曰："既不能流芳后世，不足复遗臭万载耶！"这说明，桓温的人格思想显然并未达到儒与道、名教与自然、内圣与外王的统一，而是处于二者的尖锐对立之中。而正是这种思想深处的矛盾与冲突，既使桓温早年具有的那种体现着宽仁胸怀和伟大同情心的动人情致消失殆尽，也使他一生的恢恢事功毁于一旦，落得个一代奸雄的千古骂名……

与同时代的王导、庾亮、殷浩、桓温等人或徒具道家"内圣"之德，或终失儒家"外王"之功的"风流"人格相比，谢安的人格之所以被人推许为真正的"风流"，其原因就在于其较成功地克服了思想中的儒与道、名教与自然的内在矛盾与对立，而较好地实现了魏晋玄学人格美理想中的"内圣"与"外王"的和谐统一。在谢安看来，道家的自然与儒家的名教既非是对立的，理想的"圣人"人格中"内圣"的

---

① 宗白华：《论〈世说新语〉和晋人的美》，见《美学散步》，第208—230页。
② 陈明：《儒学的历史文化功能——士族：特殊形态的知识分子研究》，第189页。

道德修养与"外王"的济宁事功也并不是可以分为两截的，二者本来是完整统一的人格的两个方面，彼此不可偏废。谢安这种儒与道、名教与自然、内圣与外王相统一的人格范式，不仅可见于其虽优游东山，与名士孙绰、许询、支遁、王羲之、刘恢等清谈玄理至四十岁，但终能成就大功，淝水一战，谈笑间败前秦百万大军、"卒安晋室"这一奇特的人生经历上，更表现于其对个体人格生命中存在的儒道、内外、名教与自然矛盾关系的辩证认识及其调解方式中。《世说新语·赏誉》刘注引《续晋阳秋》说："初，安优游山水，以敷文析理自娱。桓温在西蕃，钦其盛名，讽朝廷请为司马。以世道未夷，志存匡济。年四十，起家应务也。"这说明，在谢安那里，"优游山水"这种道家隐居任自然的生活方式，并非被看成是与儒家名教"志存匡济"的"起家应务"格格不入的，而是可以互融互涵的。关键在于你处在什么时间和什么位置，只要能如阮籍、嵇康、向秀、郭象等玄学家们所强调的个体人格生命"以各得其性"为目标，使各人在政治理想与才能各方面"各得所任"（《晋书·谢安传》），便既可以达到内心儒与道、名教与自然的和谐，也就不难实现人格理想中"内圣"与"外王"的统一。《世说新语·排调》载："谢公在东山，朝命屡降而不动。后出为桓宣武司马，将发新亭，朝士咸出瞻送……戏曰：'卿屡违朝旨，高卧东山，诸人每相与言：安石不肯出，将如苍生何？今亦苍生将如卿何？'谢笑而不答。"谢安之所以"笑而不答"，究其原因，并非如《晋书》本传所说的那样，是"甚有愧色"；而是如下文刘注引《妇人集》载谢道韫所云："亡叔太傅先正以无用为心，显隐为优劣；始末正当动静之异耳。"即是说谢安已超越了讥笑他的人心中所存的显隐、出处的对立；儒道之异同、名教自然之分殊，已在他心中泯灭，一切已在不言中，均应付之一笑。而正是基于这种思想认识上的统一与超越，故一方面谢安对同自己在东山一样啸咏任自然，但却任西中郎将、豫州刺史、散骑常侍，"受任北征，矜豪傲物，尝以啸咏自高，未尝抚众"的弟弟谢万，"深忧之"，并"自队主将帅已下，安无不慰勉。谓万曰：'汝为元帅，诸将宜数接对，以悦其心，岂有傲诞若斯而能济事也'！"(《晋书·谢万传》) 即明确反对将名教与自然、内圣与外王相对立，以道家纯任自然的态度而遗弃儒家提倡的治国平天下的事功。而另一方面，也反对同样出于对儒与道、名教与自然、内圣与外王关系的割裂，以"外王"事功否定追求内在自由的所谓"虚诞废务、浮文害要"之说。故当其未仕时与王羲之"共登冶城"，王批评"谢悠然远想"，并拿出"夏禹勤王，手足胼胝；文王旰食，日不暇给"以为例证时，谢同样亦付之一笑，说："秦任商鞅，二世而亡，岂清言致患邪？"(《世说新语·言语》) 而当其"及辅政，而修室第园馆，丽车服，虽期功之惨，不废妓乐。王坦之因苦谏焉"之时 (《世说新语·赏誉》刘注引《续晋阳秋》)，谢同样处之泰然，作书答坦之曰："知君思相爱惜之至，仆所求者，声谓称情，义无所不可为，聊复以自娱。若洁轨迹，崇世教，非所拟议，亦非所屑。常谓君粗得鄙趣者，犹未悟之濠上邪！"而谢安的《与王胡之诗》亦云："内润伊何？赏賫仁通。拂羽伊何？高栖梧桐。颉颃应木，婉转蛇龙。我虽异迹，及尔齐踪。"又曰"默非岩穴，语无滞事。栎不辞社，周不骇吏"云云。这说明谢安所追求的人格理想远非王坦之以名教与自然、内圣与外王相对立的"洁轨迹、崇世教"的儒家名教、事功，而是超越于这一对立之上的"称情"、"无所不可为"。阮籍、嵇康的适意自得，而与向、郭《庄子注》所谓"无为而自得，故极小大之致以明性分之适"(《逍遥游注》) 的人格理想一脉相承。谢安能从儒与道、名教与自然、内圣与外王相互统一的高度认识玄学理想人格内在道德修养与外在事功的辩证关系，并以之指导自己的人格美实践，故他能超出于当时一般的玄学名士，独显玄学人格美"圣人"人格"内圣外王"的真正名士风流。

（二）"和任"、"和靖"的风流人格风采

谢安既能泯灭儒与道、出处与自然、内圣与外王的矛盾对立，而达到了对之超越与统一的真正"风流"人格，这种风流人格的本质不是别的，正是自正始、竹林到元康、东晋以来，整个魏晋玄学人格美思想界所孜孜以求的自由—和谐的人格，是一种与道同一、"天地万物本吾一体"的最高人格美境界。这种自由—和谐、与道同一的人格理想，在谢安那里，则称之为"和靖"与"和任"。《晋书·谢安传》曰："安义存辅导……时强敌寇境，边书续至，梁、益不守，樊、邓陷没，安每镇以和靖，御以长算。德政既行，文武用命，不存小察，弘以大纲，威怀外著，人皆比之王导，谓文雅过之。"谢安的《与王胡之诗》曰："鲜冰玉凝，遇阳则消。素雪珠丽，洁不崇朝。膏以朗煎，兰由芳凋。哲人悟之，和任不摽。外不寄傲，内润琼瑶。如彼潜鸿，拂羽云霄。"

所谓"和靖"，是就谢安"风流"人格在实现其政治理想时所达到的人格美境界而言的。"和靖"与在行政上实行道家"清静无为"政策时不生政扰民，因天下之自为的"清静"，并不完全相同。"清静"主要是强调达到政治和谐时要实行简易、安民的措施与手段，因此，它虽有"和平"、"和谐"的成分，这种"和谐"本身还不是目的；还只是作为工具与手段而存在。"和靖"则与之不同，它既是手段、工具，更是一种目的和境界，是目的与手段的统一。作为一种达到和谐政治目标的工具与手段而言，"和靖"固然包含有政治上"清静无为"、不生事扰民，实行易简之政的要求，但却不是"清静无为"那样近乎对矛盾的回避，以某种消极的态度和方式求得一时的平安与宁静；而是一种积极面对矛盾，超越于矛盾双方的对立与偏执，从更高层次上达到矛盾双方的融通与和谐统一。谢安的《与王胡之诗》有云："仁风虚降，与时抑扬。""纷动嚣嚣，领之在识。会感者圆，妙得者意。我鉴其同，物睹其异。"《世说新语·文学》载:"谢公因子弟集聚,问:'《毛诗》何句最佳?'遏称曰:'昔我往矣,杨柳依依;今我来思,雨雪霏霏。'公曰:'讦谟定命,远猷辰告。'谓此句偏有雅人深致。"谢安此处所谓"会感者圆"、"我鉴其同",谓"讦谟定命,远猷辰告"、"偏有雅人深致",既表现了他努力并善于从纷繁复杂的矛盾对立中观其会通、以求圆融的思维特点,也正反映了"和靖"作为谢安实现和谐政治手段与工具的特定内涵。

但"和靖"在谢安的人格美思想中,更主要并不是作为工具和手段而存在的,而是作为他的"外王"人格的奋斗目标和理想境界而存在的。这就是整个国家上下和睦、平安、统一,调解了各种尖锐对立与冲突,使彼此无怨,各得其任,各得其所而言的。在这种境界和政治状况下的社会并非没有矛盾与对立,而是使人我、群己、上下关系避免了冲突的发生,处于一种协调和良性的循环中。而每个人均自得其所,这就为建立内在的和谐——自足怀抱、自得其性,实现玄学人格的内在超越创造了外部的条件。史载谢安"内称不避亲,外举不避怨",任用其侄谢玄,而远斥其婿王国宝,以致郗超赞叹道:"见其使才,虽履屐间未尝不得其任。"(《资治通鉴》晋纪二十七)《世说新语·政事》载:"谢公时,兵厮逋亡,多近窜南塘,下诸舫中,或欲求一时搜索,谢公不许,云:'若不容置此辈,何以为京都'?"这些正从一个侧面反映了谢安追求和谐政治的人格境界和他所使用的实现这一和谐境界的独特方式。

所谓"和任",乃是就谢安的"风流"人格在追求内在性情自得所达到的人格美境界而言的。"和任"之"和",实即前文所言嵇康人格美思想中"和心足于内,和气见于外","体静神正"或"体妙心玄"的内在之"平和";"任",则是嵇康所谓"忽然任心,而心与善遇";"越名任心,故是非无措也"的超是非、越名言的自由—和谐的精神境界。因此"和任"的实质，就是要通过某种超越是非、功利的艺术与审美的方式，使主体达到既自在又自为，即自由的人生境界。在这种自由的境界里，个体的人格生命完全消除了对外在感性世界的依赖，遵循其源于生命本体的纯真性情而动，心怀自得、自足，沉浸于一片"天和"之中，感觉到一种审美的"天乐"，因而他既是一个和谐的个体，也就获得了一种自由的人格和美的人格。谢安之所以直到临终前"东山之志始末不渝，每形于言色。及镇新城，尽室而行，造泛海之装，欲须经略粗定，自江道还东"（《晋书·谢安传》）。超然于现实的政治斗争之外，而性好音乐，期丧不废乐。正是他自觉地通过艺术化、审美化的人格美实践方法，以努力实现自由—和谐的人格境界的表现。故当他听见谢玄以"譬如芝兰玉树，欲使其生于阶庭耳"，回答其"子弟亦何预人事，而正欲使其佳"（《世说新语·言语》）之问话时，心中充满了与我同契的愉悦，而其《与王胡之诗》亦说："朝乐朗日，啸歌丘林。夕玩望舒，入室鸣琴。五弦清激，南风披襟。醇醪淬虑，微言洗心。幽畅者谁？在我赏音。"其《兰亭诗》曰："相与欣佳节，率尔同褰裳。薄云罗阳景，微风翼轻航。醇醪陶丹府，兀若游羲唐。万殊混一理，安复觉彭殇？"完全达到了物我两忘、自得逍遥、自然无碍，即一种自由—和谐、与道同一的人格美境界。

谢安以这样一种自由—和谐的玄学人格美境界面对世事，故能如庄子所说之至人"其出不䜣，其入不距"，"死生存亡，穷达贫富，贤与不肖，毁誉、饥渴、寒暑……不足以滑和，不可入于灵府"（《德充符》）。遇事不惧、不忧、不惊、不喜，唯有一片"天和"存于胸中，如沐浴和煦愉悦的春风，尽显其风流人格之风采。《晋书·谢安传》载苻坚率众百万，次于淝水，京师震恐，谢安任征讨大都督前往御敌，临行，"（谢）玄入问计，安夷然无惧色，答曰：'已别有旨。'既而寂然。……遂命驾出山墅，亲朋毕集，方与玄围棋赌别墅。安常棋劣于玄，是日玄惧，便为敌手而又不胜。……安遂游涉，至夜乃还，指授将帅，各当其任"。完全是一派举重若轻，指挥倜傥，谈笑间樯橹灰飞烟灭的气概，故千百年令人仰慕不已。李白诗曰："三川北虏乱如麻，四海南奔似永嘉。但用东山谢安石，为君谈笑静胡沙。"（《永王东巡歌十一首·其二》），"戏万乘若僚友，视同列如草芥"的谪仙诗人李白，亦深深为之倾倒。但谢氏的"风流"还并不止如此，更显示于他那颗对看似惊天动地的业绩而表现出的异常平静之心。《谢安传》云：

> 玄等既破坚，有驿书至，安方对客围棋，看书既竟，便摄放床上，了无喜色，棋如故。客问之，徐答曰："小儿辈遂已破贼"。

对于谢安这颗超乎寻常的"平常之心"，历代都不乏有人提出批评。《晋书》接着便说："既罢，还内，过户限，心喜甚，不觉屐齿之折。其矫情镇物如此。"其实，如果说谢安当时心中充满了一种愉悦之感，那是恰当的；因为那是一种自由—和谐的人格审美境界中应有的情感。如果说谢安是"矫情镇物"，则显示出于论者对于自由—和谐的人格美境界的不解或误解；因为在这种越是非超名言、物我浑然的自由—和谐的审美境界中，是没有对立、没有分别的，有的只是一片"天和"。而所谓"天和"，诚如《庄子》所言，乃"夫明白于天地之德者，此之谓大本大宗……与天和者，谓之天乐"。（《天道》）即已超越于是非、差别乃至生死之外，达到了自由的人格、美的人格，因而具有了最大的人生快乐也。《世说新语》一书中有《雅量》一篇，专记夏侯玄、嵇康、裴楷一批玄学名士"临刑东市，神气不变，索琴而弹之"之事，足见"和心足于内，和气见于外"之自由—和谐人格已超越世俗一切障碍的至大至美至和之境。而这，也正是谢安风流人格的真正风采。故《世说新语·雅量》亦载谢安初与王坦之齐名，但当二人共赴桓温的"鸿门宴"时，王"流汗沾衣，倒执手版"，而谢安则临危不惧，"神色不变"（《晋书·谢安传》），足可为其"风流"人格已臻自由一和谐之审美境界之证，俟读者赏之：

> 桓公伏甲设馔，广延朝士，因此欲诛谢安、王坦之。王甚遽，问谢曰："当作何计？"谢神意不变，谓王曰："晋阼存亡，在此一行。"相与俱前，王之恐状，转见于色。谢之宽容，愈表于貌，望阶趋席，方作洛生咏，讽"浩浩洪流。"桓惮其旷远，乃趣解兵。王、谢旧齐名，于此始判优劣。

四、"浔阳三隐"中的陶渊明

浔阳，为晋置郡名，治所在柴桑（今江西九江市西南），晋宋之际出现的中国思想文化史上杰出的思想家、诗人陶渊明，一生就主要生活在这个地方。

陶渊明，又名潜，字元亮。据史载，陶渊明为东晋大司马陶侃的曾孙，他的祖父陶茂，曾任武昌太守；外祖父孟嘉，曾任征西大将军桓温的长史；陶渊明的父亲也曾仕宦为官。但是由于陶渊明的家族并非王、谢一类南北朝的大世族，而是出身于社会地位很低的"溪族"，他的曾祖父陶侃虽然因武功官至都督八州军事，荆、江二州刺史，大司马，并被封为长沙郡公，但却仍常常遭人轻视，骂之为"溪狗"。再加之陶渊明的祖父又可能属于偏支庶出，所以到陶渊明的时候，早已家道中落，没有什么优越的社会地位与特权可言了。陶渊明的这一特殊的家世经历，对他的人生道路和人格的形成，均产生了重要影响。这使他一方面对祖上的功名引以为荣，接受了儒家积极用世的进取精神；另一方面却又受到士族特权阶级的排挤，而消极遁世，归隐山林。一方面与士族社会可能发生某些联系，使他的思想和作风与当时的玄学思潮发生或多或少的关联；另一方面又未成为"荣名以为宝"，"捉玉柄麈尾，与手同色"的清谈名士，而是在几次仕宦波折之后，终于成为一位追求内在的自由人格而甘于贫穷、忘怀得失、委心任去留的"隐逸"之士。而当时人也因此而将其与刘遗民（程之）、周续之一同称为"浔阳三隐"。

（一）越于宗教之上的艺术人生

将陶渊明视为隐士，并与刘遗民、周续之合称为"浔阳三隐"，这一说法最早见于沈约在南齐时所撰之《宋书》。沈约在《宋书》中将陶渊明列入《隐逸传》，并于《宋书》卷九十三《隐逸传·周续之传》说：

> 周续之，字道祖，雁门广武人。其先过江居豫章建昌县。……入庐山事沙门释慧远。时彭城刘遗民遁迹庐山，陶渊明亦不应征命，谓之"浔阳三隐"。

其后，梁昭明太子萧统编《陶渊明集》，著《陶渊明传》，即将此段文字移入其中。唐修《晋书》亦以陶渊明入《隐逸传》。文字本之《宋书·陶渊明传》而稍有简略，未采用《周续之传》"谓之浔阳三隐"一说。但历代编《陶渊明集》者，则多沿袭萧统《陶渊明传》，由是陶渊明与周续之、刘遗民共称为"浔阳三隐"之说大见流行，而陶渊明其人其文也就成为"隐逸"的典范。钟嵘的《诗品》即称陶渊明为"古今隐逸诗人之宗也"。

从陶渊明一生的经历来看，他除了在29岁时曾担任过为时很短的一段州祭酒和主簿，30—41岁时分别在桓玄、刘裕、刘敬宣手下间断做过短期的参军和80多天的彭泽县令之外，一生的大部分时间特别是其晚年，均过着"隐居不仕"的生活。如果按照传统的说法将封建时代为官作宦称为"仕"，将"不仕"称为"隐"的话，那么，陶渊明也许确实可以算得上是位"隐士",可以与另两位同居庐山、不肯入仕的周续之、刘遗民共称为"浔阳三隐"。但是,如果由此而将陶渊明思想与人格纳入"隐士"的范式,将他与周续之、刘遗民一同视为"浔阳三隐",那么,不仅对周、刘二人是一种曲解,而且对陶渊明的思想和人格,更是一种极大的不解和误解。

考察陶渊明与周、刘二人的思想与人格之异同,我们不难发现,尽管陶渊明与周、刘二人最终都"隐居"于浔阳匡庐名山,且他们的思想人格与人格历程都与当时士人一样,同中国哲学思想中的主干文化——儒、道、释有着深刻的关联,但周、刘二人却最终转向了宗教(佛教)人生,并由此形成了其中国化佛教信徒们特有的人格;而陶渊明则最终由对儒释道哲学的超越中升华为艺术化的人生,并由此而形成了其艺术化、审美化的人格。

根据《宋书·隐逸传》和题名为"晋无名氏撰"的《莲社高贤传》记载,周续之、刘遗民早年均出入于儒、道。《宋书·隐逸(周续之)传》说:"周续之,字道祖,雁门广武人也。其先过江居豫章建昌县。续之年八岁丧母,哀戚过于成人,奉兄如事父,豫章太守范宁于郡立学,招集生徒,远方至者甚众,续之年十二,诣宁受业。居学数年,通《五经》并纬、候。名冠同门,号曰'颜子'。既而闲居读《老》、《易》,入庐山事沙门释慧远。"史又载其虽历辞征辟,隐居不仕,但精通《毛诗》六义及《礼记》、《公羊传》,并为诸生讲《礼》,答宋高祖刘裕问答《礼记》"傲不可长"、"与我九龄"、"射于矍圃"三义之事。陶渊明亦有《示周续之祖企谢景夷三郎时三人共在城北讲礼校书诗》一首,其言云:"周生述孔业,祖谢响然臻。道丧向千载,今朝复斯闻。马队非讲肆,校书亦已勤。老夫有所爱,思与尔为邻。"可见陶渊明对周氏儒道兼综、勤于礼学的态度基本上是肯定的,只是认为喧闹嘈杂之处不太适合讲论而已。但是周续之的思想和性格又与当时一般的儒道兼综的玄学名士人格并不完全相同，而有进一步的发展，即已由通常玄学名士儒道兼综、玄礼双修的人格，发展为儒、道、释兼奉，孔、老、佛遍修，且一定程度偏向佛教的宗教型人格。其著《答戴处士书》、《难释疑论》等文，与戴逵反复辩论因果报应之虚实，极言形尽神不灭、因果报应之不爽。而史书又载其"以为身不可遣，余累宜绝，遂终身不娶妻，布衣蔬食"（《宋书》本传）。可见，周氏不仅思想观念已转向释氏，生活方式也完全取效佛教信徒矣。《莲社高贤传·周续之传》曰："（宋）武帝践祚，召至都间……上甚悦。问曰：'身为处士，时践王廷，何也？'答曰：'心驰魏阙者，以江湖为桎梏；情致两忘者，市朝亦岩穴耳。时号通隐先生。'"周氏此处答刘裕之言，实袭自《世说新语·言语》载刘尹（惔）问竺法深"道人何以游朱门？"竺答："君自见其朱门，贫道如游蓬户。"这表明，作为隐士的周续之的思想和人格，已在某种程度上达到了当时玄学名士们通常期待的，并已为竺法深、支道林等少数佛教徒所实践的出处、内外、名教与自然基本统一的人格美境界。但是正如后来宋明理学家批评禅宗所云，由于这种境界仍然保持着游荡山野的隐居形迹和出家不娶的僧侣生活方式，实际上最终不能不重蹈于某种偏执，不能真正达到与道同一的最高自由—和谐的人格美境界。

周续之是这样，刘遗民也是如此。刘遗民其人其事，《晋书》、《宋书》、《南史》均无传，《宋书·周续之传》附有"时彭城刘遗民遁迹庐山"等语。《莲社高贤传·刘程之传》云：

> 刘程之，字仲思，彭城人。汉楚元王之后。……刘裕以其不屈，乃旌其号曰"遗民"。

从刘遗民的思想和人格发展来看，刘遗民早年亦是儒道兼奉的名士。《刘程之传》说他"妙善《老》、《庄》，旁通百氏"；又说："少孤事母以孝闻。""初解褐为府参军，谢安、刘裕嘉其贤，相推荐。"并担任过柴桑县令，人称"刘柴桑"。陶渊明有《和刘柴桑一首》、《酬刘柴桑一首》共两首赠刘诗，一般认为即是与刘遗民相唱和的两首诗。这两首诗中的前一首陶渊明叙述自己的生活和经历，后一首则与刘遗民相邀出游。从两首诗的内容虽然无由考察刘遗民的思想与人格，但如果与《莲社高贤传·刘程之传》相参看，则似可肯定刘遗民前期表现为一种以儒道为一、视出处同归、亦官亦隐玄学名士型思想与人格特征。只是刘遗民最后亦和周续之一样，逃向了释氏，且比周续之显得更为偏执。故《莲社高贤传·刘程之传》曰："及与雷次宗、周续之、宗炳、张诠、毕颖之等同来庐山，远公谓曰：'诸君之来，岂宜忘净土之游乎？'程之乃镌石为誓文。以志其事。遂于西林涧北，别立禅坊，养志安贫。精研玄理，兼持禁戒。……尝贻书关中，与什、肇扬榷经义，著《念佛三昧诗》，以见专念坐禅之意。始涉半截，即于定中见佛光照地，皆作金色。居十五年，于正念佛中，见阿弥陀佛……"这说明，刘遗民不仅与陶渊明纯任自然之人格不同，亦且与周续之儒道释兼奉，孔、老、佛并修之人生方式亦有别，他已彻底地沉迷于释氏。而他之所以会形成偏执释氏的狂热的佛教徒人格，原因不在于别的，而在于他的思想和人格深处仍存在着深刻的有与无、出与处、仕与隐、内与外、形与神、名教与自然等一系列的对立与分裂，根本无法达到调和与统一，故不得不寻求一种以一方压倒、隔绝、抑制另一方的外在超越。《莲社高贤传·刘程之传》记刘氏答慧远问"官禄岩岩，欲何不为？"时说："君臣相疑，吾何为之？"刘氏《庐山精舍誓文》亦云："盖神者可以感涉，而不可以迹求。必感之有物，则幽路咫尺；苟求之无主，则渺茫何津？"其《致书释僧肇请为般若无知论释》云："谓宜先定圣心，所以应会之道。为当唯照无相邪？为当咸睹其变邪？若睹其变，是异乎无相；若唯照无相，则无会可抚，既无会可抚，而有抚会之功，意欲未悟，幸复诲之。"其《奉和慧远游庐山诗》亦云："理神固超绝，涉麓罕不群，孰至消烟外，晓然与物分？"等等，均反映了他的思想深处存在着不可克服的出处、形神、有无的矛盾，他对罗什、僧肇"非有非无、亦有亦无"之中观学说不解，亦正以此。以这种物我二分、人神殊隔的世界观对待生活，必然导致其形成以追求超绝此岸形相世俗世界、达到彼岸波罗蜜净土的迷妄宗教型人格。如果从人格美境界的层次来讲，刘遗民的这种人格境界不仅未能达到玄学人格理想与道同一的自由—和谐的最高人格美境界，即使与周续之"通隐"型的"隐士"人格也相距有间矣。因为它以转生佛境净土为外在目的，与玄学人格追求性情自得的内在超越是背道而驰的，因而也就违背了和谐—自由的本质。

与周续之、刘遗民相比，陶渊明虽然亦同时在一定程度上接受了儒、道、释三教的影响，也具有某种孔、老、佛兼修的思想特征，但他却以自己独特的人生经历达到了对儒、道、释思想资源的辩证扬弃和超越，建构起自己特有的艺术化、审美化的人生理想和人格美境界。

儒家哲学思想是两汉以来中国文化的正统思想，中国士大夫安身立命的主要精神支柱，虽经魏晋玄学的洗礼仍未彻底失去其文化优势。陶渊明从小即受儒家思想的熏陶，"少年罕人事，游好在六经"（《饮酒》）；"忆我少壮时，无乐自欣豫。猛志逸四海，骞翮思远翥"（《杂诗》）；"少时壮且厉，抚剑独行游。谁言行游近？张掖至幽州"（《止酒》）。他渴望建功立业，其思想和人格中有着儒家哲学的深刻影响。陶渊明在《感士不遇赋》中曾述自己的人生理想是："原百行之攸贵，莫为善之可娱。奉上天之成命，师圣人之遗书。发忠孝于君亲，生信义于乡闾。"故一直到四十岁，他的心中仍存有"总角闻道，白首无成"的焦虑："先师遗训，余岂之坠？四十无闻，斯不足畏。脂我名车，策我名骥。千里虽遥，孰敢不至。"（《荣木》）"身没名亦尽，念之五情热。立善有遗爱，胡为不自竭？"（《形影神》）故如鲁迅所说，陶渊明

"并非浑身静穆",他也有"刑天舞干戚,猛志固常在"等"金刚怒目式"的一面;他"总不能超于尘世,而且,于朝政还是留心的……"①

但是,魏晋时代既是一个儒学发展出现大的"歧出"的玄学时代,陶渊明更非俯仰由人的俗儒,而是一位勇于探索的思想家和诗人。现实社会名教的异化、个体人格生命价值问题的凸现,不能不引起他的深沉思考。所以他对儒家思想实有一个由早期的崇奉,到后来的怀疑,再到最终辩证地扬弃的过程。当他面对"真风告逝,大伪斯兴"、"举世少复真"的名教虚伪与异化的时候,他曾对儒家的价值观提出了怀疑和否定:"古时功名士,慷慨争此场。一旦百岁后,相与还北邙。松柏为人伐,高坟互低昂。……荣华诚足贵,亦复可怜伤。"(《拟古》其四)"老少同一死,贤愚无复数。……立善常所欣,谁当为汝誉?"(《形影神》)但当他如鲁迅所说"乱也看惯了,篡也看惯了"的时候,他也就能超脱激愤的情绪,对之作客观冷静的思考和辩证的取舍。他主要吸取了儒家思想中"忧道不忧贫"的坚持理想的精神、"中庸"、"中和"的境界趋向和对鬼神宗教存疑阙如的态度,而扬弃了其中过于强烈的荣利之心。"先师有遗训,忧道不忧贫。"(《癸卯岁始春怀古田舍》)"岂不知其极,非道故无忧。""贫富常交战,道胜无戚颜。""荣叟老带索,欣然方弹琴。原生纳决履,清歌畅商音。重华去我久,贫士世相寻。弊襟不掩肘,藜羹常乏斟。岂忘袭轻裘,苟得非所钦。赐也徒能辩,乃不见吾心。"(以上均见《咏贫士》)可见陶渊明实已从对儒家哲学思想的辩证扬弃中,获得一种艺术化、审美化的人生观。

道家思想作为魏晋玄学的重要源头之一,对陶渊明的思想和人格同样产生了深刻的影响。陶渊明在最后"归田园居"之前的13年间,不

---

① 参见鲁迅:《且介亭杂文二集·"题未定"草(七)》、《而已集·魏晋风度及文章与药及酒之关系》。

断地在出与处、仕与隐之间徘徊去就，就正说明他在对儒家思想表现出怀疑的同时，心灵的深处实与周续之、刘遗民一样，存在着严重的儒、道二元对峙；而在这种严重儒、道的二元对峙中，他们又都是首先选择了道家（教）的出世、退隐的人生道路的。陶渊明曾说："天地长不没，山川无改时。……谓人最灵智，独复不如兹。……愿君取吾言，得酒莫苟辞。"（《形影神》）"静念园林好，人间良可辞。"（《庚子岁五月中从都还阻风于规林》）"袅袅松摽崖，婉娈柔童子。……养色含津气，粲然有心理。"（《杂诗》）"咨大块之受气，何斯人之独灵！禀神智以藏照，秉三五而垂名……密网裁而鱼骇，宏罗制而鸟惊。彼达人之善觉，乃逃禄而归耕。"（《感士不遇赋》）这些似正是其内心深处儒道矛盾对立，且偏向道家（教）遁世仙路的见证。而历代论者言其人则与周续之、刘遗民同称"浔阳三隐"，列入《隐逸传》；品其文则称为"隐逸诗人之宗也"，其原因也正在于此。

当然，如果因此而如前代论者那样，把陶渊明看成是奉行道家（教）思想的"隐士"，与周续之、刘遗民同列为"浔阳三隐"，这种观点自然是十分肤浅的；而如陈寅恪先生那样，认为"渊明始终是天师道（道）教信徒"①，则也是缺乏事实根据、有失偏颇的。因为就陶渊明的思想和人格所达到的最高境界和最后归宿而言，他对道家（教）思想实亦与其对儒家思想资源一样，已达到辩证的扬弃。他吸取了道家（教）追求个体人格自由、淡泊名利、委运任化的精神，而扬弃了其中任诞不羁、炼形成仙等宗教迷惘的成分。陶渊明的《五柳先生传》自叙云："闲静少言，不慕荣利。好读书，不求甚解；每有会意，便欣然忘食。"《归去来兮辞》云："归去来兮，田园将芜胡不归？既自以心为形役，奚惆怅而独悲？悟已往之不谏，知来者之可追；实迷途之未远，

---

① 陈寅恪：《陶渊明之思想与清谈之关系》，载《金明馆丛稿初编》。

觉今是而昨非。"《归田园居》其一云："少无适俗韵，性本爱丘山。误落尘网中，一去三十年。羁鸟恋旧林，池鱼思故渊。……久在樊笼里，复得返自然。"《形影神》诗云："三皇大圣人，今复在何处？彭祖爱永年，欲留不得住。老少同一死，贤愚无复数。日醉或能忘，将非促龄具？""天地赋命，生必有死；自古贤圣，谁独能免？……将非穷达不可妄求，寿夭永无外请故耶？"（《与子俨等疏》）在这些地方，我们已不难见出陶渊明对道家思想和道教思想的辩证扬弃。他发扬了道家自由人格的主体精神，不"以心为形役"，不被荣利所牢笼，甘愿回归自然，委运乘化，生死不惧；但同时却批判和否定了道家嗜酒狂放、道教妄求长生不死的宗教迷妄。陶渊明这种既有道家"隐士"、道教"道士"的道骨仙风，又对道家"隐士"任诞恣纵、"道士"妄求长生的根本生活方式与信条持坚决批判否定的态度，正说明他既非纯粹奉行道家思想的"隐士"，更非始终是天师道教信徒，而是在某种程度上吸取了道家（教）思想的合理成分，但扬弃了其中狂诞迷妄内容的辩证思想家与人生艺术家。"南窗罕悴物，北林荣且丰。神萍写时雨，晨色奏景风。既来孰不去？人理固有终。……迁化或夷险，肆志无窊隆。即事如已高，何必升华嵩。"（《五月旦作和戴主簿》）正是陶氏这种辩证扬弃道家（教）思想而追求艺术化、审美化人生的写照。

陶渊明对儒道两家的思想资源既持这种辩证地扬弃的立场与态度，他对外来的新兴佛教哲学更是如此。从现存陶渊明的诗文可以看出，陶渊明虽对当时佛教神灵不灭、因果报应、转生净土等根本教义是明确否定的，但他并未像周续之、刘遗民以及宗炳、雷次宗等人那样事奉慧远、虔敬地皈依佛教；他也并非如陈寅恪先生所云，为"绝对未受远公佛教之影响"，同于范缜"为保持家传之道法，而排斥佛教"之卫士。① 事

---

① 陈寅恪：《陶渊明之思想与清谈之关系》，载《金明馆丛稿初编》。

实上，如果综观陶渊明的诗文作品则会发现，陶渊明的思想与人格打上有鲜明的佛教哲学特别是当时佛学"六家七宗"之"幻化宗"思想的烙印，他的思想与人格的伟大之处在于他对佛学与对儒道哲学一样，同样采取了一种辩证地扬弃的态度。他虽吸收了佛教特别是"幻化宗"一切诸法皆空，但不空心神的观念，以及个体原则精神，建立自己的独立人格，不忧不惧地坦荡面对人生的豁达心胸；但却坚决扬弃了其中相信精神不灭、因果报应、妄求转生西方净土的宗教迷信，使自己的思想和人格成为一种既具有宗教的虚灵性，又超越于宗教的迷狂之上的艺术化、审美化的人生。

我们前文已经指出过，在东晋时代佛教加快了"中国化"的过程，此时佛教"六家七宗"之说便是以中国固有之哲学"格义"天竺佛学的产物。"六家七宗"佛理若从思辨哲学的发展水平来看，固不及罗什、僧肇诸人的"非有非无、亦有亦无"之"中观"学说和"般若无知"之认识论，但作为一种尚未脱尽民间鬼神信仰的世俗宗教理论，则"六家七宗"特别是其中支遁之"即色义"、于法开之"识含宗"、释道壹之"幻化宗"，"三者之空，均在色也……皆不在心神也"。① 尤其适合中国民众信仰与中国士大夫的口味。因为这种视"诸法皆如幻化"，"心神犹真不空"（《中论疏记》）的教义，从人生哲学的角度来看，它虽把人生存在的本质归结为梦幻般的空无，但却保留了心神（即精神与灵魂）不朽，以作为人修炼超脱的依据。释道壹的《神二谛论》说："若神复空，教何所施？谁修道？隔凡成圣，故知神不空。"（《中论疏记》）说的正是这个意思。东晋与刘宋之际佛教"六家七宗"中这种人生无常、迁化非我、修不灭之神识以求解脱的"幻化"教义极为盛行，郗超、宗炳等许多士人在思想

---

① 汤用彤：《汉魏两晋南北朝佛教史》（上册），第 194 页。

倾向上就均接受了这一理论。①

　　作为魏晋时期积极探索人生真谛的哲学思想家和文学家，而非遗世隐遁之士，又处于当时庐山这一佛学中心，陶渊明虽未留下专门讨论佛理的论文，但却不可能不对新兴的佛教理论给予极大的关注并作出自己的取舍。故其《形影神》诗言神本与形影为"异物"，"生而相依附"。而宋人葛立方的《韵语阳秋》竟说："《形影神》三篇，皆寓意高远，盖第一达摩也。"俨然已将陶氏视为中国化佛教——禅宗的开山祖师。而陶氏诗文中涉及佛理者则比比皆是：

> 《归田园居》其四：人生似幻化，终当归空无。

> 《乞食》：衔戢知何谢，冥报以相贻。

> 《答庞参军》：我实幽居士，无复东西缘……情通万里外，形迹滞江山。

> 《连雨独饮》：运生会归尽，终古谓之然。……形骸久已化，心在复何言。

> 《戊申岁六月中遇火》：总发抱孤介，奄出四十年，形迹凭化往，灵府长独闲。

> 《饮酒二十首》：吾生梦幻间，何事绁尘羁。（其八）客养千金躯，临化消其宝。（其十一）

> 《读山海经》其二：天地共俱生，不知几何年？灵化无穷已，馆宇非一山。

---

① 郗超的《奉法要》云："少长殊形，陵谷易处，谓之无常；盛衰相袭，欣极必悲，谓之为苦；一切万有，终归于无，谓之为空；神无常宅，迁化靡停，谓之非身"；"凡虑发乎心，皆念念受报，虽事未及形，而幽对冥构……罪福形道，靡不由之"。宗炳的《又答何衡阳书》曰："夫色不自色，虽色而空，缘合而有，本自无有，皆如幻之所作，梦之所见，虽有非有。……意有精粗，感而得，形随之；精神极，则超形独存，无形而神存，法身常住之谓也。"均其例也。

在这些地方，陶渊明所持的人生观，实乃佛教"六家七宗"，尤其是"幻化宗"、"诸法皆如幻化"、"心神犹真不空"的思想。而陶渊明之所以能在 40 岁后毅然归隐田园，在其后来的 20 多年间承受寄居无所（"炎火屡焚如"）、从弟及胞妹早亡、数子不才及"夏日长抱饥，寒夜无被眠。造夕思鸡鸣，及晨愿乌迁"种种生活的困苦折磨而矢志不移："一形似有制，素襟不可易。"（《乙巳岁三月为建威参军使都经钱溪》）"且共欢此饮，吾驾不可回。"（《饮酒》）如果没有超常的精神支柱和坚强而独立的人格意志，这乃是不可想象的！而从其思想资源来看，这种精神力量除了来自中国固有的儒道哲学之外，另一个源头无疑就是佛教。佛教在"中国化"过程中形成的"幻化宗"等"六家七宗"学说多主"心神不空"，炼神以求内在超越，这对魏晋以往的中国士人形成重视个体独立人格精神的力量、追求内在超越的人生路径，具有极其重要的历史意义。陶渊明的思想和人格特点的形成，亦当属其中一例。晋以后各代文献多载陶渊明撰反映有佛道宗教思想的《搜神后记》、《群辅录》等书，《莲社高贤传·不入社诸贤传》又云：陶渊明"常往庐山，使一门生、二儿舁篮舆以行。时远法师与诸贤结莲社，以书招渊明。渊明曰：'若许饮则往？'许之，遂造焉。忽攒眉而去"。尽管历代学者多不信此说，然结合陶氏之诗文以相参看，则此种记载亦可谓言虽无他据，却事出有因。故陶氏之诗文中又多涉及因果报应之说，而其所言因果报应之内涵则又非纯出于《易传》与道教《太平经》"积善之家必有余庆，积不善之家必有余殃"之"承负说"，而已有佛教果报说中个体人格自我承担之义。其《祭程氏妹文》曰："我闻为善，庆自己蹈；彼苍何偏，而不斯报！"即是一例。

陶渊明的思想和人格中存在着当时佛教思想影响的痕迹，这一点是毫无疑问的。但是，陶渊明对于佛教思想的接纳，亦仅此而已。这既是他与周续之、刘遗民等一般"隐士"的差异所在，也是他的思想与人格超过周续之、刘遗民等隐逸之士，而在当时独领风骚之处。陶渊明《怨诗楚调示庞主簿邓治中》云："天道幽且远，鬼神茫昧然。"《饮酒》其二云："积善云有报，夷叔在西山。善恶苟不应，何事空立言！"《感士不遇赋》云："虽好学与行义，何死生之苦辛！疑报德之若兹，惧斯言之虚陈。"《拟挽歌辞三首》其一曰："有生必有死，早终非命促。昨暮同为人，今旦在鬼录……得失不复知，是非安能觉！千秋万岁后，谁知荣与辱？"可见陶渊明不仅对佛教鬼神之说付诸阙如，且于其因果报应、人死神不灭之根本义，亦明确表示了怀疑与否定。他对佛教虽有所吸取，但更多的却是扬弃，他既已从根本上超越了出处的矛盾，超越了儒道的对立，那么生死的困惑自然不再使他焦虑："纵浪大化中，不喜亦不惧，应尽便须尽，无复独多虑。"（《形影神》）一句话，他已超越了种种宗教思想的藩篱而达到了艺术化、审美化的人生境界。陶氏《自祭文》曾自叙其这一艺术化、审美化之人生云：

> 自余为人，逢运之贫，箪瓢屡罄，絺绤冬陈。含欢谷汲，行歌负薪。翳翳柴门，事我宵晨。春秋代谢，有务中园，载耘载籽，乃育乃繁。欣以素牍，和以七弦。冬曝其日，夏濯其泉。勤靡余劳，心有常闲。乐天委分，以至百年。

（二）"笃意真古"的价值取向和平淡自然的人格美境界

陶渊明通过对儒、释、道思想的辩证扬弃，确立了自己艺术化、审美化的人格理想和人生境界，陶渊明的这种思想与人格理想的可贵和伟大之处，不只在于他远远超出了周续之、刘遗民两位"隐士"皈依宗教的逃妄，而更在于"他把自《十九首》以来的人的觉醒提到了一个远远超出同时代人的高度，提到了寻求一种更深沉的人生态度和精神境界的高度"①。这就是说，在陶渊明那里，虽然和整个魏晋玄学人格美理想一样，其最高的目标都是追求一种艺术化、审美化的人格美境界，但陶渊明却赋予了这种人格美境界以更新更深刻的哲学内涵，因而使他的思想已远远超出了同时代人的高度。陶渊明思想和人格中这种更新更深刻的哲学内涵主要表现在两个方面：一个是他的"笃意真古"的价值取向；另一个是他的平淡自然的人格美境界。

在第二章第二节中我们曾经指出，魏晋玄学人格美思想的一个基本特征就是求"真"。在中国哲学中，"真"主要不是一个认知范畴，而是一个价值范畴，甚至是一个美学范畴。魏晋玄学人格美思想的根本目标之一，就是追求个体人格生命本体中的性情在"真"基础上的和谐统一。从正始玄学家何晏、王弼，到竹林玄学家阮籍、嵇康，再到元康玄学家裴颁、郭象和东晋玄学家王、谢、庾、许诸人，无不把追求去伪存真、返璞归真，最终达到与道同一的人格美境界作为其人格理想的最高目标。陶渊明作为魏晋玄学时期为数不多的几位杰出的人格美思想家之一，去伪求真，无疑也是其思想和人格的重要特征。陶渊明的《感士不遇赋》云："自真风告逝，大伪斯兴，闾阎懈廉退之节，市朝驱易进之心。"《饮酒》其二十："羲农去我久，举世少复真。……终日驰车走，不见所问津。"可见他对现实社会人性异化、人格扭曲的虚伪时风的痛恨和对真诚社会、真诚人格的期待。"傲然自足，抱朴含真。"（《劝农》）"真想初在襟，谁谓形迹拘。"（《始作镇军参军经曲阿作》）"始觉止为善，今朝真止矣。"（《止酒》）即是陶渊明思想和人格中处处思"真"、求"真"、养"真"之价值取向的体现；故历代史家与论者亦多用一"真"字以标示其人格理想的独特内涵。沈约的《宋书·隐逸传》称陶渊明性格"真率"；萧统的《陶渊明集序》称其"任真

---

① 李泽厚：《美的历程》，第 105—106 页。

自得"，"语时事则指而可想，论怀抱则旷而且真"。苏轼的《书李简夫诗集后》云陶渊明："欲仕则仕，不以求之为嫌；欲隐则隐，不以去之为高；饥则扣门而求食，饱则具鸡黍以迎客。古今贤之，贵其真也"。元人陈绎的《诗谱》云，陶渊明其诗其人"情真，景真，事真，意真"。顾炎武的《日知录》云："栗里之徵士，淡然若忘于世，而感愤之怀，有时不能自止，而微见其情者，真也。"

和魏晋玄学人格美思想一样，陶渊明的思想和人格的基本特征也是真的价值取向。但是，作为一位思想远远"超出同时代人的高度"的不懈的精神探索者，陶渊明思想与人格求真的价值取向，并不只是玄学人格通常所追求的性情之真、名教之真、人格精神之真，而是着意追求一种统一并超越于玄学人格美的性情之真、名教之真、人格精神之真之上的、赋予了更新更深刻的哲学内涵的最高的"真"——"真古"。钟嵘的《诗品》云："其源出于应璩，又协左思风力。……笃意真古，辞兴婉惬，每观其文，想其人德，世叹其质直。"即就此而言。

作为标志陶渊明艺术化、审美化人格理想和人生追求中独特的价值取向的特殊范畴，"真古"绝不仅是"真"、"古"两个概念的简单组合，绝不仅是反映着"隐士"型的价值主体返璞归真、回复古初的某种带有复古主义倾向的愿望，它的本质是对自由的人格理想的追求。在陶渊明那里，它较一般玄学人格美思想家追求超越了名言之域并泯灭了是非、彼此、物我差别的人的性情、名教、精神的"自然境界"（借用冯友兰语）更新更深刻的哲学内涵在于，它已包含着陶渊明对"劳动"作为人的本质或本质力量的一种直觉，表明陶渊明艺术化、审美化的人生境界的实质，其中已隐含着他追求涵盖并超越于玄学人格美思想中性与情、有与无、名教与自然和谐统一的理想之上的"自由劳动"的理想。在陶渊明看来，玄学思想中向往的远古淳朴时代人类的"真"性情、真名教、真精神，无疑是美好的，值得追求；超越了"行止千万端，谁知非与是。是非苟相形，雷同共誉毁。"（《饮酒》其六）"雷同毁异，物恶其上；妙算者谓迷，直道者云妄"（《感士不遇赋》）的是非、彼此之分，也是必要的、值得肯定的。但对现实的人类来说，首先必须解决衣食问题，即"劳动"，这才是最重要的，也才是最高的"真"；只有实现了"自由的劳动"，人类才可能真正获得性情、名教与精神的自由。悠悠远古时代之所以令人向往，其根由也正在于此。陶渊明的《庚戌岁九月中于西田获早稻》诗云："人生归有道，衣食固其端。孰是都不营，而以求自安？开春理常业，岁功聊可观。……遥遥沮溺心，千载乃相关。但愿长如此，躬耕非所叹。"《移居》其二云："衣食当须纪，力耕不吾欺。"《和刘柴桑》诗云："栖栖世中事，岁月共相疏。耕织称其用，过此奚所须。"《劝农》诗曰："悠悠上古，厥初生民。傲然自足，抱朴含真。智巧既萌，资待靡因。谁其赡之，实赖哲人。哲人伊何？时维后稷。赡之伊何？实曰播殖。……民生在勤，勤则不匮。宴安自逸，岁暮奚冀！儋石不储，饥寒交至。顾余俦列，能不怀愧？孔耽道德，樊须是鄙。董乐琴书，田园不履。若能超然，投迹高轨。敢不敛衽，敬赞德美。"在这里，陶渊明之所以把后稷、沮溺的"播植"、耕种，视为较孔子的"道德"、董仲舒的"琴书"更高的"美德"，正是基于他对生产劳动为人的本质的直觉。历代的诗评家们往往把陶渊明称为"田园诗人"，其原因也正在于此。李泽厚曾经指出："超脱人世的陶潜是宋代苏轼塑造出来的形象"，在魏晋玄学时代，"只有他，才真正做到了这种退避，宁愿归耕田园，蔑视功名利禄……只有他，算是找到了生活快乐和心灵慰安的较为现实的途径。无论人生感叹或政治忧伤，都在对自然和对农民生活的质朴的爱恋中得到了安息。陶潜在田园劳动中找到了归宿和寄托"。① 李氏此论虽然和历代论

---

① 李泽厚：《美的历程》，第 105 页。

者一样没能指明陶渊明的人生境界和一般过着富足悠闲生活的"隐士"们的退避、归隐乃至歌咏田园生活的本质区别，但他指出陶渊明最后是在"田园劳动中找到了归宿"，则无疑已接触到了陶氏将"劳动"视为人的最高本质这一点。而正是从这个意义上讲，陶渊明既不是所谓玄学名士，更不是"浔阳三隐"中的"隐士"，而是中国中古哲学思想史上最杰出的思想家。

值得特别指出的是，陶渊明的思想和人格理想的深刻之处和远远超出同时代玄学思想家和"隐士"们的地方，还并不只是他直觉到"劳动"是人的真正本质这一点，还在于陶渊明所意识到的"劳动"、所追求的实现人的"劳动"这一真正本质的人格理想，并不是纯粹的体力劳动者（如当时的农民）的狭隘的体力生产劳动，而是一种蕴含着人的"劳动"这一本质属性的"自由的劳动"，是一种以人的自身的和谐与审美愉悦为目的的，使个体的形与神、个人与他人、个体与群体、人与自然处于普遍和谐中的，并包括诗书礼乐等精神文化创造活动在内的审美活动。陶渊明常常陶醉于"采菊东篱下，悠然见南山。山气日夕佳，飞鸟相与还"的生活，一再说自己"少学琴书，偶爱闲静，开卷有得，便欣然忘食。见树木交荫，时鸟变声，亦复欢然有喜"（《与子俨等疏》）。又自云："春秋代谢，有务中园。载耘载籽，乃育乃繁。欣以素牍，和以七弦。"（《自祭文》）正可见他所理解、所设计的"劳动"的真正内涵。故陶渊明《读山海经》其一云：

> 孟夏草木长，绕屋树扶疏。众鸟欣有托，吾亦爱吾庐。既耕亦已种，时还读我书。穷巷隔深辙，颇回故人车。欢言酌春酒，摘我园中蔬。微雨从东来，好风与之俱。泛览《周王传》，流观《山海图》。俯仰终宇宙，不乐复何如？

这里没有一般玄学名士们的性情异同之辩、本末有无之谈、名教与自然之争、形神离合之论，有的只是农时到来的耕种收获，闲时的"悦亲戚之情话，乐琴书以消忧"和"泛览《周王传》，流观《山海图》"的自由精神活动，以及对草木鸣禽的审美观照。这些并不是对玄学名士或隐士生活方式的排斥，但却是对玄学思想与隐士人格的一种实实在在的超越。他的确已达到了与道同一、天地万物本吾一体的"天地境界"，但并非只是描绘着一种不可捉摸的纯精神现象，而是形象地展现一种自由的人格理想，一种形神交融的审美活动——一种"自由的劳动"。陶渊明著名的《〈桃花源记〉并诗》，历代学者多以为是陶氏表现其"乌托邦"社会理想的作品，事实上，如果仔细品味即不难发现，它的真正的主题乃是陶氏"笃意真古"的价值取向，乃是其"自由劳动"的人格理想。作者虚构出"桃花源"那个保存着古代遗风的快乐世界，固然包含对现实社会风俗浅薄、奸诈泛滥、王税剥削等种种扭曲人性、违反自然的名教的否定，但从文中"土地平旷，屋舍俨然，有良田、美池、桑竹之属"的记载，诗中"相命肆农耕，日入从所憩。桑竹垂余荫，菽稷随时艺。春蚕收长丝，秋熟靡王税"的吟咏，你不难看出，作者实际要否定的乃是异化的劳动，他最渴求和赞美的，仍是那个"自由劳动"的人格理想。马克思、恩格斯曾经指出："逃亡农奴仅仅是力求自由地发展和巩固他们现有的生存条件，因而归根结底只是力求达到自由劳动。"① 应该说，陶渊明已朦胧地认识到这一点。这里的确没有太多地谈到性情、有无、形神、名教与自然的关系，但正如历史唯物主义所揭示的，人"在其现实性上，它是一切社会关系的总和"②。人在社会实践中形成的基本社会关系，乃是一种生产关系，即广义的劳动关系③。魏晋玄学人格美思想中所讨论的性情、本来、形

---

① 《马克思恩格斯选集》第1卷，第85页。
② 《马克思恩格斯选集》第1卷，第18页。
③ 参见冯契：《冯契文集：人的自由和真善美》，第二章："人的本质"。

神、名教与自然的关系，就都属于人类生产劳动中形成的生产劳动关系的一部分。而这种生产劳动关系，在中国古代哲学中历来被视为天人关系的一种反映。陶渊明追求"自由劳动"的人格理想既已达到了天人、人我或群己关系的和谐，玄学人格美思想中性情、有无、形神、名教与自然和谐统一的理想，自然就已是其中的应有之义。——尽管陶渊明"自由劳动"的人格理想早已超越于玄学人格美纯粹精神自由的理想之上。

我们知道，中国传统哲学的思维方式是侧重于实践理性的，尽管先秦手工业者出身的思想家墨翟讲人要从事耕织劳动才能生存，多少已猜测到了劳动是人的本质这一点，但就先秦两汉以来的大多数哲学家而言，基本上都是把人的本质归结为人的道德理性的。魏晋玄学时期玄学人格美思想家把人性审美境界化，追求艺术化、审美化的人格，而且如嵇康、向秀、吕安等玄学人格思想家还通过锻铁、灌园等"自由劳动"的方式培养自己的理想人格，只是由于他的生活范围与时代的局限，都没有也不可能发现"劳动"是人的本质，并提出"自由劳动"的人格理想。历史给陶渊明提供了这一机遇。陶渊明独特的社会地位和人生经历，使他以诗人的敏锐从艰辛的农民生活中获得了哲学的灵感，直觉到了"劳动"是人的本质这一异常朴实的真理和"自由劳动"这一最崇高的人格理想。尽管由于历史时代的限制，陶渊明理解的"劳动"不可能不偏向于具体的农业生产劳动，并带有某种道家哲学的反对"智巧"的倾向，陶渊明不可能懂得历史发展的观点，他的"自由劳动"的人格理想正如钟嵘"笃意真古"的评语所标示的，也不可能不带有一定的复古主义的痕迹。但不管怎样，他唱出的"自由劳动"的人格理想，甚至在中国的整个封建时代亦是前无古人、后无来者的。直到近代资本主义兴起，马克思主义输入中国之后，中国的哲学思想界才对这一最高的人类理想作出系统和科学的论述。恩格斯在评论意大利文艺复兴的前驱但丁时，曾称"他是中世纪的最后一位诗人，同时又是新时代的最初一位诗人"。如果从揭示人的本质的高度和人格理想的发展来看，对陶渊明在中国哲学思想史上的地位，实亦可作如是观。——尽管在中国，中世纪的权力迷信、金钱崇拜、人性异化、专制腐败的幽灵，直到今日仍未彻底散尽，而新时代的旭光升起得又那样的缓慢！

陶渊明以"笃意真古"的价值取向，赋予其哲学思想和理想人格以"自由劳动"这一深刻的历史内涵，而这种"自由劳动"的哲学内涵，又必然会使他所追求的艺术化、审美化的人格具有一种独特的平淡自然的境界之美，达到了一种"既平淡无华又益然生意的真实、平凡而不可企及的美"（李泽厚语）：

> 开荒南野际，守拙归田园。方宅十余亩，草屋八九间。榆柳荫后檐，桃李罗堂前。暧暧远人村，依依墟里烟。狗吠深巷中，鸡鸣桑树颠。户庭无尘杂，虚室有余闲。（《归园田居》其一）
>
> 蔼蔼堂前林，中夏贮清阴。凯风因时来，回飙开我襟。息交游闲业，卧起弄书琴。……春秫作美酒，酒熟吾自斟。弱子戏我侧，学语未成音。此事真复乐，聊用忘华簪。遥遥望白云，怀古一何深！（《和郭主簿》其一）
>
> 秉耒欢时务，解颜劝农人。平畴交远风，良苗亦怀新。虽未量岁功，既事多所欣。耕种有时息，行者无问津。日入相与归，壶浆劳近邻。长吟掩柴门，聊为陇亩民。（《癸卯岁始春怀古田舍》其二）

陶渊明这些诗篇所描绘的艺术境界、审美境界，实际也就是其自身人格美境界的写照。在这种人格美境界中的主体，不仅已超越了个体内在性情、形神、本末、名教与自然的种种矛盾与紧张，而且已与整个社会、整个大自然交融一体，形成了天人之际的一种生命与情感的交流，达到了"天地万物本吾一体"、彼此和谐愉悦的最高人格美境界。而这一切，无论在内容上，还是在形式上又都显得那么平淡、自然，没有一丝的做作，没有一丝的喧哗，甚至也没有一丝的赞美与激动……朱熹说：

> 渊明诗所以为高，正在不待安排，胸中自然流出。
>
> (《朱子语类》卷一百四十)

严羽的《沧浪诗话》也说：

> 渊明采菊东篱下，悠然见南山……质而自然耳。

陶渊明思想和艺术化、审美化人格美境界独有的平淡自然的美学内涵与特质，历代论者从哲学与艺术美学的角度论之已多，此处姑且从略。

余 论

清代著名史学家、诗人赵瓯北（翼）诗云："李杜诗篇万口传，至今已觉不新鲜。江山代有才人出，各领风骚数百年。"（《论诗》）随着斗转星移，魏晋时代的玄学思潮连同玄学思潮的载体——名士们的玄学人格，都和岁月的潮汐一样，消逝在了历史的长河之中……留给今天的，更多的乃是关于玄学和玄学人格的是是非非。

一

对于任何思想和行为，人们都可以根据不同的尺度、角度，做出各种不同的评价。对魏晋玄学及其玄学人格美思想，历来也是如此：历代就至少存在否定与肯定两种截然相反之论。一般认为，魏晋玄学时期中国哲学界同时存在的与玄学主流思潮不同的思想观点，即是当时所谓"反玄学思潮"。[①]从杨泉《物理论》云："夫虚无之谈，

---

① 参见萧萐父、李锦全主编《中国哲学史》（上卷）（人民出版社 1982 年版）第五章："反玄学思潮在斗争中发展"；萧萐父著《中国哲学史史料源流举要》（武汉大学出版社 1998 年版）第八讲中"反玄学

尚其华藻，此无异于春蛙秋蝉，聒耳而已！"傅玄所谓："近者魏武好法术，而天下贵刑名，魏文慕通达，而天下贱守节。其后纲维不摄，而虚无放诞之论盈于朝野，使天下无复清议，而亡秦之病复发于今。"（《晋书·傅玄传》）裴頠《崇有论》所谓：玄学人格"立言藉于虚无，谓之玄妙；处官不亲所司，谓之雅远：奉身散其廉操，谓之旷达。故砥砺之风，弥以陵迟"。到范宁、干宝所谓："时以浮虚相扇，儒雅日替……其源始于王弼、何晏，二人之罪深于桀纣。"（《晋书·范宁传》）再到葛洪《抱朴子·外篇·疾谬》、同书《刺骄》对玄学任诞人格的激烈批评，《颜氏家训》对玄学"高谈虚论，以费人君禄位"；"清谈雅论，终非急务"（《勉学》）的贬斥。这种来自玄学界内外的对玄学的批评就一直不断。即使是隋唐时期中国哲学"重玄学"发展到鼎盛阶段，这种对玄学人格与人格美思想的批评也并未停止。如唐太宗李世民在《晋书·儒林传论》批判玄学说："有晋始自中朝，迄于江左，莫不崇饰华竞，祖述虚玄，摈阙里之典经，习正始之余论，指礼法为流俗，目纵诞以清高，遂使宪章弛废，名教颓毁，五胡乘间而竞逐，二京继踵以沦胥。"刘知幾《史通·邑里》篇亦揭露玄学士族发出的"浮华之音"，"其言多伪"。一直到宋明之际，这种对玄学及玄学人格与人格理想的批评，亦并未中止。宋人吕本中（东莱先生）既认为魏晋"贤者以游谈自逸，愚者以放诞为娱，庶政陵迟，风俗大坏"（《晋论》）。明清之际顾炎武更本于明末国家倾覆的沉痛教训，斥玄学名士"乃弃经典而尚老、庄，蔑礼法而崇放达，视其主之颠危若路人然……以至国亡于上，教沦于下，羌戎互僭，君臣屡易"（《日知录·正始》）。

当然，上述这些对玄学及其人格的种种批评之辞，还只是问题的一

思潮"一节。又台湾学者庄耀郎著有《魏晋反玄学思想析论》一文（载"国立"台湾师大国文系《国文学报》第24期）。但对"反玄学思潮"各人界定不一。本书持论基本取萧的观点，主要把"反玄学"看成从玄学外部对它的批评。

个方面，事实上，从玄学思潮和玄学名士人格产生之日起，社会上就同时存在着与"反玄学思潮"相对的认同、肯定乃至表扬玄学思想和名士人格的种种观点与态度。且不说东晋"为学穷于柱下，博物止乎七篇，驰骋文辞，义单乎此"（《宋书·谢灵运传论》）。"自中朝贵玄，江左称盛……诗必柱下之旨归，赋乃漆园之义疏"（《文心雕龙·时序》）。刘宋文帝时"以国学未立，上留心艺术，使丹阳尹何尚之立玄学，太子率更令何承天立史学，司徒参军谢元立文学，凡四学并建"（《宋书·雷次宗传》）。南齐时士人"见诸玄，志为之逸，肠为之抽……盛于麈尾，自呼谈士"（《南齐书·王僧虔传》）。玄学"正始之音"及其玄学人格作为东晋南朝思想文化的典范，享有极崇高的社会地位。即使是隋唐佛学鼎盛和宋明儒学复兴的时代，当时或明或暗地接受玄学思想的影响，对玄学及其人格理想表现出首肯态度的，实亦不乏其事其人。唐代李氏王朝奉道（家）教为国教，多次尊封老、庄等道家人物，将《老》、《庄》、《列》、《文》等道家著作升格为"经"，并远承东晋道教"托重玄以寄宗"的传统而致力于阐明重玄之道，以致最终在唐代形成了中国哲学重玄学的勃兴①，这已可见出唐代哲学思想界对玄学传统的继承和发扬；而皮锡瑞在《经学历史》中又说：唐"颁孔颖达《五经正义》于天下，每年明经依此考试。自唐至宋，明经取士，皆遵此本。……其所定五经疏，《易》主王（弼）注，《书》主（伪）孔传，《左氏》主杜（预）解；郑（玄）注《易》、《书》，服（虔）注《左氏》，皆置不取。……诸儒之弃彼取此，盖亦因一时之好尚，定一代之规模"。则又可知唐宋儒学所用五经注疏，实皆取自魏晋玄学家之"清言"，其时学术界对魏晋玄学及其名士人格之态度，口与心未尝相符也。至明清以后，学者"则多对玄学思潮持表扬态度，为

————————————

① 参见卢国龙：《中国重玄学》，人民中国出版社1993年版。

之辩诬"。明代既有"后七子"中的谢蓁论之于前，清代则先后有朱尊彝《王弼论》称王氏《易注》"独冠古今"，钱大昕《何晏论》言何氏《论语集解》"千载不废"，而章太炎《五朝学》则大张旗鼓地对魏晋玄学及其名士人格加以表彰，他说："夫经莫穷乎《礼》、《乐》，政莫要乎律令，技莫微乎算术，形莫急乎药石，五朝诸名士皆综之。其言循虚，其艺控实，故可贵也。"此外，刘师培、梁启超等人亦从学术思想变迁的角度，对魏晋玄学多有肯定，刘师培所谓"两晋六朝之学，不滞于拘墟，宅心高远，崇尚自然，独标远致，学贵自得"。梁启超所谓"若著学术思想史，则如王弼之于《老》、《易》，向秀、郭象之于《庄》，张湛之于《列》，皆有其得心之处，成一家之言，以视东京末叶咬文嚼字之腐儒，殆过之焉"①。即其例也。而刘大杰的《魏晋思想论》、贺昌群的《魏晋清谈思想初论》、宗白华的《论〈世说新语〉和晋人的美》、冯友兰的《新原道》和《新原人》、汤用彤的《魏晋玄学论稿》等著作继之而作，分别从学术思想、精神境界、哲学和美学的角度对魏晋玄学进一步予以肯定。不仅如此，这种由梁启超、章太炎所开启的——实际上是吸收了西方近代学术分科研究方法而形成的将玄学作"政治史"与"学术思想史"之分别研究的思路，还影响了整个20世纪中国学术界对魏晋玄学的研究。尽管此后的学术界对魏晋玄学及其名士人格仍然存在着不同的评价，并且以侯外庐为代表的一批马克思主义的哲学思想史家还引入了"阶级分析"的观点和方法。但从总体上来看，中国学术界对魏晋玄学与名士人格的评价仍然着眼于政治学、哲学、伦理学、文艺学等不同的领域。肯定者如李泽厚、汤一介等认为以王弼为代表的魏晋玄学在思辨哲学所达到的纯粹性和理论深度上是空前

---

① 《左盦外集》卷九；《饮冰室文集·中国古代学术思想史变迁史》，广智书局宣统元年本。

的，是中国思想史上的一个飞跃，这固然是侧重于哲学思想和文艺美学立论的；而包括海外现代新儒家在内基本对玄学持否定态度的学者，其对玄学和名士人格的批评，亦未尝不是基于政治学和伦理学的视角的。①

二

中国学术界、思想界对魏晋玄学及其名士人格的评价，历来就存在极大的分歧。产生这一极大分歧的根本原因固然是极为复杂的，这除了与各个时代论者的特殊视角、观点相关之外，如果从哲学思想和人生价值取向的角度来讲，这实际上还与中国学术界由古到今的学者和思想家们对人的本质以及人的完善、发展问题的哲学认识和思考相关。这说明，正如意大利史学家、美学家克罗齐所说过的："一切历史都是当代史。"中国学术界思想界对魏晋玄学及其名士人格之所以会或是或非，作出种种截然不同的评价，这其中的根本原因，与其说是各个时代论者的特殊视角和立场、观点的差异，不如说是由于不同时代中国学术界、思想界的学者、思想家们的不同价值取向和境界层次所决定的：以内在的道德精神的修养（"内圣"）为目标，必然会形成道德的评价；以外在事功的建立（"外王"）为鹄的，则很可能形成社会政治的评价——因此，如果在今天我们要对魏晋玄学思潮及其名士人格予以历史与逻辑辩证统一的客观公正的评价，给予其在中国哲学思想史乃至整个人类文化史、文明史中以准确的定位，深刻地揭示出玄学思想及其名士人格的内在历史意蕴和理论意义，首先就必须遵循自康德到马克思以来确立的

---

① 案：所谓持否定态度，也是相对的、就其主要思想倾向而言的。事实上，即使从政治思想着眼者，也有对玄学持肯定态度的。但这一点并不能改变他们在研究方法上对章、梁以来形成的近代学术传统的继承。

"人是目的"、以造就"全面而自由发展"的"自由的人"为目标的价值取向，站在包括魏晋玄学及其玄学名士在内的中国传统哲学所追求的最高人生或人格美境界的层次上，来分析其是非得失，剖析其历史文化意义。

我们在前文曾经说过，以魏晋玄学为代表的中国传统哲学和哲学思想家们对于人生理想或人格理想的追求，概括起来存在着两种境界形态、三个境界层次的递进次序。两种境界形态，是指名言领域与超名言领域（审美领域）这两种境界形态；三个境界层次，是指在人生理想或人格理想的追求中个体人格所达到的真、善、美三个不同的境界层次。在真、善两个境界层次，主要属于形名或名言之领域，为求"真"的人格境界和求"善"的人格境界。在求"真"的境界层次中，虽以追求个体人格生命的真性情、真名教为目标，已是很高的境界层次；但这一境界里毕竟存在真伪、然否的对立，还有功利、是非的分别，故并未超出名言之域，还是一种"功利型"的人生理想和人格境界。在求"善"的人生境界或求"公利"的人生境界中，已具有更高的境界层次，但这一境界里毕竟仍存在公私、好坏的对立，善恶、利害的分别，故仍未超出名言之域，仍是一种"道德型"的人生理想或人格境界。只有到了人格审美的境界层次，个体人格才进入超名言、超是非的领域，因为在审美的境界里已完全泯灭了彼此、是非、物我等一切差别，它无是无非、无真无伪、无善无恶，而又至真至善至美，已达到了与道同一、天地万物本吾一体的"天地境界"。这乃是魏晋玄学和整个中国传统哲学的一种最高的人生理想和人格境界，是一种和谐—自由的人格境界和美的人格境界。如果从中国哲学所追求的人生理想和人格境界的形态与层次来看，历代学术界、思想界之所以会对魏晋玄学及其名士人格形成或是或非、或彼或此的完全对立与分歧的观点与态度，根本的原因乃是因为他们是站在名言之域，或是仅从求真、求善的境界层次出发来加以评判的；而不是从超名言、超道德的最高人格审美境界层次来审视魏晋玄学及其名士人格的价值和意义的。中国学术界历代学者们对魏晋玄学及其人格理想的评价之所以非议甚多，否定甚多，究其原因，就是因为他们多是站在个人道德修养或为封建国家建功立业等外在事功——实为名言领域的范围内立论的；即使是从纯粹学术的立场出发而对玄学和玄学思潮有所肯定与表彰的学者，亦基本上并未能揭示出魏晋玄学及其玄学名士所追求的和谐—自由的最高人格美境界，即没有超出名言之域而进入到审美领域，从实现人的"全面而自由发展"的自由的人格、美的人格的理想的高度，理直气壮地阐扬玄学思想和玄学人格理想的价值，批评玄学思想和玄学人格的历史局限，而只是在名言之域，在人类认识、道德、功利和审美活动的歧互对立中，嗫嚅地为玄学辩解。

三

要完全超越时代和个人偏狭私见的局限，做到对魏晋玄学思潮及其玄学人格的完全客观公正和科学的评价，诚非易事。然而，如果我们能坚持历史唯物主义的历史与逻辑辩证统一的方法和原则，从马克思主义哲学所揭示的人类历史发展的客观规律——它具体表现为一种"以每个人的全面而自由的发展为基本原则"的"自由的人"的社会理想和人格理想；在中国古代哲学中则是一种追求与道同一、"天地万物本吾一体"的最高理想境界的取向——所提示的致思方向来重新审视魏晋玄学这一哲学社会思潮及其人格理想，我们就会发现，在魏晋玄学思想及其玄学人格理想，这一包含许多的内在矛盾，并历来为人们所是是非非的祖国的文化遗产中，仍然包含着许多相对真理颗粒，能为人类探求实现"建立在个人全面发展和他们共同的社会生产能力成为他们的社会财富这一基础上的自由个性"，亦即建立"一个以各个人自由发展为一切人自由发展的条件的联合体"的人类的最高理想，提供深刻的哲学启示。我们认为，如果我们以如上方法原则，并站在人类"全面而自由发展"的最高理想境界，来对魏晋玄学及其人格理想进行历史、现实与未来的综合思考，我们就不难认识到它的独特的价值与意义。

首先，如前文已指出的，魏晋玄学及其人格理想的基本特点是追求个体人格生命的性情在"真"基础上的统一，追求名教与自然在"无私"、"为公"基础上的统一，并最终实现与道同一、"天地万物本吾一体"的最高人格美境界。玄学思想和玄学人格的这一去伪存真、去私为公的价值取向，对于针砭现实社会中一些人由于过分追求经济利益、金钱至上所带来的虚伪、欺诈、坑蒙拐骗、损人利己、损公肥私等负面影响和腐败丑恶现象，力挽现代社会中出现的某些人道德沦丧、人格异化、极端利己主义的颓风，具有十分重要的积极意义和价值。

我们知道，马克思主义者并不一般地不加分析地反对"恶"或否定"私欲"；相反，他们还是充分地肯定"私欲"、"恶"在一定历史条件下对推动社会进步的"杠杆"作用的。但是，这并不意味着在我们今天的社会主义市场经济的建设中，可以放任虚假丑恶现象的泛滥、放纵某些人为了满足其恶性膨胀的私欲而不择手段地损人利己、损公肥私、蒙骗欺诈，而必须要公开地大力地以"真"斥"伪"、以"公"化"私"、以"正"压"邪"，建立起真诚、公正、和谐的社会规范与秩序。

其次，魏晋玄学及其玄学人格的最高理想是自由—和谐、与道同一、"天地万物本吾一体"的人格美境界，玄学人格美理想的这种充满着人文情怀的理想，实际是魏晋玄学及其代表的中国传统哲学的终极关怀形式。魏晋玄学人格美理想这种既追求外在超越又追求内在超越、由追求外在超越到追求内在超越的终极关怀形式，不仅可以补救中国的现实社会在实现工业化、市场经济的过程中出现的某些过分世俗化、功利至上、物质主义的倾向，以及由此而导致的人的精神信仰危机、价值理想失落等弊端，而且也可以积极回应西方后现代思潮为克服西方世界高度工业化、信息化时代出现的种种现代病症而作出的探索和努力，可以让古老的中国文化与智慧，为当今发达的西方社会乃至整个人类世界的健康、和谐、稳步地发展作出自己新的贡献。

最后，也可能是最为重要的一点，就是魏晋玄学的最高人格境界乃是追求与道同一的和谐—自由的理想境界，这种理想境界从中国的哲学源头上讲，它既非纯儒家的"伦文之美"，亦非纯道家的精神的"自由之美"，而是对二者的统一与超越。而如果从这种人格美境界的具体构成来看，它既不舍弃对认知真理的追求，又不沉溺于科学的实证；既追求崇高的道德理想，又不陷于宗教的迷狂；既具有审美的空灵性，又不流于虚诞的玄想，而是要实现人的知、情、意的和谐统一与超越——这正是今天和未来人类避免和克服人的"单面化"、"平面化"，求得人的"全面而自由的发展"，建构整全的、自由的人格的理想与希望。这说明，魏晋玄学的人格理想，不仅已达到对此前中国固有的哲学文化传统的统一与超越，而且也可以为现实和未来的人类探求实现"全面而自由的发展"——人的知、情、意的全面协调发展，最终成就一种艺术化、审美化的人生，提供积极的历史借鉴和深刻的现代启示。

当然，本书以上对魏晋玄学及其人格美理想现代价值和历史意义的看法，并不能构成某种对魏晋玄学的全面和科学的描述与评价，而更多的只是我们着眼于现实的要求、着眼于人类未来的发展、着眼于对玄学思潮进行整体观照的一种初步的认识。对魏晋玄学的人格美学的研究（实即人学的研究），并不是为了，也不可能取消对玄学的认识论、伦理学或社会政治学方面的研究，相反，它只是，也只可能将整个魏晋玄学的研究引向更加全面和更加深入。

主要参考文献

一、马克思主义哲学类

1. 《马克思恩格斯全集》第 1 卷（人民出版社 1956 年版）、第 3 卷（人民出版社 1956 年版）、第 42 卷（人民出版社 1979 年版）、第 46 卷（人民出版社 1979 年版）。

2. 《马克思恩格斯选集》第 1 卷、第 2 卷、第 3 卷、第 4 卷（人民出版社 1972 年版）。

3. 黄克剑：《人韵——一种对马克思的读解》，东方出版社 1996 年版。

二、西方哲学、美学类

1. ［古希腊］亚里士多德：《形而上学》，吴寿彭译，商务印书馆 1959 年版。

2. ［德］康德：《判断力批判》，宗白华、韦卓民译，商务印书馆 1985 年版。

3. ［德］康德：《实践理性批判》，关文运译，商务印书馆 1960 年版。

4. ［德］谢林：《先验唯心论体系》，石泉、梁志学译，商务印书馆 1977 年版。

5. ［德］黑格尔：《精神现象学》，贺麟、王玖兴译，商务印书馆 1979 年版。

6. ［德］黑格尔：《小逻辑》，贺麟译，商务印书馆 1980 年版。

7. ［德］黑格尔：《美学》第 1—2 卷，朱光潜译，商务印书馆 1996 年版。

8. ［德］恩斯特·卡西尔：《人论》，甘阳译，上海译文出版社 1985 年版。

9. ［德］E. 卡西勒：《启蒙哲学》，顾伟铭等译，山东人民出版社 1988 年版。

10. ［美］B. R. 赫根汉：《人格心理学》，冯增俊、何瑾译，作家出版社 1988 年版。

11. ［美］大卫·雷·格里芬编：《后现代精神》，王成兵译，中央编译出版社 1998 年版。

12. ［苏］H. И 克留科夫斯基：《人是美的》，刘献洲译，国际文化出版社 1989 年版。

13. ［日］笠原仲二：《古代中国人的美意识》，杨若薇译，生活·读书·新知三联书店 1988 年版。

14. 伍蠡甫主编：《西方文论选》（上、下卷），上海译文出版社 1979 年版。

三、中国文化、思想研究类

1. 梁启超：《饮冰室文集》，广智书局宣统元年本。

2. 《鲁迅全集》第三卷，人民文学出版社 1982 年版。

3. 陈寅恪：《金明馆丛稿初编》，上海古籍出版社 1980 年版。

4. 《汤用彤学术论文集》，中华书局 1983 年版。

5. 黄克剑、林少敏编：《徐复观集》，群言出版社 1993 年版。

6. 《冯契文集》第一至三卷，华东师范大学出版社 1996 年版。

7. 萧萐父：《吹沙集》，巴蜀书社 1991 年版。

8. 萧萐父：《吹沙二集》，巴蜀书社 1999 年版。

9. 梁漱溟：《中国文化要义》，学林出版社 1987 年版。

10. 贺麟：《文化与人生》，商务印书馆 1996 年版。

11. 余英时：《士与中国文化》，上海人民出版社 1987 年版。

12. 侯外庐等：《中国思想通史》，人民出版社 1957 年版。

13. 李泽厚：《中国古代思想史论》，人民出版社 1986 年版。

四、中国哲学、美学研究类

1. 高清海：《哲学与主体自我意识》，吉林大学出版社 1988 年版。

2. 吴根友、邓晓芒、郭齐勇主编：《场与有——中外哲学的比较与融通》，武汉大学出版社 1997 年版。

3. 金岳霖：《论道》，商务印书馆 1987 年版。

4. 冯友兰：《贞元六书》（上、下册），华东师范大学出版社 1996 年版。

5. 冯友兰：《中国哲学简史》，北京大学出版社 1996 年版。

6. 任继愈主编：《中国哲学发展史》（魏晋南北朝），人民出版社 1988 年版。

7. 萧萐父、李锦全主编：《中国哲学史》，人民出版社 1982 年版。

8. 萧萐父：《中国哲学史史料源流举要》，武汉大学出版社 1998 年版。

9. 冯契：《中国古代哲学的逻辑发展》，上海人民出版社 1984 年版。

10. 罗光：《中国哲学思想史·两汉南北朝篇》，台湾学生书局 1977 年版。

11. 牟宗三：《中国哲学十九讲》，上海古籍出版社 1997 年版。

12. 余敦康：《中国哲学论集》，辽宁大学出版社 1998 年版。

13. 张立文：《中国哲学范畴发展史（天道篇）》，中国人民大学出版社 1988 年版。

14. 汤一介：《儒道释与内在超越问题》，江西人民出版社 1991 年版。

15. 梁漱溟：《人心与人生》，学林出版社 1984 年版。

16. 方东美：《中国人生哲学概要》，台湾问学出版社 1984 年版。

17. 方东美：《科学哲学与人生》，台湾黎明文化事业股份有限公司 1986 年版。

18. 皮锡瑞：《经学历史》，中华书局 1959 年版。

19. 郭齐勇：《传统道德与当代人生》，武汉大学出版社 1998 年版。

20. 朱义禄：《儒家理想人格与中国文化》，辽宁教育出版社 1991 年版。

21. 杨国荣：《善的历程——儒家价值体系的历史衍化及其现代转换》，上海人民出版社 1994 年版。

22. 陈明：《儒学的历史文化功能——士族：特殊形态的知识分子研究》，学林出版社 1997 年版。

23. 吕澂：《中国佛学源流略讲》，中华书局 1979 年版。

24. 汤用彤：《汉魏两晋南北朝佛教史》，中华书局 1983 年版。

25. 卿希泰：《中国道教思想史纲》第一卷，四川人民出版社 1980 年版。

26. 何建明：《道家思想的历史转折》，华中师范大学出版社1997年版。

27. 张立文主编：《性》，中国人民大学出版社1996年版。

28. 刘大杰：《魏晋思想论》，上海古籍出版社1998年版。

29. 容肇祖：《魏晋的自然主义》，东方出版社1996年版。

30. 贺昌群：《魏晋清谈思想初论》，商务印书馆1946年版。

31. 牟宗三：《才性与玄理》，台湾学生书局1989年版。

32. 汤一介：《郭象与魏晋玄学》，湖北人民出版社1983年版。

33. 王葆玹：《正始玄学》，齐鲁书社1987年版。

34. 许抗生、陈战国、那薇、李中华：《魏晋玄学史》，陕西师范大学出版社1989年版。

35. 孔繁：《魏晋玄谈》，辽宁教育出版社1991年版。

36. 高华平：《玄学趣味》，湖北教育出版社1997年版。

37. 罗宗强：《玄学与魏晋士人心态》，浙江人民出版社1991年版。

38. 马良怀：《崩溃与重建中的困惑——魏晋风度研究》，中国社会科学出版社1993年版。

39. 唐长孺：《魏晋南北朝史论丛》，生活·读书·新知三联书店1955年版。

40. 孔繁：《魏晋玄学和文学》，中国社会科学出版社1987年版。

41. 刘师培：《中国中古文学史·论文杂记》，人民文学出版社1959年版。

42. 王瑶：《中古文学史论集》，上海古籍出版社1982年版。

43. 李建中：《魏晋文学与魏晋人格》，湖北教育出版社1998年版。

44. 朱光潜：《西方美学史》，人民文学出版社1979年版。

45. 蒋孔阳：《德国古典美学》，商务印书馆1980年版。

46. 宗白华：《美学散步》，上海人民出版社1981年版。

47. 李泽厚：《美的历程》，安徽文艺出版社 1994 年版。

48. 李泽厚、刘纲纪主编：《中国美学史》第一至二卷，中国社会科学出版社 1987 年版。

49. 高尔泰：《美是自由的象征》，人民文学出版社 1986 年版。

50. 张节末：《嵇康美学》，浙江人民出版社 1994 年版。

51. 王静安先生：《人间词话》，四川人民出版社 1981 年版。

52. 徐复观：《中国艺术精神》，春风文艺出版社 1983 年版。

53. 廖仲安：《陶渊明》，上海古籍出版社 1979 年版。

54. 钟优民：《陶渊明论集》，湖南人民出版社 1981 年版。

55. 李文初：《陶渊明论略》，广东人民出版社 1986 年版。

五、文献资料类

1. 《十三经注疏》，中华书局影印本 1980 年版。

2. 王明编：《太平经合校》，中华书局 1960 年版。

3. （梁）释僧祐撰，苏晋仁、萧鍊子点校：《出三藏记集》，中华书局 1995 年版。

4. （梁）释僧祐编：《弘明集》，中华书局 1978 年版。

5. 郭朋校释：《坛经校释》，中华书局 1983 年版。

6. 《高僧传合集》，上海古籍出版社影印本 1991 年版。

7. 《后汉书》，中华书局点校本。

8. 《三国志》，中华书局点校本。

9. 《晋书》，中华书局点校本。

10. 《宋书》，中华书局点校本。

11. 《南史》，中华书局点校本。

12. 《艺文类聚》，上海古籍出版社排印本 1982 年版。

13. 《太平御览》，中华书局影印本 1960 年版。

14. 逯钦立辑校：《先秦汉魏晋南北朝诗》，中华书局排印本 1983 年版。

15. 严可均校辑：《全上古三代秦汉三国六朝文》，中华书局影印本 1958 年版。

16. 何文焕辑：《历代诗话》，中华书局排印本 1981 年版。

17. 丁福保辑：《历代诗话续编》，中华书局点校 1983 年版。

18. （南齐）谢赫：《古画品录》（外二十一种），上海古籍出版社 1991 年版。

19. 《五朝小说大观》，上海文艺出版社影印本 1991 年版。

20. 《荀子集解》，中华书局《诸子集成》本。

21. 《老子注》，中华书局《诸子集成》本。

22. 《庄子集解》，中华书局《诸子集成》本。

23. 《列子注》，中华书局《诸子集成》本。

24. 《韩非子集解》，中华书局《诸子集成》本。

25. 《春秋繁露》，中华书局《诸子集成》本。

26. 《抱朴子》内、外篇，中华书局《诸子集成》本。

27. 刘劭：《人物志》，《四部丛刊》本。

28. 楼宇烈校释：《王弼集校释》，中华书局 1980 年版。

29. 戴明扬校注：《嵇康集校注》，人民文学出版社 1962 年版。

30. 陈伯君校注：《阮籍集校注》，中华书局 1987 年版。

31. 逯钦立校注：《陶渊明集》，中华书局 1979 年版。

32. 余嘉锡笺疏：《世说新语笺疏》，中华书局 1980 年版。

33. 范文澜注：《文心雕龙注》，人民文学出版社 1958 年版。

34. 陈延杰注：《诗品注》，人民文学出版社 1958 年版。

35. 王利器集解：《颜氏家训集解》，上海古籍出版社 1980 年版。

附　录

玄学清谈与魏晋四言诗的复兴

　　中国古代诗歌发展到中古时期，出现了新的时代特点和发展格局，新兴的五、七言体诗异军突起，特别是五言诗这种诗歌形式，开始以它崭新的姿态"独秀众品"①。刘勰的《文心雕龙·明诗》篇曰："暨建安之初，五言腾踊，文帝陈思，纵辔以骋节；王、徐、应、刘，望路而争驱。"钟嵘的《诗品序》云："夫四言文约意广，取效《风》《骚》，便可多得，每苦文繁而意少，故世罕习焉。五言居文词之要，是众作之有滋味者也，故云会于流俗。"都先后指明了这一点。

　　但是，很显然，包括刘勰、钟嵘上述论断在内，古今学术界对我国中古诗歌特点和格局的论述，均只是对当时诗歌发展的某种整体性概括，并不是为了精确地描述（亦不足以描述）中古诗坛各个时期诗体的发展及其相互关系。因为就魏晋时期四言诗和五言诗发展的历史状况而言，这一时期不仅是"五言腾踊"的时代，同时也是四言诗创作繁荣与复兴的时代。

　　具体来讲，在魏晋不到 200 年的诗坛上，不仅涌现了如曹操、嵇康、陆云、孙绰等四言诗名家或四言诗成就特别突出的诗人，即使是曹

——————————

① 《南齐书·文学传论》。

植、阮籍、陆机、陶渊明等以五言诗闻名的诗人，也无不时时假手于四言。笔者据今人逯钦立辑《先秦汉魏晋南北朝诗》，对起自曹操、止于许翙的诗人和作品进行了初步统计①：魏晋时期共有四言诗作者 102人；作品 432 篇（其中含郊庙诗及杂歌谣辞 78 篇），合 927 章。这个数字表明：（1）在魏晋时期近 210 位诗人中，今天仍存留四言诗作品的占了将近半数；（2）魏晋四言诗的数量，不仅超过了《诗经》300 篇、两汉 85 篇（含郊庙诗及杂歌谣辞）的数量，而且也大大超过了宋、齐、梁、陈、隋五朝四言诗作品 327 篇的总和（其中含郊庙诗及杂歌谣辞 252 篇）；（3）如果以我国古代某些文学作品选集将四言诗一章视为一篇的惯例来计算，则魏晋四言诗的总数，还要超出同一时期五言诗作品 843 篇（郊庙诗、杂歌谣辞五言诗不计在内）的总数②。

　　四言诗在魏晋时期创作的繁荣与数量的激增，以及在魏晋以后的衰退，除了文学发展的内部因素的制约外，显然有其特定的历史原因。于是，魏晋玄学作为一种流风遍及当时整个社会生活和各种文艺形式的学术思潮，不能不引起我们的关注。问题在于，玄学清谈和魏晋四言诗创作的繁荣和数量的激增，这二者之间有何必然联系呢？换言之，玄学清谈作为一种并不能直接和简单地与文学——特别是与四言诗这种古老诗歌体裁对接的学术思潮，它何以会影响到魏晋诗人对体裁的选择，并促成了这种古老诗体的复兴，这二者发生作用的具体契机、方式和途径如何呢？本书拟通过对玄学清谈造成魏晋时期崇尚简约、务求雅致、酷爱音乐的时风的考察，回答这一问题。

---

　　①　本书的统计依据以下原则：（1）诗人的朝代归属概依逯氏；（2）全篇少于四句的诗篇作残句处理；（3）甄述、荀组、温峤、司马曜等 21 位仅存残句的诗人及作品不计在内；（4）蜀汉、东吴两朝诗人及作品不计在内。
　　②　五言魏晋郊庙诗、杂歌谣辞 271 篇未计算在内，是因为上述作品的朝代归属，学术界尚无一致看法，且列入"晋诗"中大量的"吴声"和"西曲"，是一种类似楚辞的地方性音乐文体，不必与散见于各朝的民歌民谣同等看待。

一

众所周知，魏晋玄学是一种可溯源至《易传·系辞上》"书不尽言，有不尽意"之说、先秦名家以及汉末清议与人物品藻的学术思潮，它的影响不仅遍及整个魏晋南北朝，而且还涉及唐宋乃至明清的理学心性之学①。像这样一种贯通今古、纵横千百年的学术思潮，它的建立必有赖于当时学术思想界"所发现之新眼光新方法"②；这就是玄学清谈的根本思想方法——"得意忘言"、"得意忘象"（包括"寄言出意"）的思辨方法。王弼在《周易略例·明象》中发明此种思想方法曰：

> 夫象者，出意者也；言者，明象者也。尽意莫若象，尽象莫若言。言生于象，故可寻言以观象；象生于意，故可寻象以观意。……象生于意而存象焉，则所存者乃非其象也；言生于象而存言焉，则所存者乃非其言也。然则，忘象者，乃得意者也；忘言者，乃得象者也。得意在忘象，得象在忘言。故立象以尽意，而象可忘也；重画以尽情，而画可忘也。

借《易》学中"言不尽意"、老庄"六籍糠秕"和魏初"象不尽意"等概念③，王弼在此首次系统地提出了玄学"得意忘言"、"得意忘象"的根本思辨方法。这一思辨方法在逻辑上虽然具有高度的抽象性，却与东汉中叶以后学术思想界"鄙章句之烦琐而重经典之本义"④

---

① 可参见顾炎武《日知录》卷七"夫子之言性与天道"条和钱大昕《十驾斋养新录》卷一八"清谈"条。

② 参见汤用彤：《言意之辨》，载《汤用彤学术论文集》，第214页。

③ 参见《庄子·外篇·天道》篇及《三国志·魏书·荀彧传》裴松之注引何劭《荀粲传》。

④ 参见余英时：《士与中国文化》，上海人民出版社1987年版，第362页。

的潮流十分吻合，迅速成为全社会用于解经、见诸行事的根本思想方法和重要指导原则。玄学名士们依此种方法谈理著论，即造成了一种强烈的崇尚简约的风尚。何劭的《赠张华诗》云：

> 周旋我陋圃，西瞻广武庐。既贵不忘俭，处有能存无。镇俗在简约，树塞焉足摹。

孙绰的《赠温峤诗》五章其三亦云：

> 爰在冲乱，质嶷韵令。长崇简易，业大德盛。

玄学清谈所以会在当时全社会造成强烈的崇尚简约的倾向，这是因为：

从理论上讲，"得意忘言"、"得意忘象"既然是基于"言（象）不尽意"的认知前提而提出的一种重"意"轻"言"（象）、重神轻形的主张，它就必然会要求人们在玄学清谈中遵循这样一个原则：废"言"然后得"意"。晋人张韩（严可均谓"韩"疑为"翰"之误）《不用舌论》引孔子"天何言哉"之说而论之曰：

> 余以留意于言，不如留意于不言。徒知无舌之通心，未尽有舌之必通心也。仲尼云："天何言哉，四时行焉。""夫子之文章可得而闻也；夫子之言性与天道不可得而闻。"①

这就是说，在"言"（象）和"意"（性、道）的关系上，玄学家们认为汉人"立言以垂教，将以通性，而弊至于湮；寄旨传辞，将以正邪，而势至于繁"的方法是不可取的，最佳的方法应该是"修本废

---

① 《艺文类聚》卷一七。案："未尽有舌之不通心也"一句，原文作"未尽有舌之必通心也"，汤用彤《言意之辨》谓"必"当为"不"之误，今据以改正。

言，则天而行化"①，即"得意"而"忘言"。用"格义"的形式来讲，也就是当时佛门所说的"筌我兼忘，始可以几乎实矣"②。然而，玄学界"得意忘言"方法所提倡的"修本废言"和"留意于言，不如留意于不言"的主张，不仅与"圣人立象以尽意，设卦以尽情伪，系辞焉以尽其言"③ 之教存在着尖锐的冲突，而且在实际生活中也滞碍难通。因此，玄学家在社会生活乃至思辨活动中可能采取的，既保留了"得意忘言"的精神，而又最切实可行的方式，就应该而且只能是以尽量少的"言"、"象"，表现出最丰富、深邃的意旨，并在"得意"之后迅速弃掉"言（象）"。而这样做的结果，就势必造成一股强大的时风：崇尚简约。

从玄学清谈的实践活动来看，魏晋玄学名士们在他们交游谈理、讲文论道乃至选举执政等各个方面，的确表现出了一种人人以简要为尚，个个精于"乘一总万、举要治繁之术"的时代风尚。《世说新语》载乐广、裴楷、王戎"以约言厌人心"④，张凭、王承、王述"言约旨远"⑤，《三国志》、《晋书》称誉曹氏父子、竹林七贤、王谢诸子弟"简至"、"简易"、"清通简要"，等等，皆可以为证。

《世说新语·文学》：

> 客问乐令"旨不至"者，乐亦不复剖析文句，直以麈尾柄确几曰："至不？"客曰："至"。乐因又举麈尾曰："若至者，那得去？"于是客乃悟服。乐辞约而旨达，皆类此。

---

① 以上均见《论语集解》皇疏九引王弼之言。
② 僧叡：《十二门论序》，载《全晋文》卷一六〇。
③ 《易传·系辞上》。
④ 《世说新语·赏誉》刘注引《晋阳秋》。
⑤ 《世说新语·文学》。

阮宜子有令闻，太尉王夷甫见而问曰："老庄与圣教同异？"对曰："将无同。"即太尉善其言，辟之为掾，世谓"三语掾"。

不仅如此，有关魏晋思想史料还表明，玄学清谈"得意忘言"思辨方法所造成的遍及当时社会生活各个方面的崇尚简约之风，也深刻地影响到了文学和艺术活动，影响到了诗、赋、音乐、书法等多种文艺形式——在玄学家们看来，它们均是玄学致意的工具，均应遵循"以少总多"、"以一揆万"这一玄学清谈思辨方式。

阮籍的《乐论》：

> 乾坤易简，故雅乐不烦；道德平淡，故无声无味。

陆机的《文赋》：

> 诗缘情而绮靡，赋体物而浏亮……虽区分之在兹，亦禁邪而制放，要辞达而理举，故无取乎冗长。

陆云的《与兄平原书》：

> 云今意视文，乃好清省，欲无以尚。意之至此，乃出自然。

刘勰的《文心雕龙·练字》：

> 自晋来用字，率从简易，时并习易，人谁取难？

张怀瓘的《书议》：

> 子敬（王献之字）之法，非草非行……挺然秀出，务于简易。情驰神纵，超逸优游，临事制宜，从意适便。有若风行雨散，润色开花，笔法体势之中，最为风流者也。

由此可见，由于玄学清谈思辨方法的影响，魏晋文学艺术领域中实亦弥漫着浓厚的崇尚简约的风气，所谓"南人学问，清通简要"①，不仅是对魏晋学术思想的准确概括，而且也应是对当时文学艺术特点的最好总结。

从现存魏晋时期的文学作品来看，崇尚简约的时风在文学创作中的深刻影响主要表现在以下几点。

（1）它要求并使得当时的文学作品在遣词造句、篇章结构等方面，做到简练、精致，即稍后刘勰用"核字省句，剖析毫厘者也"② 所界定的"精约"。前人常以"字句坚实，皆去经不远"③，"语造贵圆"、"功夫精密"④ 评魏晋名家之诗；而永嘉南渡以后，魏晋诗坛四言多"虽有惠音，莫过《韶》《濩》；虽有腾蛇，终仆一壑"（庚阐：《吊贾谊诗》）和"亭亭椅桐，郁兹庭圃；翠微疏风，绿桐荫宇"（伏系之：《咏椅桐》）一类短小精悍之作，均属此例。故《世说新语》常赞当时玄学家精粹名论为"辞难简切"⑤，而《晋书·张辅传》更明确以言辞多寡褒贬史书：

> （辅）尝论班固、司马迁云："迁之著述，辞约而事举，叙三千年事唯五十万言；班固叙二百年事乃八十万言，烦省不同，不如迁一也。……"

（2）它要求并使得魏晋文学作品在辞句简省的基础上，力求意赅旨远，"深文隐蔚，余味曲包"，具有"文外之重旨"。⑥ 历代诗评家盛

---

① 《世说新语·文学》。
② 《文心雕龙·体性》。
③ 方东树：《昭昧詹言》卷一。
④ 陈绎曾《诗谱》评曹植、陶渊明语，见丁福保辑《历代诗话续编》本。
⑤ 《世说新语·文学》。
⑥ 《文心雕龙·体性》。

赞曹植诗"多留弦外之音，不尽之意"①，嵇康诗"响逸调远"②，阮籍诗"言在耳目之内，情寄八荒之表"③，称刘祯诗初"读之亦无甚深意"，细嚼则"只觉缠绵悱恻，萦绕简编，十日不散"④，陶渊明诗"清腴简远，别成一格"⑤，其原因正在于魏晋文学作品在言词"精约"的基础上，达到了言简意赅，言近旨远，含蓄隽永，余味无穷的艺术境界。《世说新语·言语》载桓玄见"前为琅邪时种柳皆已十围"，不由得吟出"木犹如此，人何以堪"二句，自己感动得"泫然流泪"；同书《文学》又曰："郭景纯诗云：'林无静树，川无停流。'阮孚云：'泓峥萧瑟，实不可言'。每读此文，辄觉神超形越。"桓、郭二氏上述言辞和诗句的魅力，同样在于其以简短的形式包含了丰富的内蕴：桓氏言咏中暗藏了对个人遭际、人民生活和国家命运的无限感慨；郭氏诗句里寄寓了难以言喻的自然神韵和超然洒脱……而这些，才是玄学清谈简约之风深刻影响魏晋文学创作的根本原因之所在。

不言而喻，这种力求简约的趋向和特点，也必然会影响到当时文学的形式，包括诗歌体裁，促使诗人们在选择诗歌体裁时，自觉地倾向于运用古老的四言诗体。因为体裁既为文学的基本要素之一，就必须贯彻"庞言繁称，道所不贵"⑥ 的原则；而由《诗经》开先河的四言诗体正是当时诗歌体裁中"文约意广"和"最附深衷"的诗体的一个标本。

《文心雕龙·宗经》：

---

① 《昭昧詹言》卷二。
② 《文心雕龙·体性》。
③ 《诗品》卷上。
④ 厉志：《白华山人诗说》卷二。
⑤ 沈德潜：《说诗晬语》卷上。
⑥ 沈德潜：《说诗晬语》卷上。

《诗》主言志，诂训同《书》；摛风裁兴，藻辞谲喻；温柔在诵，故最附深衷矣。

《诗品序》：

夫四言文约意广，取效《风》《骚》，便可多得。……

《本事诗》：

（太白）尝言："兴寄深微，五言不如四言，七言又其靡也。……"

《诗数》内编卷二：

四言简质，句短而调未舒；七言浮靡，文繁而声易杂。

从而可见，玄学清谈造成的崇尚简约的风尚，必然在诗体上择取四言。这可以说是促使魏晋时期四言诗数量激增并形成复兴态势的重要原因之一。

二

玄学清谈在造成魏晋社会崇尚简约时风的同时，也给魏晋人的精神带来了相对的自由与解放，促使他们在思想和言行上一味地追求"超然绝俗的哲学的美"、"雅致"、"绝俗"[①]。史传及《世说新语》中《雅量》等篇多记魏人临行弹曲、奔丧鼓琴、起居种竹、调侃赋诗等高雅之举，便可见务求雅致，亦是当时社会又一盛行的时尚。

---

① 参见宗白华：《论〈世说新语〉和晋人的美》，载《艺境》，北京大学出版社 1987 年版，第 126、136 页。

玄学清谈之所以能够造成魏晋时代务求雅致的风尚，这是因为：

从世界观上讲，玄学清谈"得意忘言"（象）的思辨方法，其根本点乃是物质世界与精神世界之"形神分殊"①。因此，在玄学家以"言"（象）是否简约作为衡量清谈或粗迹的尺度时，就必然要用"雅致"作为检验玄理高下的标准：在崇尚简约的同时，也就必然会务求雅致。

从认识论上讲，玄学清谈"得意忘言"（象）思辨方法的实质，是重理性而轻感性，强调超越"言"（象）而致玄理。因此，在玄学家因不能完全废弃"言"（象）而退求简约的同时，也就必然要在"得意"的途径和过程中下功夫，以期最大限度地远离"粗迹"，显得超脱、绝俗，即"雅致"。

显然，玄学清谈造成的这种务求雅致之风，也会影响到当时的文学思想和创作，给魏晋的文艺打上"辞气雅正"②的烙印。近人陈寅恪称魏晋南人言咏必力避土音而用"雅言"③；《世说新语·文学》载谢安、谢玄以"偏有雅人深致"评《诗经·小雅·采薇》篇中的诗句，似已可见这种影响在当时文学创作和批评中之一斑。

但是，上述魏晋文学创作和批评的尚雅现象，尚不足以说明玄学清谈对当时文学影响的深刻性，更难以见出玄学清谈务求雅致之风促使四言复兴的必然。因为作为一种哲学思想和学术潮流，玄学清谈对文学特别是诗歌创作的作用并不是简单而直接的，它必须而且只能通过影响作家诗人们的思想和世界观，特别是审美观来完成。因此，我们认为，玄学清谈及其务求雅致风尚对魏晋文学的深层影响或促使当时四言诗复兴

① 《言意之辨》，载《汤用彤学术论文集》，第 225 页。
② 《晋书·孝友传·王裒传》。
③ 参见陈寅恪：《东晋南朝之吴语》，载《金明馆丛稿二编》，上海古籍出版社1980 年版，第 271 页。

的原因之一，乃是由于它在魏晋文坛上造成了一种契合玄学雅致精神、贯通儒道二家美学趣味的审美观念："以古为雅"。

玄学清谈所以会造成"以古为雅"这种"尚古"与"尚雅"相结合、儒道两家审美趣味相统一的美学观念，这是因为：

首先，魏晋文学中的尚雅倾向，其产生的根本基础，乃是玄学清谈"得意忘言"（象）的思辨方法。而玄学清谈思辨方法的产生过程虽很复杂，但说它是基于老庄"圣人之言，古人之糟粕"的观念和汉末以孔子"天何言哉"为依据的儒学简化运动，则应无大错。这也就证明，"得意忘言"（象）的思想方法，不仅是玄学名士用之解经、见诸行事的工具，且亦是用以会通儒道二学的手段①，儒道二家不仅可能而且事实上已曾被玄学调和过。

其次，从美学的层次来看，尽管儒家所要求的"思无邪"②、"王政之所由废兴也"③ 和道家所主张的绝圣弃智、皈依自然的观点大相径庭，但在"以古为雅"这一点上，儒道二家却是可以契合的。道家追求精神的超越、雅致、遗世独立，在这一过程中，往往以"古"为口实；而儒家如孔子，一生"恶郑声之乱雅乐也"④，言必采"雅言"⑤，乐必择"雅乐"，其倍加推崇的乃是《韶》、《武》等简质古朴的三代节奏乐⑥；汉代硕儒班固以儒家正统观点释"雅"云："乐尚雅何？雅者，古正也。"⑦ 皆为儒家以古为雅分之例证。所以，魏晋玄学能因此

---

① 《言意之辨》，载《汤用彤学术论文集》，第 220 页。

② 《论语·为政》。

③ 《诗大序》。

④ 《论语·阳货》。

⑤ 《论语·述而》。

⑥ 参见拙作《古乐的沉浮与诗体的变迁——四言诗的音乐文学属性及兴衰探源》，《中国社会科学》1991 年第 5 期。

⑦ 《白虎通·礼乐》。

而将"古"等同于"雅",用以造成一种合儒道两家美学观念和"尚古"与"尚雅"于一体的玄学审美观,并以"夫推类辨物,当先求之自然之理。理已定,然后借古义以明之耳"① 作为玄学论物析理的具体方法之一。

这种由玄学清谈务求雅致之风而来的"以古为雅"的审美观,对当时的文学创作产生了深刻的影响。其最直接的效应,就是促使魏晋文学创作出现了普遍的"拟古与作伪"现象②,产生了诸如《古文尚书》、《列子》、《孔丛子》、《神异经》、《西京杂记》、《燕丹子》、《十洲记》、《汉武帝故事》、《汉武帝内传》、《洞冥记》以及《长门赋》、《美人赋》、《菟园赋》、《柳赋》、《鹤赋》、《与苏武诗》等一大批假托古人的书籍和文学作品,使魏晋文学创作在题材内容和形式风格上,均呈现出了一种鲜明的复古主义特征。

1. 题材内容的因袭模拟

魏晋文学鲜明复古主义特征的表现之一,就是当时以诗赋为主体的文学创作,在题材内容上对古人亦步亦趋,因袭模拟。以诗歌创作而论,王粲、曹植、陶渊明三人皆有《咏三良诗》,左思有《咏史诗》,张载有《拟四愁诗》,陆机有《拟古诗十四首》(今存十二首),陶渊明有《拟古诗九首》,证明魏晋诗歌创作中本多"就乐府古题咏古事"、"咏史"、"拟古"等作品,而当时诗人新发明之"借乐府古题写时事"、"补亡"、"代……作"等模仿古制的形式,更为各体诗歌创作在题材内容上广泛拟古提供了新的途径。曹子建有《鰕䱇篇》、《吁嗟篇》、《豫章行》、《薤露行》诸篇,但《乐府解题》却称"曹植拟《长歌行》为《鰕䱇》"、"拟《苦寒行》为《吁嗟》"、"拟《薤露行》为

---

① 嵇康:《声无哀乐论》,《全三国文》卷四九。
② 参见王瑶:《拟古与作伪》,见《中古文学史论集》,上海古籍出版社 1982 年版。

《天地》"①。晋人傅咸有《七经诗》（今存六首），但清人汪师韩《诗学纂闻》却称陈绎曾《诗谱》有言曰："傅咸作《七经诗》，其《毛诗》一篇，皆集《诗经》语。"②《抱朴子·外篇·钧世》云："近者夏侯湛、潘安仁并作'补亡诗'"，而《文士传》却援引夏侯湛本集《叙》，称作"补亡诗"的起因，乃是见《诗经》中《白华》、《南陔》、《华黍》、《由庚》、《崇丘》、《由仪》六篇"有其义而亡其辞"，才产生"续其亡"的念头的③，这又说明，风行于魏晋南朝的所谓"补亡热"，其实不过是一种揣测《诗经》"笙诗"内容而加以模拟的"拟古"之举。唯其如此，历代文学史家多概魏晋诗歌而论之曰："多拟古题，述古事者。魏晋以下，平原兄弟、陆、傅、颜、谢、江、鲍之俦，操翰擒文，莫不拟古。"④

就魏晋赋创作的题材内容而言，情况也是如此。例如魏晋时期产生的众多借用《七发》旧题而创作的"七"体作品，就显然是对汉代古制的步趋和模拟。洪迈的《容斋随笔》卷七云："枚乘作《七发》，创意造端，丽旨腴词……其后继之者，如傅毅《七激》、张衡《七辩》、崔骃《七依》、马融《七广》、曹植《七启》、王粲《七释》、张协《七命》之类，规仿太初，了无新意；傅玄又集之为《七林》，使人读未终篇，往往弃诸几格。"又，魏晋时期有骚体、连珠和遂志、闲情等题材的赋，亦多属模拟之作，在内容上同古制陈陈相因。如傅玄的《连珠序》就称自己和张华的"连珠体"作品，是依此体的汉代"古义"而

---

① 转引自郭茂倩编：《乐府诗集》第 30 卷第 446 页、第 33 卷第 499 页、第 27 卷第 397 页，中华书局 1979 年版。

② 汪师韩：《诗学纂闻》，见《清诗话》本。案：今本陈绎曾《诗谱》中本无"皆集《诗经》语"一句，汪师韩引用其言而加入，当另有所本。

③ 《世说新语·文学》刘孝标注引《文士传》。

④ 刘永济：《十四朝文学要略》，黑龙江人民出版社 1984 年版，第 105 页。

"广焉"①；陆机的《遂志赋序》称自己作《遂志赋》，乃是要与前人"相依仿"，"聊复用心焉"②。宋玉、司马相如、张衡以言"情"为题创立"定情"之赋，魏晋时期陈琳、阮瑀又作《止欲赋》，应玚作有《正情赋》，曹植作有《静思赋》，张华作有《永怀赋》，陶渊明又作《闲情赋》，不断加以模仿。陶氏《闲情赋序》云："初，张衡作《定情赋》，蔡邕作《静情赋》，检逸辞而宗澹泊，始则荡以思虑，而终归闲正。将以抑流宕之邪心，谅有助于讽谏。缀文之士，奕代继作；并因触类，广其辞义。余园闾多暇，复染翰为之；虽文妙不足，庶不谬作者之意乎！"正说明了这一点。

2. 形式风格的返璞归真

魏晋文学鲜明复古主义特征的另一重要表现，就是当时的诗歌创作在形式风格上一味地返璞归真，使作品显示出一种简质古朴的特色。

就魏晋乐府诗来看，由于多采用"就乐府古题咏古事"、"借乐府旧题写时事"、"拟古"等形式，多属模拟古辞之作，故就多数魏晋乐府诗的风格特征而言，仍然是以古朴相尚，"淳朴余风，隐约尚在"③。后人常以"雄浑高古"④，"似古逸诗、古铭、古谣"⑤ 和"得古之神"⑥ 论魏晋乐府，其道理也在于此。

就魏晋五言诗而言，同样也是简质古直之作居多。仅钟嵘的《诗品》一书，在《序》以"平典似《道德论》"总论魏晋五言诗之后，就对十几位诗人同时许以"古"字评语。如评曹操诗为"悲凉古直"；评应璩诗"善为古语，指事殷勤，雅意深笃，得诗人激刺之旨"；评阮

---

① 傅玄：《连珠序》，载《全晋文》卷四十六。
② 陆机：《遂志赋序》，载《全晋文》卷九十六。
③ 胡应麟：《诗薮》外编卷二。
④ 方东树：《昭昧詹言》卷一。
⑤ 钟惺、谭元春编：《古诗归》卷七曹植《矫志诗》评语。
⑥ 陆时雍：《诗镜总论》傅玄诗评语，见丁福保辑《历代诗话续编》本。

瑀、欧阳建、应璩①、嵇含、阮侃、嵇绍、枣据等"七君诗，并平典，不失古体"；评陶渊明诗"笃意真古，辞兴婉惬，每观其文，想其人德，世叹其质直"。无不如此。

同样，魏晋四言诗作为当时沿用的一种最为古老的诗体，其作品更是力求简古，欲返璞归真。胡应麟的《诗薮》内编卷一既称当时作者"浮慕三百，欲去文存质"；而章太炎《国故论衡·文学·辨诗》又在感慨整个古代四言诗的衰落趋势时，概括魏晋四言诗的基本风貌云：

> ……三百篇者，四言之至也。在汉独独有韦孟，已稍淡泊。下逮魏氏，乐府独有短、善哉诸行为激卬也。自王粲而降，作者抗志欲返古初……嵇、应、潘、陆，亦以楛窳。悠悠太上，民之厥初。于皇时晋，受命既固，盖佣下无足观。非其材劣，固四言之势尽矣。

毫无疑问，这种由玄学清谈务求雅致风尚而来的"以古为雅"的审美观，也会深刻地影响到当时文学创作中与内容和形式均密切相关的体裁，促使魏晋诗人们偏向于选择古老的四言诗体进行创作，并成为玄学清谈促使魏晋四言诗复兴的另一重要原因。因为四言诗不仅是当时文坛上一种最为简约的诗体，而且也是当时乃至整个中国古代文学中唯一既"古"且"雅"的诗体——"雅体"。

《文章流别论》：

> 夫诗虽以情志为本，而以成声为节，然则雅音之韵，四言为正，其余虽备曲折之体，而非音之正也。

---

① 指"晋文学应璩"，与上文"魏侍中应璩"非一人。

《文心雕龙·明诗》：

> 四言正体，则雅润为本；五言流调，则清丽居宗。

《古诗镜·诗镜总论》：

> 诗四言优而婉，五言直而倨……四言大雅之音也，其诗中之元气乎？

三

作为一种强大的时代思潮，玄学清谈及其"得意忘言"思辨方法还诱发了魏晋时人对琴、棋、书、画等民族艺术的强烈热情，并促进了它们的飞速发展。仅以对琴——音乐为例而论，便已可看出魏晋时人对它们嗜爱的程度。

魏晋人普遍地酷爱音乐，与他们处于玄学清谈思潮中的思想观念密切相关。

首先，魏晋人认为音乐深契玄学清谈"得意忘言"、重神轻形之旨，是玄学清谈中辨物致"意"的天然和最佳手段之一。

众所周知，我国古代士大夫向有好乐的传统，自夏商至周秦再至两汉，爱乐之风可以说日盛一日。人们如此热情地投身于音乐歌舞，是因为他们认为："闻歌以咏言，舞以尽意。是以论其诗不如听其声，听其声不如察其形。《激楚》《结风》《阳阿》之舞，材人之穷观，天下之至妙。"① 但随着玄学清谈之风的兴起，魏晋人对音乐的爱好至少在两方面发生了很大的变化。一是魏晋人爱好音乐的程度更为痴迷；二是魏

---

① 傅毅：《舞赋》，载《全汉文》卷四三。

晋人爱好音乐的着眼点，已由汉人的"听其声"、"察其形"，转变为追求音乐中某种犹如《庄子·齐物论》中描述的"天籁"般的神韵。繁钦《与魏太子书》：

> 顷诸鼓吹，广求异妓，时都尉薛访车子，年始十四，能喉啭引声，与笳同音。白上呈见，果如其言。即日故共观试，乃知天壤之所生，诚有自然之妙物也。

繁钦此处所云音乐中的"自然之妙物"，正是嵇康、阮籍反复阐扬的无关于"声音"的"欢戚"① 和"天地之本，万物之性"②。故嵇康在《琴赋序》中又云："余少好音声，长而玩之。以为物有盛衰，而此无变；滋味有厌，而此不倦。可以导养神气，宣和情志。处穷独而不闷者，莫近于音声也。"

其次，魏晋人希望并相信音乐有助于提高他们的清谈水准，使他们"声作钟声"③；文章掷地，"要作金石声"④，达到泠泠然悦耳的艺术效果。《世说新语·文学》"裴散骑娶王太尉女"条刘注引邓粲《晋纪》曰：

> （裴）遐以辩论为业，善叙名理，辞气清畅，泠然若琴瑟。闻其言者，知与不知，无不叹服。

或许正是出于上述原因，魏晋时人才如此普遍地沉浸于音乐氛围之中。可以毫不夸张地说，在魏晋时代，一个人如果不懂音乐，那必将如

---

① 嵇康：《声无哀乐论》。
② 阮籍：《乐论》。
③ 《世说新语·赏誉》。
④ 《世说新语·文学》。

曹植所云："夫君子而不知音乐，古之达论，谓之通而蔽。"① 是必定要受到冷遇和讥讽的。

魏晋社会这种普遍酷爱音乐的浪潮，不能不在文学的理论和创作领域产生深远的影响。

在文学理论领域，由于受酷爱音乐时风的影响，特别是受嵇康、阮籍、刘劭、夏侯玄等人"乐论"（嵇康著《声无哀乐论》、阮籍著《乐论》、刘劭著《乐论》十四篇、夏侯玄著《辨乐论》）中偶然出现的将音乐和文学相提并论现象的启发，魏晋文论家纷纷以乐喻文。如曹丕《典论·论文》云："文以气为主，气之清浊有体，不可力强而致。譬诸音乐，曲度虽均，节奏同检。"葛洪《抱朴子·外篇·辞义》云："夫文章之体，尤难详赏。苟以入耳为佳，适心为快，鲜知忘味之九成，雅颂之风流也。"而陆机的《文赋》，在全篇包括序文不足两千字的篇幅中，更有十多处借音乐为喻，开创了文论史上以乐譬文的新纪录。

在文学创作领域，酷爱音乐的时风既影响到魏晋赋作家，也影响到当时广大诗人；既影响文学创作的题材内容，也影响文学作品的体裁形式。从题材内容方面看，这种影响的最明显的效果，就是它激发了魏晋作家对音乐题材创作的浓厚兴趣，促使他们创作了诸如嵇康的《琴赋》、《筝赋》，傅玄的《琵琶赋》、《琴赋》、《筝赋》，潘岳的《笙赋》，成公绥的《啸赋》，顾恺之的《筝赋》等许多以音乐（主要是以乐器）为描写对象的文学作品，以至梁太子萧统选赋，不得不特立"音乐"一门，以便揽括进这一新兴赋体作品②。

从体裁形式方面看，魏晋社会酷爱音乐时风使得当时广大诗人更倾

---

① 曹植：《与吴季重（质）书》，载《全三国文》卷一六。案：原文"知"上无"不"字，经赵幼文《曹植集校注》考辨，当有"不"字，今据以补。

② 萧统《文选》选赋，"音乐"赋编于赋类之末，且全为汉末魏晋作品，故云。

向于使用具有"雅乐"属性的四言诗体，并从一个侧面促成了四言诗创作在魏晋时期的复兴。兹仅就此略陈其因。

首先，现存魏晋诗歌作品虽数量颇丰，题材各异，但如果依它们与音乐的关系来划分，却实际只有两类：乐府诗或非乐府诗。就当时已标明为乐府性质的作品而言，不论它们是五言、七言还是杂言；也不论它们的作者是谁，是"以古题咏古事"，还是"借古题写时事"，它们都属于音乐性质的作品，这一点不言自明。就广大并未标明是"乐府诗"的魏晋诗歌而言，如前文所言，由于酷爱音乐时风和"拟古"风气的影响，人们也会尽量地采用拟古、拟乐府的形式进行创作，从而使这些作品大多和音乐发生直接或间接的联系，完全或部分地具有音乐（乐府）性质。比如四言诗，由于以《诗经》为代表的四言诗经典作品都是音乐性质的作品，四言诗四字成句的基本特点亦根源于远古音乐两个汉字一拍的节奏形式，所以，同所有后世四言诗一样，魏晋四言诗从根本上讲，也全都是"披之管弦，皆成乐章"的[1]——是属于音乐性质的作品；尽管那种适合于四言诗的"古乐"到魏晋时可能早已失传。又比如五言诗，因为魏晋五言诗多拟古、咏史之作，其模拟对象多为两汉古诗，而由于这些被模拟的两汉作品，如"班婕妤《团扇》，乐府也；'青青河畔草'，乐府也；《文选注》引古诗……知《十九首》亦是乐府也"[2]。所以，正如魏源在《诗比兴笺序》中所云，魏晋多数五言诗，"皆以'比兴'为乐府、琴操。"也是属于和音乐相关的作品。

其次，魏晋诗人虽由于酷爱音乐而倾向于具有音乐性的诗体，但他们既不可能毫无选择地爱好一切音乐，更不可能对于各种同属音乐（乐府）性的诗体等量齐观。事实上由于玄学清谈之风的影响，通常他

---

① 《三国志·魏书·武帝纪》裴注引《魏书》。

② 冯班：《钝吟杂录·古今乐府论》，见《清诗话》本。

们都会选择那些最能体现玄学简古雅致宗旨的形式："雅乐"及其与之相配合的四言诗体。

1. 从现有文献资料来看，魏晋官方宗庙、祭祀等各种场合所采用的音乐，基本上全无例外地属于所谓"雅乐"

据史书记载，魏晋时期虽然战乱频仍，"礼崩乐坏"，但各朝统治者仍然致力于修复"雅乐"，以便为最大限度地恢复旧有的统治秩序服务。曹操在南征北战的戎马生涯中，尚没有忘记招揽杜夔等音乐人才，以"创定雅乐"①；司马氏集团更先后选定傅玄、张华、荀藩、阮孚、庾亮、谢尚等辈修复"雅乐"。而且，据史载，为了能够使雅乐最大限度地符合古制，在两晋朝廷内外，还就雅乐的律度展开了热烈的讨论。《晋书·挚虞传》载：

> ……将作大匠陈勰掘地得古尺，尚书奏："今尺长于古尺，宜以古为正。"潘岳以为习用已久，不宜复改。虞驳曰："……今尺长于古尺几于半寸，乐府用之，律吕不合；史官用之，历象失占；医署用之，孔穴乖错。此三者，度量之所由生，得失之所取征，皆综阅而不得通，故宜改今而从古也。……"

这场讨论的结果是，崇尚古制的一方获胜。从此，两晋雅乐又得以依古乐尺为准。《世说新语·术解》"荀勖善解音声"条刘注引干宝《晋纪》云：

> 荀勖始造正德、大象之舞，以魏杜夔所制律吕校大乐，本音不和。后汉至魏，尺长于古四分有余，而夔据之，是以失韵。乃依周礼，积粟以起度量，以度古器，符于本铭，遂以为式，用之郊庙。

---

① 《三国志·魏书·方技传》。

2. 魏晋时人特别是玄学名士们所爱好和日常自娱的音乐，已被严重地"雅化"，因而也基本属于雅乐的范围

魏晋时人日常使用的音乐，所以会被"雅化"或者说基本属于雅乐范围，是因为从本质上讲，唯有雅乐或"雅化"的音乐，才具备"周通"、"质静"、"易简"、"静重"等特性，符合"先王造乐之意"①，并最终和玄学清谈崇尚简约与务求雅致精神相吻合。嵇康是魏晋玄学界备受推崇的人物，《世说新语·雅量》载"嵇中散临刑东市，神气不变。索琴而弹之，奏《广陵散》。曲终日：'袁孝尼尝请学此散，吾靳固不与，《广陵散》于今绝矣！'"而《三国志·魏书·王卫二刘傅传》裴注引《魏氏春秋》云："康临刑自若，援琴而鼓，既而叹曰：'雅音于是绝矣！'"则恰好从另一侧面证明了魏晋人求之若渴的音乐，如《广陵散》，均应为雅乐或接近于雅乐标准的音乐。

不难推想，在魏晋诗坛热衷于选择富有音乐性的诗体进行创作，而魏晋音乐界又倾向于雅乐的情况下，魏晋诗人们在选择诗歌体裁时会出现怎样的情景——它的最直接的产物，就是当时诗坛四言诗数量的迅速增长。因为正如前文所言，四言体诗既是中国古代文学中公认的"雅体"，《诗经》雅乐又一直是从两汉到魏晋各朝宗庙祭祀音乐模拟的范本。近人汪辟疆在《〈汉魏诗选〉按语》中指出：

> 汉本无雅乐，（杜）夔所肄习，乃制氏所传《文王》、《伐檀》、《驺虞》、《鹿鸣》四诗之音节耳，非别有所谓汉雅、魏雅也。其篇既不传于晋宋，则知无所创定矣。②

魏晋文坛既沿袭着这样的"雅乐"去制辞作诗，其诗体当然也就

---

① 阮籍：《乐论》。
② 《汪辟疆文集》，上海古籍出版社 1988 年版，第 180 页。

多为四言。故《晋书·乐志》云：

> 杜夔传旧雅乐四曲：一曰《鹿鸣》，二曰《驺虞》，三曰《伐檀》，四曰《文王》，皆古声辞。……及晋初，食举亦用《鹿鸣》。至泰始五年，尚书奏，使太仆傅玄、中书监荀勖、黄门侍郎张华，各造正旦行礼及王公上寿酒、食举乐歌诗……又以魏氏歌诗或二言，或三言，或四言，或五言，与古诗不类，以问司律中郎将陈颀，颀曰："被之金石，未必皆当。"故勖造晋歌，皆为四言，唯王公上寿酒一篇为三言、五言焉。

就这样，玄学清谈造成了魏晋社会酷爱音乐的时代风尚，而这种普遍酷爱音乐的风尚，又深刻地影响到当时的文学，促使诗人们在选择诗体时，更多地倾向于四言诗体，并由此构成了魏晋四言诗复兴的另一个重要原因。

一种文体的兴起或衰落，必然有其复杂的内部和外部原因。至于魏晋四言诗在一度复兴之后的衰落，以及此期五言诗的兴起，除了失去了玄学清谈这一特殊背景之外，还有四言诗和五言诗在音乐品性、题材技巧、语言音韵方面的差异等原因。关于这一问题，只能另作探讨。

（原载《中国社会科学》1993 年第 2 期）

魏晋的围棋和范汪的《棋品》

一

棋，即围棋，中国古代称为博弈。博弈，从广义上讲是中国古代对各类棋弈游戏活动的总称，包括博、弈（围棋）、弹棋、投壶、塞、樗蒲、藏钩、四维、象戏等。从狭义上讲，"博"和"弈"则有区别。"博"，仅指博戏或"六博"而言；"弈"，则专指"围棋"。扬雄的《方言》（五）："围棋谓之弈，自关之东，齐鲁之间，皆谓之弈。"许慎的《说文解字》"博"写作"簙"，曰："簙，局戏也，六箸十二棋也。……古者，乌胄作簙。"又释"弈"曰："弈，围棋也。""博弈"又写作"博奕"，《汉书·陈遵传》载："宣帝微时与（陈遂，陈遵祖父）有故，相随博奕，数负进。"颜师古注："博，六博；奕，围棋也。"可见，在许多地方，"博"和"弈"有明显区别。

"博"、"弈"的相互区别，还可从古代"六博"、"博塞"、"博经"之类名称的出现中得到印证。《管子·四称》曰："流于博塞。"同书《四时》篇又曰："一政曰禁博塞。"《庄子·骈拇》曰："臧与谷二人相与牧羊，而俱亡其羊，问臧奚事，则挟策读书；问谷奚事，则博塞以游。"《楚辞·招魂》中"博"写作"簙"，云："菎蔽象棋，有六簙些。分曹并进，遒相迫些。成枭而牟，呼五白些。晋制犀比，费白日些。"20 世纪 70 年代湖北省云梦县睡虎地秦墓还出土了战国行"博"用的大小棋局。《西京杂记》卷下云："许博昌，安陆人也。善陆博（即六博），窦婴好之，常与居处。……博昌又作《大博经》一篇，今传于世。"《颜氏家训·杂艺》曰："古为大博则大箸，小博则二茕，今无晓者。"赵曦明注引鲍宏《博经》曰："博局之戏，各设六箸，行六棋，故云六博。用十二棋，六白六黑，所掷骰谓之琼。"虽然对博的详情难知，但由此处可见其与"弈"之间的区别所在。

弈，作为中国古代士大夫琴、棋、书、画等必备素养之一，其起源的历史相当早。文献上将之追溯到了尧舜时代。《世说新语·巧艺》刘孝标注引张华《博物志》曰："尧作围棋，以教丹朱。"《政事》篇注引《中兴书》云："樗蒲，老子入胡所作外国戏耳；围棋，尧舜以教愚子；博弈，纣所造。"《路史·后纪》曰："帝尧陶唐氏初娶富宜氏，曰女皇，生朱骜佷、娟克……帝悲之，为制弈棋以闲其情。"以上的说法并不一定可靠，但至迟到春秋战国时围棋已很流行。《论语·阳货》曰："饱食终日，无所用心，难矣哉！不有博弈者乎？为之犹贤乎已。"《关尹子·一宇》曰："习射、习御、习琴、习弈，终无一事，可以息一得者。"《孟子·告子上》云："夫弈之为数，小数也。不专心致志，则不得也。弈秋，通国之善弈者也，使弈秋诲二人弈，其一人专心致志，惟弈秋之为听；一人虽听之，一心以为有鸿鹄将至，思援弓缴而射之。虽与之俱学，弗若之矣。"说明围棋在当时已非常普遍，并涌现出了一些国际性的大师，招徒授业，名声远播。

与此同时，围棋自身的体制也发生了一些变化。这主要是它由早期的纵横各 17 道 289 路，发展到了后来纵横各 19 道 361 路的棋局。这个发展变化的具体时间虽难考定，但从《艺文类聚》等类书所引班固以来的《弈势》、《弈旨》等文章中我们仍不难察知。这也从一个侧面说明当时围棋活动的兴盛。

二

　　无论从围棋的普及程度，还是棋艺的水平来看，真正称得上中国围棋史上第一高峰的，当数魏晋时期。魏晋时期，随着玄学清谈时尚的风靡天下和玄学"得意忘言"思想方法的普遍采用，士人们以体道得玄为己任，而作为末技小道的"弈"——围棋，也被当成了"道"的载体和"玄"之所在，因而获得了其发展的强大动力，迅速地走向繁荣和兴盛。

　　魏晋时期围棋的兴盛，首先表现在当时士人爱好围棋的人数众多上。据史料记载，在魏晋前期，尚弈之风即已相当盛行。《三国志·蜀书·费祎传》云："延熙七年（蜀汉后主刘禅年号，244年），魏军次于兴势，假祎节，率众往御之。光禄大夫来敏至祎许别，求共围棋。于时羽檄交驰，人马擐甲，严驾已讫，祎与敏留意对戏，色无厌倦。"蜀汉如此，在东吴更盛。东吴文武将史蔡颖、吕范、陆逊等，均好此艺。《三国志·吴书·吴王五子（孙和）传》云："蔡颖好弈，直事在署者颇学焉。""群寮侍宴"，往往"言及博弈"。当时韦曜（《艺文类聚》卷七十四作"韦昭"）著《博弈论》曰："今世之人，多不务经术，好翫博弈，废事弃业"，以至于"废寝与食，穷日尽明，继以蜡烛"。

　　相比之下，曹魏"挟天子以令诸侯"，国势更强，人才更盛，尚弈之风亦更烈。沈约的《棋品序》云："弈之时义大哉！……是以汉魏名贤，高品间出；晋宋盛士，逸思争流。"指的正是这一情形。据笔者依史料不完全统计，魏晋时期有案可稽的围棋之士略有曹操、曹丕、应玚、邯郸淳、蔡洪、曹摅、范汪、曹彰、孔融二子、王粲、山子道、王九真、孔桂、郭凯、司马炎、王戎、王济、司马遹、张华、贾谧、顾雍、谢安、谢玄、桓玄、王坦之、羊忱、裴遐、阮简、祖纳、祖约、羊长和、马朗、袁羌、支遁、虞謇、谢弘微、卢循、罗腾、鸠摩罗什、庾仲初、颜延之等，共40余人。《三国志·魏书·武帝纪》裴注引《博物志》曰："冯翊山子道、王九真、郭凯等善围棋，太祖皆与埒能。"《世说新语·巧艺》云："羊长和博学工书，能骑射，善围棋。诸羊后多知书，而射、弈徐藐莫逮。"可见，当时学习围棋已习以成俗。

魏晋时期围棋活动的兴盛，其次表现在当时善弈士人对围棋的耽爱程度上。魏晋士人对围棋的痴迷，我们不仅从韦曜的《博弈论》中"忘寝与食，穷日尽明，继以脂烛"。或"当以临局交争，雌雄未决……虽有太牢之馔，《韶》《夏》之乐，不暇存也"这类正面描述中见出；更可以从他们围棋时的近乎反常的行为中推知。如淝水之战时，东晋与前秦决战时期谢安围棋以示镇静，阮籍母丧与人围棋决赌，阮简临乱围棋不辍，等等。《晋书·阮籍传》载："（阮籍）性至孝，母终，正与人围棋，对者求止，籍留与决赌。"《世说新语·德行》刘孝标注引《晋阳秋》云："（王）戎为豫州刺史，遭母忧……或观棋弈，而容貌毁悴，杖而后起。"《世说新语·雅量》载："裴遐在周馥所，馥设主人。遐与人围棋。馥司马行酒。遐正戏，不时为饮。司马恚，因曳遐坠地。遐还坐，举止如常，颜色不变，复戏如故。"《水经注》卷二十二《涤水注》引《陈留志》曰："阮简字茂弘，为开封令，县有劫贼。外白之甚数，阮方围棋长啸。吏云：'劫急。'阮曰：'局上劫亦甚急。'其耽乐如是。"魏晋时期的围棋之士的言行也许有些不近情理，但在这种种违常的行为背后，不也正反映着他们对围棋的极其痴迷吗？

再次，魏晋时期围棋的兴盛，还表现在当时士人围棋技艺的普遍提高和围棋水平的精湛上。在魏晋时期，由于士人耽好对弈，不断钻研，棋艺水平已普遍提高，并涌现出了不少棋坛高手或"国手"。如王粲、江彪、王恬、王坦之、羊忱等。《世说新语·方正》载："江仆射年少，王丞相呼与共棋。王手尝不如两道许，而欲敌道戏，试以观之。江不即下。王曰：'君何以不行？'江曰：'恐不得尔。'傍有客曰：'此年少戏乃不恶。'王徐举首曰：'此年少，非唯围棋见胜。'"江仆射即江彪，刘孝标注引徐广《晋纪》曰："江彪字思玄，陈留人。博学知名，兼善弈，为中兴之冠。"江彪年少时便已胜王丞相（导）"两道许"，且沉着老练，俨然是一位棋坛宿将，品格着实不凡。而另一位棋坛高手王恬亦是如此。《晋书·王导传》附《恬传》云："（王恬）晚节更好士，多技艺，善弈棋，为中兴第一。"故范汪的《棋品》将其与江彪一起列为"第一品"。

魏晋时期士人有如此精湛的围棋技艺，故历代均不乏带有神话之传奇性的记载。如《艺文类聚》卷十四引《俗说》曰："殷仲堪在都，尝往看棋，诸从在瓦官寺前宅上。于时袁羌与人共在窗下围棋。仲堪在里，问袁《易》义，袁应对如流，围棋不辍。"《酉阳杂俎》载晋鸠摩罗什："与人棋，拾敌死子，空处如龙凤形。"而王粲、王坦之则被人称为"弈中神人"和"棋圣"。①

三

魏晋时期围棋的兴盛，另有一个重要的表现就是围棋实践的发展，促进了围棋理论水平的极大提高，使当时的围棋品藻活动活跃起来，并产生了许多品评棋艺的艺文作品，特别是产生了在中国艺术批评史上具有重要地位的专门性的棋艺批评著作——范汪的《棋品》。

魏晋时期涉及围棋理论探讨与批评方面的艺文作品，较有影响的有应场的《弈势》、邯郸淳的《艺经》、马朗的《围棋势》、蔡洪与曹摅的《围棋赋》等，但这些作品多局限于谈论围棋变化的繁复和器具的

---

① 《古今图书集成》卷七百九十九引冯元仲《弈旦评》。

象征意义，而没有对围棋技艺进行全面的理论总结，更未能依中国美学史上"知人论世"的传统和当时人物品藻的时尚，对现实的围棋活动与棋手进行系统的评价，以至于如梁朝钟嵘在《诗品序》中所说，棋坛亦是"喧议竞起，准的无依"。

造成当时整个棋坛好棋者众而棋评滞后的主要原因，在于弈手围棋理论和实践兼善的困难。刘恢的《围棋赋序》曰："司空从事中郎庾仲初，性好围棋，终不达棋旨，言文则触类而生，对局则冥然而穷。""庾仲初现象"应该不是个别的。要打破这一困局，尚有待于既具围棋实践经验，又具较高理论水平的艺评家的出现。而范汪就是当时在棋坛出现的这样一位具有很高理论创造自觉性的批评家。《棋品》一书正是在这样的状况下产生的。

范汪（约308—373年）①，字玄平，颍阳人，他是《春秋谷梁传集解》的作者范宁之父。《晋书》卷七十五《范汪传》载：

> 范汪字玄平，雍州刺史晷（《范汪别传》作"略"）之孙也。父稚，早卒。汪少孤贫，六岁过江，依外家新野庾氏。荆州刺史王澄见而奇之，曰："兴范族者，必是子也。"年十三，丧母，居丧尽礼，亲邻哀之。及长，好学。外氏家贫，无以资给，汪乃庐于园中，布衣蔬食，然薪写书，写毕，诵读亦遍，遂博学多通，善谈名理。

范汪生在西晋，但一出生即遭世之多艰，遂流寓江左。主要活动时间在东晋。《世说新语·排调》"范玄平在简文坐"条刘注引《范汪别传》曰："汪字玄平，颍阳人。左将军略之孙也。少有不常之志，通敏

---

① 《晋书·范汪传》记范汪弱冠至京师，遇苏峻乱（事在东晋咸和三年，328年），65岁卒，故依此推范汪当生于公元308年，卒于373年。

多识，博涉经籍，致誉于时。历吏部尚书、徐兖二州刺史。"与《晋书·范汪传》的记载大同小异。

史籍中关于范汪的记载并不缺乏，但却未见有关他善围棋或撰写《棋品》的记载。现在我们只能根据一些相关的材料做一些大概推测。根据《世说新语》的记载，范汪之女范盖嫁王坦之，而王坦之即"以围棋是坐隐"的"棋圣""王中郎"。《世说新语·巧艺》刘注引《语林》曰："王以围棋为手谈，故在哀制中，祥后客来，方幅会戏。"郦道元《水经注》卷二十二《渠水注》引《语林》则曰："王中郎以围棋为坐隐，或亦谓之手谈，又谓之为棋圣。"这说明这位著《废庄论》并以礼谏谢安好妓乐的王坦之，是位嗜弈且具有一流棋艺的人物。而根据史料记载，范汪与他的女婿王坦之性格颇为接近，他本人又著有《棋品》，所以又似可推断，范汪也应是颇好围棋，且棋艺十分高超的"棋手"。

《棋品》一书，《晋书》范汪本传没有记录，其名始见于《世说新语·政事》和《方正》刘孝标注文。《隋书·经籍志》无《棋品》，仅有"《棋九品序录》一卷，范汪等注"。① 殆即指《棋品》一书。其所以不依《世说新语》刘注而称此书为《棋九品序录》，或与南齐谢赫品画之书称《古画品录》之命意相同②；也可能是《隋志》作者因担心会与梁武帝的《围棋品》（或称《棋品》）相混，而改称范书的缘故，但刘孝标早在南朝梁代，距东晋年代为近，其注《世说新语》引用范书即称为《棋品》，至唐朝修《隋志》反改为"《棋九品序录》一卷，

---

① 案：范汪著《棋品》之前，无有此类棋艺著作问世。武英殿本《隋书·经籍志》及丁国钧《补晋书·艺文志》或列有题名"陆云撰"的《棋品序》，以致使人误以为范汪前已有《棋品》。然考之他本和今中华书局点校本《隋书·经籍志》，"陆云"，乃"陆云公"之误，陆云公，梁武帝时人，善弈。《梁书》有载，故知所谓陆云撰《棋品序》。其晚出于诸家"棋品"无疑也。

② 谢赫《古画品录》出现后，姚最《续画品》，即已目谢书为"画品"。

范汪等注",似为无理改动,不足为据,应以刘注称《棋品》为是。

范汪的《棋品》一书,在当时和整个南朝时期当是颇为流行的,史志载范书之后有袁遵的《后九品序》、梁武帝的《围棋品》诸书,便是明证。自唐至两宋,此书仍存。《旧唐书》、《新唐书》均载有此书,且皆作"《棋品》五卷,范汪等注"。然自《宋史·艺文志》开始,此书已不见著录。殆此书在宋元间佚失。

范汪的《棋品》今既已佚失,自无法再论其详。《世说新语》刘注曾引《棋品》两条,均甚简略。但范书既名《棋品》,则其基本特点应与《书品》、《画品》、《诗品》这类以"品"字名书者相同,属于既序录历朝围棋名人,又按"九品官人法"诠释"棋手"的批评之作。《世说新语·方正》刘注引范汪的《棋品》曰:"彪与王恬等,棋第一品,导第五品。"同书《德行》刘注又引《棋品》曰:"(虞)謇字道真,仕至郡功曹。"从这两处残文来看,《棋品》正是既叙录"棋手"的生平籍贯,又明分品第,诠衡人物的。南朝梁武帝撰《围棋品》(又称《棋品》),沈约为之作《序》,称"今撰录名氏,随品详书",体例上或是范书的沿袭。

当然,由于年代久远,史料缺乏,《棋品》一书如何具体地"撰录名氏,随品详书"当时的棋坛名流,今已不得而知。北宋张拟著有《棋经》一书,其中有"品格"一节,该节分棋品为九等,似有"九品"论人之遗意存焉。今姑节录其文于兹,以备参考云。其文有曰:

> 夫围棋之品有九:一曰入神,二曰坐照,三曰具体,四曰通幽,五曰用智,六曰小巧,七曰斗力,八曰若愚,九曰守拙。九品之外,不可胜计;未能入格,今不复云。

范汪的《棋品》一书内容虽已不详,但在中国文化史特别是中古文化史上的意义,却极其重要。它将人物和道德批评的模式成功地应用于艺术批评，将人物品藻和艺术批评结合起来，开创了一种重在对艺术人物品评诠衡、划分优劣的新的艺术批评形式。中古艺术史上的《古画品录》、《书品》、《诗品》（又名《诗评》）等艺术批评著作的产生，或是受《棋品》启发的产物。日人兴膳宏的《六朝文学论稿》虽曾涉及于此，惜未详论。梁钟嵘的《诗品序》云：

> 昔九品论人，《七略》裁士，校以宾实，诚多未值。至若诗之为技，较尔可知，以类推之，殆均博弈。（着重号为引者加）

（原载《文献》2000 年第 4 期）

"心无义"与"以玄对山水"

——论"心无义"的形成及其与魏晋山水审美意识的关系

"心无义"属魏晋佛教"六家七宗"的义理之一，由两晋时期的佛教名僧支愍度所立。对于"心无义"的形成及内涵，陈寅恪先生的《支愍度学说考》曾有精深的研究。其后，自汤用彤著《汉魏两晋南北朝佛教史》以往，学界多用其说。但是，由于陈氏之论除考证"心无义"之含义及传授系统外，侧重于"心无义"与中国学人理解佛理所用"格义"方法之关系，故其于"心无义"之提出与当时佛教如何主动实现中国化问题，则不能不有所忽视，而尤不能涉及此后中国学者吸收、改造此种佛理新义以建构其山水审美观诸问题。有鉴于此，本文拟就"心无义"的形成与当时中国固有心学理论之关系，及东晋孙绰等人提出"以玄对山水"的山水审美观可能受"心无义"影响之问题加以检讨，以期引起学界对当时佛学、玄学、文学互动关系的深入思考。

一、"心无义"的中国本土思维特征

"心无义"是支愍度依据其对佛教般若空义的理解而提出的一种佛理新义。《世说新语·假谲》云：

愍度道人始欲过江，与一伧道人为侣。谋曰："用旧义在江东，恐不办得食"。便共立"心无义"。既而此道人不成渡，愍度果讲义积年，后有伧人来，先道人寄语云："为我致意愍度，无义那可立？治此计，权救饥尔，无为遂负如来也！"①

《世说新语》所载支愍度创立"心无义"之缘起，据陈寅恪先生考证，"虽出于异党谤伤之口，自不可尽信"，但"支愍度自立新义，非后所追学，则似实得其实"。"心无义"者，乃般若"无心"（梵文：acittam）之"误会译文，失其正读，以为'有"心无"心'，遂演绎其旨"而成②。

读过陈寅恪先生的以上考证，我们不能不为陈氏之博雅淹通所折服。但由陈氏对"心无义"始于支愍度之创立及关于支愍度之本指的论断又不能不引起我们进一步的思考："心无义"既为支愍度所创立，那么探讨"心无义"之本指时应更多注意支愍度本人之著述；"心无义"既为"无心"之误读，则"无心"之由来必应引起我们相应的重视。这对考释"心无义"的形成、"心无义"与当时"格义"思潮之关系及其创新之所在，都是十分重要的。

"心无义"在当时即称"新义"，其所以如此，当与"旧义"有明显不同。陈寅恪已考证其实为"无心"之误读，其义乃僧肇所谓"无心于万物，万物未尝无"。但我们还需要进一步说明支愍度之所谓"心无"，是否即是佛教原典中的"无心"原意？如果不完全是，支愍度曾做过哪些改造，又为什么会有这些改造？

从逻辑上来讲，支愍度之所谓"心无"，应非只是天竺佛典"无

---

① （南朝宋）刘义庆、（南朝梁）刘孝标注，余嘉锡笺疏：《世说新语笺疏》，上海古籍出版社 1993 年版，第 859 页。

② 陈寅恪：《支愍度学说考》，载《金明馆丛稿初编》，上海古籍出版社 1980 年版，第 160 页。

心"的简单倒文，因为如果仅是字面上的差异，尚不足以构成支愍度"新义"之"新"。

现代学者认为，"心"梵文写作"citta"；"心无"梵文写作"acittam"，在当时佛典汉译中已多作"无心"或"非心"，它的本义是指"不起相对的心"，即"它不只是表示无心，亦表示无物，无一切相待相"。因为"这些相待相，都是由心识而起"。而"心无义"中之"心无"，乃所谓"空心不空镜"也①。这也就是说，"心无义"有别于佛教原典之"新"，并不只在于以"心无"取代"无心"，而是在于它将佛教原典中的"心"、"物"两空之般若空观，改造成了不空外物，而只空内心的新思想。晋宋之际释僧肇的《不真空论》说："心无者，无心于万物，万物未尝无。此得在于神静，失在于物虚。"即从中观立场准确概括出支愍度新义之得失，而刘孝标的《世说新语》注文所谓"旧义者曰：种智是由，而能圆照。然则万累斯尽，谓之空无。常住不变，谓之妙有。而无义者曰：种智之体，豁如太虚。虚而能知，无而能应，居宗至极，其唯无乎！"更明确道出了二者的不同。刘孝标认为，"旧义"以为心神"常住不变"，圆照一切，故应是有；"心无义"以人之心神之所以能圆照，正在于其"豁如太虚"，故应为"无"。汉晋中国佛教"六家七宗"中的识含、幻化、缘会诸宗执心神为实有，以外物为性空，当属所谓"旧义"范围②；而支愍度"心无义"在心神的看法上，几与僧肇的《般若无知论》立论相同，故可视为"新义"。

从前人对"心无义"与"旧义"差别的分析，我们又不难见出新旧二义存在的根本不同：虽表面上"旧义"只"空色不空心"，而"心无义"乃"空心不空色"，但实质上二者所讨论之重心与思想方法皆存

---

① 吴汝钧编著：《佛教大辞典》，商务印书馆 1994 年版，第 439 页。
② 汤用彤：《汉魏两晋南北朝佛教史》（上册），第 186—190 页。案：本文引《世说新语》刘注"种智是有"一句，原作"种智有是"，亦据汤书改正。

在根本分歧。盖"旧义"所论为本体论问题，而"新义"为认识论和实践论问题；前者所论之重点在客观外在物之本质，后者所论之重点在主体如何通过内在调控而达到更高的精神境界。从当时佛教"六家七宗"中本无、本无义、即色"三家"论本体之有无，识含、幻化、缘会"三宗"执神识之实有，即可见出当时学术思想界占统治地位之义理，而得支愍度"心无义"在当时被视为"新义"并遭受非难之所由。

需要指出的是，"心无义"虽主"无心"、"空心"或"非心"，从来学者多以为其排斥心神的真实性或心识的功能，这实际只是一种表象或错觉，至少是对"无心"、"非心"或"空心"的望文生义。从根本上来讲，由于"心无义"取消的只是对外物的执着之心、分别之心，对于那种真正认识事物"自性"或本质的般若"种智"或"佛菩提心"，则不仅不排斥，反而是一种提撕。释僧肇说"心无义""得在神静"之"静"字，正说明支愍度强调了心神存在之意义，而不是取消了心识之作用。这还可以从以下几个方面加以考察。

其一，自元康的《肇论疏》至安澄的《中论疏记》所载，自来解"心无"者皆言其义乃指"但于物上不起执心"，心"无形无象"，"无形不可谓无"。元康的《肇论疏》卷上叙僧肇破"心无义"云：

> 今肇法师亦破此义。先叙其宗，然后破也。"无心万物，万物未尝无"，谓经中言空者，但于物上不起执心，故言其空。然物是有，不曾无也。"此得在于神静，失在于物虚"者，正破也。能于法上无执，故名为"得"；不知物性是空，故名为"失"也。①

安澄的《中论疏记》卷三末叙释法蕴、释法琛、竺法温诸人持

① 《大正藏》第四十五卷，台北财团法人佛陀教育基金会出版部1990年版，第171页。

"心无义"，并引竺法温的《心无论》云：

> 夫有，有形者也；无，无象者也。然则有象不可谓无，无形不可谓无。是故有为实有，色为真色。经所谓色为空者，但内止其心，不滞外色。外物不存，余情之内，无非而何？岂谓廓然无形，而为无色乎？①

所以，从某种意义上讲，"心无义"的真谛，与其说是"空心不空色"或"色有心无"，不如说是"色有心亦有"或"空心亦空色"。"心无义"与佛教原典或"六家七宗"其他诸旧义的不同之处在于，"心无义"不再将自己固定在"有"或"无"的本体论问题上，而是先将外物的"有""无"问题悬置起来，或至少置于次要位置，而从内在心识修养上下功夫，以为只要主观的心志已达到了"虚空"的境界，则应对外物就不再成为问题。换言之，如果说"六家七宗"中识含、幻化、缘会诸宗采取的是一种主心神实有的"正方法"，那么"心无义"采取的则是类似老庄去智省欲、空虚其心的"负方法"，二者殊途同归。

其二，从支愍度对当时汉译佛典的吸取和利用情况来看，他的"心无义"不仅不可能取消心识的作用，而且还要强调心神的功能。

支愍度的著作，释僧祐的《出三藏记集》卷三载有"《合维摩诘经》五卷"，下注："合支谦、竺法护、竺叔兰所出《维摩》三本为一部"。又载"《合首楞严经》八卷"，下注："合支谶、支谦、竺法护、竺叔兰所出《首楞严》四本，合为一部，或为五卷"②。另，《高僧传·康僧渊传》、《历代三宝记》、《开元释教录》都说支愍度著有《经论都录》一卷，《经论别录》一卷、《开元释教录》还说支氏有《修行

---

① 《大正藏》第四十五卷，第94页。
② （梁）释僧祐撰，苏晋仁、萧錬子点校：《出三藏记集》卷第二，第45页。

道地经序》。只是上述著作均已亡佚，仅《出三藏记集》卷八存支氏《合维摩诘经序》和《合首楞严经序》，但两篇内容不涉及思想及对经文的看法，兹不赘述。

支氏《合维摩诘经》五卷今已失传，其合本所依据的支谦、竺法护、竺叔兰三人译经，今仅存支谦译本（今通行者为鸠摩罗什译本，简称"什译本"）。支译《维摩经》，全名《佛说维摩诘经》，分上下卷。支译本译语较什译质朴，属直译，译文不如什译流畅易晓，其中许多概念亦与什译者不同。如什译"心"，在支本中多作"意"。什译《佛国品第一》："舍利弗，菩萨于一切众生悉皆平等，深心清净，依佛智慧，则能见此佛土清净。"支本译作："如是舍利弗，若人意清净者，便自见诸佛国清净。当佛现此佛土严净之时，八万四千人发无上正真道意。"什译《弟子品第三》："时维摩诘来谓我言：'……如佛所说，心垢故众生垢，心净故众生净……'。"支译："时维摩来谓我言：'……所以者何？此本为如来意……诸法亦然，转者亦然，如忧波离意之净。以意净为解，宁可复污使复使净耶？'"支译"止心"概念，什译作"断攀缘"。如支译《维摩诘所说经诸法言品第五》云：

> 何谓为本？谓始未然，未炽然者则病之本。何谓不然？于三界而不然。其不然者何用知？谓止心。止心者以不得也，非不然也。何以不得？二见不得，谓内见外见，是无所得。①

什译《维摩诘所说经》卷中《文殊师利问疾品第五》云：

> 何谓病本？谓有攀缘，从有攀缘，则为病本。何所攀缘？谓之三界。云何断攀缘？以无所得。若无所得，则无攀缘。何谓无所

---

① 《大正藏》第十四卷，第 526 页。

得？谓离二见。何谓二见？谓内见外见，是无所得。①

尽管支、什二人译本多有文辞差异，但应该说《维摩》重心意修持的精神都传达出来了。且支译个别概念似什译更符合中国人的思维习惯，如"止心"概念。支愍度之后诸家解"心无"，均言"内止其心，不滞外物"，应不无缘故，很可能支氏当初立论即曾受《维摩》"止心"一说的启发。

支愍度所合《首楞严经》，非唐代般刺密谛所译《首楞严经》，而是《首楞严三昧经》。此经支谶、支谦、竺法护、竺叔兰译本均亡佚，今仅存鸠摩罗什译本。释僧祐的《出三藏记集》于其前加"新"字，以与魏晋间旧本相区别②。什译的《首楞严三昧经》分上下二卷，其大旨南朝刘宋释弘充的《新出首楞严经序》有曰：

> 首楞严三昧者，盖神通之龙津，圣德之渊府也。妙物希微，非器象所表；幽玄冥湛，岂情言所议？冠九位以虚升，果万行而圆就，量种智以穷贤，绝殆庶而静统。用能灵台十地，扃镝法云；罔象环中，神图自外。然心虽澄一，应无不周；定必凝泊，在感斯至。故明宗本则三达同寂，论善救则六度弥纶，辩威效则强魔慑沦，语众变则百亿星繁。至乃征号龙上，晦迹尘光，像告诸乘，有尽无灭。斯皆参定之冥功，成能之显事，权济之枢纲，勇伏之宏要矣。③

释弘充认为，《首楞严三昧经》的特点在于，它阐明了"心神澄一"乃能弥纶六度、无所不照的"冥功"。《首楞严三昧经》卷上云："何等是首楞严三昧？谓修治心犹如虚空"。即达到"无心"的状态。但所谓

---

① 《大正藏》第十四卷，第545页。
② （梁）释僧祐撰，苏晋仁、萧錬子点校：《出三藏记集》卷第二，第49页。
③ （梁）释僧祐撰，苏晋仁、萧錬子点校：《出三藏记集》卷第二，第271—272页。

"无心"也只是"其心善寂空，无有相"；"一切诸法如法性相，以调伏心于禅定"。最终使修持者能"示现声闻形色威仪，而内不离佛菩提心"①。

支愍度倡"心无义"，但于《维摩》、《首楞严》二经实用功最多，故其"心无义"最有可能采用此二经之思想（后世亦颇重支愍度之此二合本，唐朝彦悰的《合光明经序》曰：当时有释宝贵者，"睹昔晋朝沙门支愍度合两支两竺一百五十家《首楞严》五本为一部②，作八卷，又合一支两竺三家《维摩》三本为一部，作五卷……诸此合经，文义宛具。斯既先哲遗踪，贵遂依承以为规矩"。云云。可见支氏此二合本之形式与其所体现之思想均极重要）。《维摩》、《首楞严》所谓"空心"、"无心"，亦谓"止心"，即修持其心，使达到虚寂澄一而无所不照的境界。故支愍度"心无义"之所谓"无心"，实不排斥"心"之作用。而南朝释僧睿的《毗摩罗诘提经义疏序》云"自慧风东扇，法言流咏以来……此土先出诸经，于识神性空，明言处少；存神之文，其处甚多"③。诚非虚言。

其三，魏晋时期支愍度之前或同时之玄学家亦多提倡"无心"，但其"无心"说亦不排除心神功用，故知支氏之"心无义"，实不能不同于王弼以来玄学之宗旨——"崇本息末而已矣"。

在支愍度之前，玄学家最早提出"无心"概念的，当推玄学天才王弼。王弼在其《老子指略》中既曰："《老子》之书，其几乎可以一言而蔽之。噫！崇本息末而已矣。"进而又提出了其"崇本息末"的方法——"无心"：

---

① 《大正藏》第十五卷，第 631、632 页。

② 《全唐文》卷九〇五，中华书局 1982 年版，第 9440 页。案：释宝贵此处所言支愍度合本家数、本数、卷数，均与僧祐所言不同，殆当时支氏之书已不存在，各人据前人记载而言：前人记载有异文，故二家之说不一。

③ 释僧睿：《毗摩罗诘提经义疏序》，（梁）释僧祐撰，苏晋仁、萧鍊子点校：《出三藏记集》卷八，第 311—312 页。

尝试论之曰：夫邪之兴也，岂邪者之所为乎？淫之所起也，岂淫者之所造乎？故闲邪在乎存诚，不在善察；息淫在乎去华，不在滋章；绝盗在乎去欲，不在严刑；止讼存乎不尚，不在善听。故不攻其为也，使其无心于为也；不害其欲也，使其无心于欲也。谋之于未兆，为之于未始，如斯而已矣。[①]

显然，魏晋玄学家的"无心"概念，是由老子"圣人之治，虚其心"和庄子"坐忘"、"心斋"观念而来，强调的是人生应去欲静心，以不变应万变。至于说人心与外物是否存在，则本不成其为问题。王弼之后，玄学家阮籍在《达庄论》中提出："夫别言者，坏道之谈也；折辩者，毁德之端也；气分者，一身之疾也；二心者，万物之患也。"嵇康在《无私论》中既说理想的人格要"气静神虚"、"体亮心达"，又说欣赏音乐应"虚心静听"、坚持意志应"以无心守之"。这就进一步对"无心"作出了具体规定："无心"不仅是一种无欲纯白之心，而且还是一种无分别情欲的"和心"。故嵇康又说，至人应"和心足于内，和气见于外"。郭象在《庄子注·大宗师》解题曰："虽天地之大，万物之富，其所宗而师者无心也"。同书《应帝王》解题曰："夫无心而任乎自化者，应为帝王也。"也有同样的主张。

玄学家的这一思维方式，对当时的佛教理论家们应有重大影响。道安既主张"本无"，在修持方法上实又主张"无心"。他在《大十二门经序》中说：

夫淫息存乎解色，不系防闲也。有绝存乎解形，不系念空也。色解则冶容不能缚，形解则无色不（疑为"之"字之讹）能滞……何者？执古（一作"空"）以御有，心妙以了色，虽群居犹

---

① 楼宇烈校释：《王弼集校释》（上），第198页。

刍灵，泥洹犹如幻，岂多制形而重无色哉！①

这和王弼"崇本息末"的主张何其相似！也与支愍度"心无义"之"无心于万物"，而万物为实在之"新义"一脉相承。

概而言之，支愍度的"心无义"虽然也吸取了佛教原典中"净心"、"修心犹如虚空"的思想，但却更多地着眼于"心"之功用，并附会、补充了中国道家和玄学家静心省欲、崇本息末、执无御有等固有理念。在"空心"的表象下，实凸显了心神的作用，高扬了人的主体精神，表现出鲜明的中国本土思维特征。如果说，佛典"无心"原义本在明"识神性空"，那么支氏的"心无义"则已成"存神之文"；"六家七宗"中的识含、幻化、缘会诸宗用的是"正方法"，而支愍度的"心无义"则采用的是"减法"或"负方法"。

二、"以玄对山水"之山水审美观的形成

支愍度的"心无义"兼采老庄玄学之旨，将般若空观心物两空之说，改造成了"空心（主动消除内在执心，故实际高杨了心识的作用）不空色"的佛理新义。他的这一学说，除在释界有道恒、法蕴、僧弼等多人奉持外，当时俗界亦有很多信奉者。释僧祐的《出三藏记集》卷第十二《宋明帝敕中书侍郎陆澄撰法论目录序第一》即载有：

> 《心无义》桓敬道。王稚远难，桓答。
> 《释心无义》刘遗民。②

桓玄与王稚远（谧）就"心无义"的辩难之文以及刘遗民的《释

---

① （梁）释僧祐撰，苏晋仁、萧鍊子点校：《出三藏记集》卷第六，第252页。
② （梁）释僧祐撰，苏晋仁、萧鍊子点校：《出三藏记集》卷一二，第429页。

心无义》，今皆不见，已无得而论其详。但桓氏《与释慧远书》、《重与慧远书》和桓、王二人关于沙门是否应拜俗的辩难各二篇，刘遗民的《致书释僧肇请为〈般若无知论〉释》一篇，其文今皆存，其中亦有言及"心"与"物（事）"之处，可以推知诸人对"心"、"物"关系之大概。桓玄难释慧远、王稚远等人"沙门不拜俗"云：

> ……又云："内乖天属之重，而不违其孝；外阙奉主之恭，而不失其敬。"若如来言，理本无重，则无缘有致孝之情；事非资通，不应复有致恭之义。君亲之情，许其未尽；则情之所寄，何为绝之？夫累著在于心滞，不由形敬；形敬盖是心之所用耳。若乃在其本，而纵以形敬，此复所未之喻。①

显然，王谧、慧远所持论之根据，在内空其心、外遗其形之论，所以王谧认为：沙门本"意淡于敬，而不以形屈为礼"。即沙门已视四大皆空，何有礼俗之必要？其对于宗师的"自相崇敬者……则以长幼成序，资通有系，则事与心应"②。即只是为了进一步养成其恭敬之心，于佛于教，均更虔诚。桓玄则抓住了沙门"自相崇敬"一点发难，指出你既承认"资通有系"，"事与心应"，则"拜俗"之事岂可废弃？沙门之敬，既非"略形存心"，"忏悔礼拜，亦笃于事"③。则可见沙门仅"无心于事（物）"，而"事（物）未尝无"。——这实是"心无义"的义理。

刘遗民在《致书释僧肇请为〈般若无知论〉释》一文中所疑者，乃所谓"圣心冥寂，理极同无"。因为在刘氏看来，应物修禅，"谓宜先定圣心"，如果圣心亦无，则抚会之功从何而得？如果说"圣心"是"亦有亦无，非有非无"，那岂不是"真是而非是，至当而非当，而云

---

① 《重与慧远书》，载《全晋文》卷一九。
② 王谧：《答桓玄难》，载《全晋文》卷二〇。
③ 桓玄：《难王谧》，载《全晋文》卷一九。

当而不当，是而无是邪？"刘氏不解"非有非无，亦有亦无"之论，原因固极复杂，但他只知以"心"之虚灵驭"物"之存在，其持论"盖本主'心无'之说……言圣人之心是虚无静寂之本体，体虽静寂，而能有知。此（实）仍体用截然，宰割求通，而不知体用一如，诸法不异"①。这应是其中重要原因。

从桓玄、刘遗民关于佛理佛事的论难中，我们不难看到，"心无义"，除了在释界有广泛影响外，在广大名士文人中亦实传播甚广，奉持者众。不过，如果从当时文人文艺美学思想的发展演变来看，"心无义"在当时文人学士影响最为深入和显著者，莫过于在中国中古文艺美学史上形成了一种广有影响的山水审美观——"以玄对山水"。《世说新语·容止》篇"庾太尉在武昌"条刘孝标注引孙绰《庾亮碑文》曰：

> 公雅好所托，常在尘垢之外。虽柔心应世，蠖屈其迹，而方寸湛然，固以玄对山水。②

所谓"以玄对山水"，按孙绰原文来讲，就是以"方寸湛然"的"柔心"，面对"所托"之"山水"。但如果进一步对之做哲学的抽象，则不难见出其内涵或理论基础，实为"空心不空色"或"执无以御有"。《文选》卷十一孙绰《游天台山赋》六臣注"悟遗有之不尽，觉涉无之有间。泯色空以合迹，忽即有而得玄"云：

> 善曰：言有既滞有，故释典泯色空以合其迹，道教忽于有而得于玄。郭象《庄子注》曰："泯，平泯也。"又曰："本末内外，畅然俱得，泯然无迹。"《维摩经》喜见菩萨曰："色、色空为二。色即是空，非色灭空。色性自空，如是受、想、行、识。识、空为

---

① 汤用彤：《汉魏两晋南北朝佛教史》（上册），第239页。
② 余嘉锡笺疏：《世说新语笺疏》，第616页。

二，识即是空，非识性自空，于其中通而达者为入不二法门。"有，谓有形也。王弼《老子注》："凡有皆始于无。"又曰："有之所始，以无为本。"然王以凡有皆以无为本，无以有为功，将欲寤无，必资于有。故曰："即有而得玄"也。王弼又曰："玄，冥嘿无有也。"向（秀）曰："玄，道也；色，五色；空，虚空。"今言视此二者泯然如一，忽自遣有之情而得于道也。①

显然，孙绰在《游天台山赋》中，所谓"有"、所谓"色"，应作更具体的理解，即孙绰所游天台山之"山水"。孙绰认为"遣"有"不尽"，人必"滞有"，用抽象的哲学语言来讲，似承认"有"为实有，"色"为真色。这也就是承认"山水"为实有，人的践履活动为实有。而如何来处理这个"有"和本体"无"、"空"的关系呢？孙绰提出的方法是："泯色空以合迹，忽即有而得玄。"援引佛经——"色即是空，非色灭空"的话来说，即不必把"山水"等有形之物消除才是"空"，而只要认识到"色"无自性，虚幻变化无穷，这就是"空"。换言之，只要人不执着于"色"，"色"不妨其为"色"乃至"真色"。从这个意义上讲，孙绰"泯色空以合迹"，实可等于支愍度"无心于万物"也。而将其"遣有之不尽"、"即有而得玄"，与"泯色空以合迹"结合起来，则其对山水观照的态度实亦是"无心于（山水的）形迹，（山水的）形迹未尝无"。——完全由支愍度之"心无义"而来。

当然，我们说"以玄对山水"的山水审美观实由支愍度之"心无义"而来，还可从当时文人学士普遍以"山水"之形质为实有，而观照者应"澄怀"以游；孙绰本人长期与支愍度处于同一活动地域，他

---

① （梁）萧统选编，（唐）李善等注：《六臣注文选》，浙江古籍出版社影印本1999年版，第194页。

本人极有可能接受支氏"心无义"两方面加以证明。

在整个东晋时期，文人学士们对"山水"性质的基本认定是"质有而趣灵"，而对于欲观山水之美的士人来说，唯当"澄怀"以游。顾恺之是一位"传形写势，莫不妙绝"的画家。他的基本绘画理论是"以形写神"——"四体妍蚩，本无关于妙处，传神写照，正在阿堵中。"① 过去一般以为顾氏的这一理论具有明显重神轻形的倾向，似乎把外物看得可有可无，而将心神视为实有。其实这种认识里面包含着很深的误解。据《世说新语·巧艺》载："顾长康（恺之）画谢幼舆（鲲）在岩石里。"人问其所以，顾曰："谢云：'一丘一壑，自谓过之。'此子宜置丘壑中。"即是说谢鲲之心胸是和山水林泉一样澄澈透明、少有污染的。心的澄明——"无"，正应对着山水的"有"。张彦远的《历代名画记》卷五录有顾恺之的《魏晋胜流画赞》，其末云：

> 凡生人，亡有手揖眼视而前亡所对者，以形写神而空其实对，荃生之用乖，传神之趣失矣。空其实对则大失，对而不正则小失，不可不察也。②

这更是表明顾氏绘画理论，实主张"神"或"心"为"虚无"，而外物为"实有"；"虚无"之心神必须借"实有"之外物的依托，方可显现出来。这和"心无义"、"心无色有"的观点十分相近。而据《高僧传·竺法汰传》载，东晋哀帝兴宁三年（公元365年），竺法汰及其弟子与道恒在荆州争"心无义"，并云"心无义"已"大行荆土"。又据《世说新语》，桓温在东晋穆帝永和元年（公元345年）荆

---

① 《世说新语·巧艺》，载余嘉锡笺疏：《世说新语笺疏》，第721页。
② （唐）张彦远：《历代名画记》卷五，载（南齐）谢赫：《古画品录》（外二十一种）。

州刺史镇江陵时，顾恺之即任桓的参军①，顾应曾直接受到过"心无义"影响。稍后的宗炳是个和慧远交往甚密的佛教徒，其画论更明确持与"心无义"相似观点。宗炳的《画山水序》略曰："圣人含道映物，贤者澄怀味象。至于山水质有而趣灵……夫圣人以神法道而贤者通，山水以形媚道而仁者乐，不亦几乎？"刘宋之处的王微，在其《叙画》中说："夫言画者，竟求容势而已。"绘画乃"本乎形者融灵而动者变心"；山水外物"所托不动"，但人的"目有所极，故所见不周"，这似也是以"心"为虚灵而以"物"为实有。齐梁刘勰的《文心雕龙·神思》云："故思理为妙，神与物游"；"枢机方通，则物无隐貌"。但又说："是以陶钧文思，贵在虚静，疏沦五藏，澡雪精神。"彦和思想中的佛学成分固极复杂，但其视"物"为实有，主人之精神应澄明虚静之说，与"心无义"或"以玄对山水"的审美观则有相通之处。

就孙绰之生平而论，其"以玄对山水"的山水审美观的提出，似亦应为受"心无义"之启发而来。

孙绰，字兴公（公元 310—368 年）②，他的一生大致与支遁相始终。考孙绰一生行事，最可注意者当为其与庾氏家族的关系。庾亮于东晋成帝咸和九年（公元 334 年）任江、荆、豫三州刺史和都督江、荆以下六州诸军事，进号征西大将军、开府仪同三司、假节。庾亮固让开府，并将公署由江州迁至武昌。也正是在此时，孙绰被庾亮"请为参

---

① 《世说新语·言语》"顾长康拜桓宣武墓"刘孝标注引宋明帝《文章志》。又：顾于瓦官寺所画维摩像当时号称一绝，《历代名画记》卷五云其受释氏影响云。
② 孙绰生卒年，一般记载为公元 314—371 年，日本学者蜂屋邦夫《孙绰的生平和思想》一文则据《世说新语·文学》所载孙绰与支遁、竺法深同在瓦官寺听"北来道人"讲《小品》之事，推定为孙绰可能生于公元 306 年。蜂屋邦夫文中论据似嫌不足，今不从其说。

军，补为安令，征拜太学博士，迁尚书郎"①，正式踏入仕途。庾亮于东晋成帝咸康六年（公元 340 年）卒，孙绰又在庾亮兄弟庾翼、庾冰手下供职，直到东晋穆帝永和元年（公元 345 年）庾冰、庾翼相继去世，孙绰还写下了《司马庾冰碑》等颂扬庾家兄弟功德的碑文，可见孙绰与庾氏家族的关系之一斑②。

孙绰正是在与庾氏交往的约十年间形成了他的玄学思想，并在庾亮去世后为庾所作的《太尉庾亮碑》中提出了其著名的"以玄对山水"的山水审美观。据《世说新语·方正》记载：孙绰在写庾亮碑文时还写作有《庾公诔》，且"文多托寄之辞"。可见其提出"以玄对山水"说，虽是他对庾亮山水审美观的概括，但实际又是其本人思想的表述，或至少是他与庾亮共同的归趣。故其《庾亮诔》文中有"咨予与公，风流同归。拟量托情，视公犹师。君子之交，相与无私"诸句③。

昔陈寅恪先生考证"心无义"之指，屡引《高僧传·康僧渊传》所载"豫章山僧"康僧渊事迹为说，而《开元释教录》亦称支愍度为"豫章山沙门"，汤用彤先生因此曰"则（僧渊、愍度）二人同过江，而又同居此山"④。《世说新语·言语》载"康法畅造庾太尉，握麈尾至佳，公曰：'此至佳，那得在？'法畅曰：'廉者不求，贪者不与，故得在耳。'"同书《栖逸》又云：

> 康僧渊在豫章，去郭数十里立精舍。旁连岭，带长川，芳林列

---

① 《晋书·孙楚传》附《绰传》。案：关于孙绰任职，《全晋文》所录孙绰《聘士徐君墓颂》中自称"晋南昌相太原县君"，则孙氏还曾任"南昌相"之职。至于"章安令"，蜂屋邦夫以为应是扬州刺史庾冰的安排。虽属推断之辞，亦可备一说。

② 参见蜂屋邦夫：《孙绰的生平和思想》，载《道家思想与佛教》，隽雪艳、陈捷等译，辽宁教育出版社 2000 年版，第 114—153 页。

③ 《世说新语·方正》及刘注引《庾亮诔》，载余嘉锡笺疏：《世说新语笺疏》，第 315 页。

④ 汤用彤：《汉魏两晋南北朝佛教史》（上册），中华书局 1983 年版，第 120 页。

于轩庭，清流激于堂宇。乃闲居研讲，希心理味，庾公诸人多往看之。观其运用吐纳，风流转佳。加已处之怡然，亦有以自得，声名乃兴。后不堪，遂出。①

以上二事《高僧传·康僧渊传》亦载。支愍度与康僧渊、康法畅诸道人"俱过江"，又一同居"豫章山"，庾亮此时领江、荆、豫三州刺史，居武昌，为此方诸侯，故得常往看之。孙绰此时为庾手下属官，常参与太尉之"理咏"，并曾任"南昌相"之职，虽史未有明其常随庾公往豫章山看康僧渊、支愍度，依其时地推之，孙亦当与焉。《世说新语·文学》载：

> 有北来道人好才理，与林公相遇于瓦官寺，讲《小品》。于时竺法深、孙兴公悉共听。此道人语，屡设疑难，林公辩答清析，辞气俱爽。此道人每辄摧屈。孙问深公："上人当是逆风家，向来何以都不言？"深公笑而不答。林公曰："白旃檀非不馥，焉能逆风？"深公得此义，夷然不屑。②

孙绰每于新来道人谈理时"悉共听"，其对支遁、法汰诸僧并皆倾倒，常共谈论。料当日支愍度与康僧渊、康法畅过江讲"心无义"新理时，必能引起孙氏之兴趣。孙氏尝著《至人高士赞》，对原宪、老子、商丘子，以至释道安、竺法汰、竺道一等人大加表彰，而当时于豫章山立寺之康僧渊、康法畅、支愍度三人依皆在其列，若非孙氏曾与三人交往，每往听讲，岂有他故？孙氏《支愍度赞》云：

> 支度彬彬，好是拔新。俱领昭见，而能越人。世重秀异，咸竟

---

① 余嘉锡笺疏：《世说新语笺疏》，第 625 页。
② 余嘉锡笺疏：《世说新语笺疏》，第 218 页。

尔珍。孤桐峄阳，浮磬泗滨。①

由所谓"支度彬彬"来看，支氏非如《世说新语》所载"假谲"之人，其立"心无义"应是其于中印（天竺）文化长期体悟思索所得，这样才能超越前贤时侪。"世重秀异，咸竟尔珍"，又说明"心无义"在当时影响之大。最后两句，语出《尚书·禹贡》："羽畎夏翟，峄阳孤桐；泗滨浮磬，淮夷蠙珠暨鱼。"或许是说支氏乃是位"夷人"（天竺人？西域人？），而能在邹鲁洙泗文明礼乐之邦畅其清音，实在可赞！《世说新语·轻诋》"孙长乐作王长史《诔》"条载孙氏所作《诔》文中再次将"澄心"与"玄味"并列，似可进一步说明孙绰"以玄对山水"的山水审美观中"玄"义之所在：

余与夫子，交非势利，心犹澄水，同此玄味。②

至此，我们可以明确地说，孙绰"以玄对山水"的山水审美观，应曾受支愍度"心无义"佛理新义的影响。如果说支氏"心无义"的提出，是以天竺佛教"空心"之理与老庄玄学"无心"之说相结合的产物的话，那么孙绰"以玄对山水"的山水审美观，则是以老庄玄学"无心"理论融合佛教"心无"新义的结果。前者反映了西晋佛教寻求融入中国固有文化的努力，后者则显示出玄学接受佛理新义，欲从佛学中获得新的思想资源的理论取向。

（原载香港浸会大学编：《汉魏六朝文学与宗教》，
上海古籍出版社 2005 年版）

---

① 余嘉锡笺疏：《世说新语笺疏》，第 859 页。
② 余嘉锡笺疏：《世说新语笺疏》，第 842 页。

责任编辑：安新文
封面设计：薛　宇
责任校对：苏小昭

图书在版编目（CIP）数据

魏晋玄学人格理想论/高华平 著. —北京：人民出版社,2021.7
ISBN 978－7－01－022831－0

Ⅰ.①魏…　Ⅱ.①高…　Ⅲ.①玄学-研究-中国-魏晋南北朝时代
Ⅳ.①B235.05

中国版本图书馆 CIP 数据核字（2020）第 249374 号

魏晋玄学人格理想论
WEIJIN XUANXUE RENGE LIXIANG LUN

高华平　著

人 民 出 版 社　出版发行
（100706　北京市东城区隆福寺街 99 号）

北京新华印刷有限公司印刷　新华书店经销

2021 年 7 月第 1 版　2021 年 7 月北京第 1 次印刷
开本:710 毫米×1000 毫米 1/16　印张:20.75
字数:260 千字

ISBN 978－7－01－022831－0　定价:69.00 元

邮购地址 100706　北京市东城区隆福寺街 99 号
人民东方图书销售中心　电话 （010）65250042　65289539